P. JOSEPH WRESINSKI

BIENAVENTURADOS LOS POBRES

Obra Nacional de la
Buena Prensa, A.C.

Bienaventurados los pobres
P. Joseph Wresinski

Primera edición, septiembre de 2009

ISBN: 978-607-7795-13-1
Hecho en México.
Con las debidas licencias.

Derechos © reservados a favor de:

Orozco y Berra 180. Sta. María la Ribera
Apartado M-2181. 06000 México, D.F.
Tel. 5546 4500 - Fax 5535 5589
ventas@buenaprensa.com - www.buenaprensa.com
Lada sin costo: 01-800-50-24-090

Librerías
México, D.F.: • San Cosme 5,
Col. Santa María la Ribera.
Tels. 5592 6928 y 5592 6948

• Congreso 8, Tlalpan. Tels.
5513 6387 y 5513 6388

• Donceles 105-D. Centro.
Tels. 5702 1818 y 5702 1648

• Orizaba 39 bis, Col. Roma.
Tels. 5207 7407 y 5207 8062

Chihuahua, Chih.: • Av. Tecnológico
4101, Plaza Comercial
San Agustín, Col. Granjas.
Tels. (614) 410 9461 y 415 0092

Guadalajara, Jal.: • Madero y Pavo,
Sector Juárez.
Tels. (33) 3658 1170 y 3658 0936

Guadalupe, Zac.: • Calle Jardín de
Juárez 10. Tel. (492) 899 7980

Mérida, Yuc.: • Calle 60 # 490B. Col.
Centro. Parque La Madre.
Tel. (999) 9280 340

Monterrey, N.L.: • Washington 812
Pte., esq. Villagómez, Centro.
Tels. (81) 8343 1112 y 8343 1121

Puebla, Pue.: • Blvd. Valsequillo 115,
Plaza Crystal, locales 9-12,
Col. Residenciales Boulevares.
Tel. (222) 211 6451

Torreón, Coah.: • Calz. Cuauhtémoc
750 Nte., Centro.
Tels. (871) 793 1451 y 793 1452

Tuxtla Gutiérrez, Chis.: • Tercera
Oriente Sur 165-3, Col. Centro.
Tel. (961) 613 2041

Se terminó de imprimir esta primera edición el día 8 de septiembre de 2009, festividad de la Natividad de la Santísima Virgen María, en los talleres de Offset Santiago, S.A. de C.V. Río San Joaquín 436. Col. Ampliación Granada. 11520 México, D.F. Tel. 9126 9040.

Índice

Joseph Wresinski

Nació en el seno de una familia inmigrante (padre polaco, madre española) en un barrio popular de Angers, en la Francia de 1917. Creció marcado por la exclusión y la gran miseria en la que vivían sus padres. Habiendo obtenido el certificado de estudios, se convierte en aprendiz pastelero a la edad de trece años. En 1934 entra en la Juventud obrera cristiana (JOC).

Prisionero en 1940, consigue evadirse y más tarde comienza estudios de preparación al sacerdocio en el seminario de Soissons. Ordenado sacerdote en 1946, es destinado como vicario a la parroquia de Tergnier. En 1948 se incorpora a la Misión de Francia. Después de una estancia en el sanatorio, es nombrado párroco en Dhuizel (Aisne) y organiza misiones de predicación sobre la pobreza en las diferentes regiones de Francia.

En 1956 es enviado en misión al campamento de personas sin hogar de Noisy le Grand. Junto con la población, funda el movimiento "Ayuda a los desamparados" y en 1961 crea un instituto de investigación sobre la pobreza. Muy pronto el movimiento se instala en numerosos países de Europa y en los Estados Unidos como consecuencia de los viajes y conferencias del Padre Joseph Wresinski, quien desarrolla su acción ante numerosas instancias nacionales e internacionales, interviene en coloquios y comisiones y suscita la creación y la formación de un voluntariado permanente. En 1978 lanza el "Foro permanente sobre la extrema pobreza en el mundo" y comienzan las implantaciones en el tercer mundo. En 1979 es miembro del Consejo económico y social.

El movimiento ATD Cuarto Mundo cuenta hoy con trescientos voluntarios permanentes, implantados en dieciséis países y en cuatro continentes. Está formado por hombres y mujeres que se unen a las familias más desamparadas y excluidas y comparten su condición.

Dentro de poco hará treinta años que el Padre Joseph Wresinski interviene y actúa para hacer que la voz de las familias víctimas de la miseria sea escuchada y para avivar la lucha contra la exclusión y a favor del saber compartido y el acceso a la instrucción y los oficios con porvenir.

El editor

Prólogo

El hombre de una decisión irreversible

La muchedumbre miserable de galileos que seguía y acosaba a Cristo, esta muchedumbre ya no es anónima. El Padre Joseph estaba en medio de ellos, y también su madre, y sus vecinos de la infancia en la calle Saint-Jacques. Allí reconocemos igualmente, entre muchos otros, a la señora Estampe, a la señora Larmand, al señor Paquignon, al señor Brun, al señor Radier, a Hélèna (que venía de muy lejos), a Janine (que se llamaba entonces Marie Madeleine), a la abuela Lassagne... Dos mil años más tarde su condición es la misma: caminan siempre, ignorados de los ricos, menospreciados generalmente por quienes poseen el saber, desconocidos por los que tienen el poder.

Pero el Padre Joseph prosigue su larga marcha a su lado, compartiendo su vida y su miseria desde hace más de treinta años y por propia voluntad, como lo hizo Cristo, esforzándose en arrancarles de su destino de excluidos, de devolverles su estatuto de hombres, su dignidad de hombres. Ellos tienen ahora un nombre que no está manchado de infamia y del cual pueden sentirse legítimamente orgullosos, ya que son los más cercanos a Cristo: ellos son el Cuarto Mundo.

Yo me acuerdo de aquel campamento de Noisy le Grand en sus comienzos: una meseta desnuda, un cartel torpemente escrito en la entrada que consagraba la condición de excluidos de sus habitantes, senderos que tenían nombres de flores, pero que eran en realidad linderos de barro bordeados de barracones insalubres, con goteras, sin higiene, sin agua corriente (un único abastecimiento para 252 familias), sin ningún árbol ni, por supuesto, ninguna flor. En el centro se hallaba una capilla muy modesta construida por los pobladores del campamento. Y el Padre Joseph, tan mal alojado como los más pobres, con la sotana roída que nunca abandonó, yendo incansable de un sitio a otro, haciendo todos los oficios, separando cuando era el caso a los hombres y mujeres a quienes la miseria hacia enloquecer (a veces regresaba con el rostro amoratado). ¿De dónde extraía su coraje, su ilimitada comprensión? Este libro da testimonio de todo ello. Nunca le oí pronunciar una palabra de reproche a nadie, quienquiera que fuera. No le he visto llorar más que una sola vez: la mañana en que encontró incendiado el modesto almacén donde amontonaba vestidos para los más necesitados, precisamente por aquellos a quienes estaban destinados. Gesto de desesperación sin límite que escapa a nuestra lógica de ricos, pero que él comprendió.

En este contexto sin esperanza, él me pidió un día realizar unas vidrieras para la capilla. "A estos seres a quienes falta todo lo necesario hay que darles –decía él– lo que no es superfluo, algo gratuito, un rincón de belleza". Decidimos que estas vidrieras, en homenaje a las familias del campamento, representaran los misterios gloriosos. Así pues, yo me puse manos a la obra persuadido de que aquellas vidrieras (como ya me había sucedido en otras partes y conociendo además la violencia larvada en los niños y adolescentes del campamento) iban a tener una corta vida. Veinticinco años más tarde todavía están intactas, dañadas por la intemperie, no por los hombres.

Dentro de este mismo espíritu y con el mismo deseo de elevar a estos seres a un nivel que les ponga en igualdad con lo mejor que los hombres han dado, el Padre Joseph le pidió a un comediante, Catherine de Seynes, que les propusiera escenificar y representar una obra teatral. Ella les leyó una después de otra: la Antígona de Sófocles y la Antígona de Anouilh. Todos eligieron a Sófocles ("es más decidida", decían ellos). No olvidaré jamás a la pequeña Eléonore Aparicio, de catorce años, que fue la más sublime Antígona que se haya podido ver. Murió diez años más tarde.

A estos galileos de Noisy le Grand los encontré algunos años más tarde, naturales, dignos, discretos, en los pomposos salones del Ministerio de Hacienda, recibidos por el Presidente Giscard d'Estaing. Los veo subiendo la escalera de honor del Teatro francés, entre dos hileras de guardias republicanos, esperados por el Presidente Pompidou y los ministros de aquel entonces, en el curso de una representación de Moliére realizada a beneficio suyo...

Estos recuerdos no pretenden dar cuenta de este libro conmovedor, desbordante de amor y de fe; y aún menos dar cuenta de la acción incesantemente ampliada del Padre Joseph, de su modo de actuar, lúcido y riguroso, infatigable.

Él conoció desde la infancia la pobreza y todo lo que la acompaña: la incomprensión, el menosprecio, los celos, el odio. Más tarde, hubiera podido quedarse como párroco de un pequeño pueblo minero y participar en las huelgas, pero al descubrir que todavía había personas más pobres que los obreros, es decir, los peones, a quienes las huelgas no beneficiaban en absoluto, se dirige entonces hacia ellos, ganándose a veces la hostilidad de los obreros. Había descubierto la miseria.

Cuando pidió a su obispo el permiso para ejercer su ministerio entre los más desheredados, éste le propuso las chabolas de Noisy le Grand. Y añadió: "Si usted consigue permanecer allí tres meses será estupendo". Se quedó treinta años.

Pero Noisy le Grand era para el Padre Joseph una especie de microcosmos de la inmensa miseria del mundo. Él quiso conocer los focos más virulentos de esta miseria, esforzarse en determinar las causas y encontrar soluciones. Así es como recorrió los inmensos continentes donde se amontonan –o mueren en soledad– los más miserables, las "favelas" de América del Sur, las ciudades de la India o las aldeas africanas. Al mismo tiempo importunaba a los hombres de poder de todos los países.

¿Qué puede decirse del Padre Joseph que no sea fragmentario, que no empequeñezca y deje pálida su generosidad al mismo tiempo que el rigor de su acción? Posee el fervor, la pasión. Pero esta pasión no es ciega, posee también la inteligencia de los medios: dos fuerzas a menudo opuestas que, en él, se refuerzan y se enriquecen. Está el hombre henchido del amor de Dios y del amor del hombre, todo en uno. El hombre de una decisión irreversible. Lleno de una confianza que el mismo fracaso, como en toda vida de creador, anima y fortifica: fermento y soporte de la creación futura. Como también lo es la conciencia de una búsqueda sin fin, de un objetivo que parece alejarse a medida que avanzamos. Lo único que cuenta es el caminar, el ir hacia: no es eso, sino hacia eso.

Otro hombre hay en él: el constructor. Como fueron antes de él, y a través del tiempo, los grandes fundadores de la Iglesia, esos grandes revolucionarios. Un ser de inteligencia profunda, lúcida, "Encarnada". Su fe no tiene nada de quietismo, su acción es la de un constructor que no rehúsa los problemas de su tiempo y toma claramente la medida de los hombres y de las cosas. Desde el comienzo del campamento de Noisy, el Padre Joseph se revistió del entusiasmo voluntariamente anárquico de la caridad, se rodeó de sociólogos, psicólogos, queriendo –decía– estructurar.

La defensa de los pobres ha de reinventarse cada día incesantemente y sin desfallecer, pues las amenazas que pesan sobre ellos y las plagas que les corroen cambian con los tiempos, adquieren continuamente formas nuevas.

No puedo más que acabar con dos frases que el Padre Joseph me escribía recientemente y que, creo, resumen toda su acción:

"Los humildes y los pequeños nos conducen y no sabemos hacia dónde nos llevan. ¡Qué más da! Sabemos que no quieren otra cosa que la verdad".

Jean Bazaine

25 de julio de 1984

Introducción

El Evangelio leído por los más pobres

"El Evangelio leído por...", ¡qué oportunidad se le ofrece a un sacerdote para participar en esta colección! La oportunidad de tener que repetirse a uno mismo y a los demás cómo aprendió a reconocer la luminosa unidad, la coherencia sin fisuras y la universalidad que hacen del Evangelio, para mí, la Buena nueva de todos los tiempos y para todos los hombres. Cómo y a través de quién le llegó esta gracia, pues era precisamente de este don de Dios de lo que se trataba en mi opinión y escribir a propósito de ello me parecía desde hace algún tiempo un deber hacia la Iglesia. Sin embargo, ¿estaba yo seguro de haber comprendido lo que se me pedía? ¿No era acaso "El Evangelio leído por..." un Evangelio "releído" e incluso "reescrito" por expertos para lectores también ya advertidos? Algunas presentaciones de la colección parecían dar esa impresión. "Inventar con otras palabras, para repetir en nuestros días el mensaje evangélico, ya no es solamente hacer una traducción, sino una adaptación, una novedad (...). Inventar una parábola como Jesús la contaría hoy en día (...) ¿No está invitado cada hombre, cada grupo humano, cada generación, a crear su propia plegaria, a escribir su

programa de felicidad y, en definitiva, a escribir 'su' evangelio?" A este pasaje encontrado en el dorso del libro "El Evangelio leído por Xavier de Chalendar" se añade este otro perteneciente al prólogo de "El Evangelio leído por Georges Wierusz Kowalski": "Hay varias maneras de acordarse de Jesús, varios modos de vivir como discípulos, de poner en práctica el mensaje de Jesús...".

Muchos ponen, en efecto, lo mejor de sí mismos para buscar otras palabras, otras parábolas, en lugar de que al traducir el Evangelio, hagan de él una novedad. Investigan el Evangelio hasta lo más recóndito de su historia, por supuesto no para cambiar el espíritu, sino para poner al día el lenguaje para hacerlo comprensible a los hombres de hoy. Este es un esfuerzo imprescindible, ya que los hombres sienten su necesidad. Pero para desembocar en qué, para poner al día el lenguaje de quién, en provecho de quién. Y en primer lugar, ¿a quién se dirigía el lenguaje del Evangelio en tiempos de Jesús? ¿Estamos seguros de que era el lenguaje de su tiempo, inmediatamente accesible a todos en la heterogénea sociedad judía de su época? ¿Y si el Señor hubiera elegido hablar en ciertos términos, elegir ciertos ejemplos, hacer de entrada ciertos gestos que fueran comprensibles para algunos y exigieran a otros a escuchar con un mayor esfuerzo? ¿Estamos seguros al ejercitarnos en traducciones de cumplir con sus designios?

Todas estas cuestiones me dejaban perplejo. Yo dudaba en añadirme a esta marcha hacia el Evangelio como si se tratara de un viaje a un país del pasado cuya lengua hubiera que traducir. Mis dudas se acentuaban aún más en la medida en que mi propia experiencia había sido muy diferente desde mis años mozos. Ir hacia el Evangelio había sido siempre para mí como volver a la tierra natal. En el universo en el que iba y venía el Señor, yo me encontraba como en mi propia casa, en un ambiente familiar, totalmente presente. Habiendo sido un niño pobre, creciendo en un hogar en el que muy pocas veces comíamos hasta saciarnos, junto a una madre constantemente humillada a causa de su penuria, yo reconocía en el mundo en que se movía Jesús las voces y los rostros de los míos, lo que no sucedía en la escuela ni entre los habitantes más acomodados del barrio Saint-Jacques en el que yo vivía. Era del mundo que me rodeaba, más bien que del Evangelio, de lo que yo necesitaba traducción.

En este mundo que envolvía mi infancia, encontré por primera vez la Iglesia a través de los hombres y mujeres que la representaban en mi barrio: el párroco, un hombre piadoso que más tarde se convirtió en mi obispo; las religiosas del Buen Pastor, donde yo era niño de coro antes de cumplir cinco años. Era una Iglesia de la que ya he hablado en otro libro[11], una Iglesia pobre, a menudo difamada, presentándose sin la menor soberbia a mis ojos infantiles. Esta Iglesia respetaba a mi madre en su extrema miseria, lo que no siempre hacían los vecinos, y menos la gente de alcurnia que la empleaba como criada. Yo aprendía la oración y la confianza en Dios de labios de mi madre, inmóvil por las noches en su silla en el cuchitril que ocupábamos, rogándole al Señor soluciones que, seguramente, debían suponer un milagro dada la pobreza en que nos hallábamos. Quizás le pedía sencillamente que la ayudase a soportar también los problemas sin soluciones, a acomodarse a ellos, pensando que "había siempre alguien más pobre que uno mismo". Yo conocí así la Iglesia, respetuosa con los humildes y siendo ella misma humilde. Dios, un Padre capaz de comprender y de ayudar, no me planteaba ninguna duda. Las ayudas llegadas "in extremis", incluso si yo mismo las inventaba, me hacían creer en un Dios que no abandonaba a mi madre. Es así como comenzó mi instrucción religiosa en la niñez. Para el niño pobre que yo era, la Iglesia de los pobres existía mucho antes del Vaticano II. Hacia el Evangelio como palabra de los pobres, el Evangelio para los más pobres, fui conducido progresivamente. Los más pobres de nuestro tiempo me guiaron los pasos.

En mi familia, amenazada siempre de ruptura por el internamiento de los niños en el Orfelinato de Auteuil, junto a mi madre, siempre dependiente de la limosna y nunca libre, por tanto, de sus gestos, creciendo a la orilla de un barrio de mala fama a causa de su miseria y de otro barrio más popular, yo descubrí poco a poco lo que podía ser la muchedumbre que rodeaba a Jesús, lo que podía significar su palabra para unos y para otros. La samaritana, la cananea, el buen ladrón, el publicano en el fondo del templo, la mujer que hacía tanto ruido por un dracma recuperado, todos ellos me eran tan familiares... La muchedumbre de humildes, seguidos permanentemente por los más miserables, siempre con retraso, empujándose y molestando a todo el mundo, exponiendo sus llagas, sus enfermedades, sus sufrimientos... Nada de eso me sorprendía, todo lo contrario. Tenía la impresión de haberlos ya encontrado, y era exacto. Los más pobres de la ciudad baja de Angers –tan pronto absorbidos por la muchedumbre, tan pronto rechazados por ésta, retrocediendo hacia su barrio, hacia sus buhardillas, sus viviendas de patios sin sol ni retretes– no me parecían en absoluto diferentes a dicha muchedumbre. Su lenguaje, su comportamiento, eran los mismos. Gracias a ellos aprendí a estar como en mi propia casa en el Evangelio. Esta familiaridad no era una cuestión de la época o el lugar en que habían nacido los hombres, sino de la condición social que ocupaban en el mundo de su tiempo. Ser pobre o estar en buena situación era lo que marcaba la diferencia: unos comprendían e incluso podían saltar de alegría; otros no se veían allí representados, podían criticar las palabras, los milagros, rehusar escucharlos y creer en ellos.

Por mi parte, yo tenía desde muy joven la insospechada oportunidad de tratar con quienes podían mejor que nadie valorar en su justa medida los milagros. Estaba rodeado de hombres y de familias capaces de captar lo que de increíble y absolutamente insólito tenía la preferencia de Jesús por los más pobres. Yo no tenía que buscar ni imaginar a aquellos a quienes tan a menudo parecen dirigirse los pasos y las miradas del Señor: los cojos, los ciegos, los que lloran de vergüenza o se precipitan detrás de Jesús sin prever llevar consigo algo de comida; a todos éstos yo los conocía. Puedo decir que les debo el Evangelio. No quiero decir que les deba el dominar todas las complejidades históricas y espirituales del texto, ni tampoco hacer de éste una exégesis detallada que deje satisfecha a la inteligencia. A estos hombres y mujeres tan maltratados, y a veces irreconocibles a causa de la miseria, les debo, sobre todo, el sentirme permanentemente dentro del Evangelio, con el Señor justo allí al volver la esquina de una callejuela, sus preferidos a mi alrededor, su Espíritu presente en todas partes, siempre con un milagro a punto de producirse. La conversión, la salvación, estaban presentes detrás de las lágrimas de una madre o de la angustia de un hombre viniendo a decirme: "Padre, no puedo más..." Creo profundamente que los más pobres eran en tiempos de Jesús, y han seguido siéndolo hasta nuestros días, el Evangelio vivido, presente día tras día. Ellos no tienen necesariamente todas las explicaciones intelectuales, pero captan de golpe lo esencial, la verdad fundamental. Tienen, a causa de su misma miseria, la intuición de los designios de Dios como la única cosa posible, mientras que otros se plantean mil preguntas: "¿Es esto lo que en realidad Jesús quería decir?" Los más pobres, mejor que nuestros hermanos más afortunados, nos introducen en la contemplación, en la meditación. Ellos hacen cesar nuestras críticas y nuestros razonamientos para dejar el puesto al misterio del amor, del cual el Evangelio es la más perfecta historia viviente desarrollándose tal cual, hoy como ayer.

Sólo mucho más tarde, comprendí que podía haber un malentendido sobre esta cuestión, debido a una confusión acerca de la condición social que debe atribuirse al mismo Jesucristo. ¿De qué tipo de hombre había elegido el rango social? ¿En la persona, en la existencia de qué clase de hombre, había nacido y se había moldeado? ¿Hasta qué punto se había realmente fundido en ella? Siendo Hijo de Dios ¿se había situado "del lado de los humildes" por estrategia, por "pedagogía"? ¿O acaso se había hecho hombre pobre, modelado en hombre pobre "en todas las cosas salvo en el pecado"? Y si en verdad se había hecho pobre, en vez de declararse nada más del lado de los pobres, ¿de qué clase de pobre se trataba? ¿Era Jesús un pobre más entre otros, natural de un pueblo pobre y oprimido, hijo de un artesano con un puesto asegurado en su humilde comunidad? Muchos lo presentan así. Sin embargo, su nacimiento y su muerte extramuros, así como su existencia y sus enseñanzas, ¿no reclaman acaso una identificación más profunda?

Hijo de un humilde carpintero al que los campesinos encargaban trabajos que no querían hacer por sí mismos; de un carpintero que se presentaba en un albergue con la apariencia de un pobre al que se podía mandar sin escrúpulos hacia una gruta... Un niño nacido como nacen los hijos de bandidos o de pastores, en poblaciones atrasadas y "asociales", en relación a una población que se ha convertido en sedentaria y cultiva con regularidad la tierra; úna población en la que el robo, e incluso los oficios que pueden llevar hasta el robo, arrastran un estado de impureza. Un niño educado en una vida errante, sus padres conducidos a Negeb, en donde el extranjero estaba condenado al paro o a aceptar trabajos de esclavo... Ya mozo, vuelve a un país en el que su padre debe encontrar un puesto en una comunidad que sufre un proceso de empobrecimiento, una comunidad menospreciada a causa de su penuria y su falta de cultura... ¿Qué significaba ser carpintero en medio de una población despojada de sus campos por los romanos, entre hombres sin tierra condenados al paro, sentados al borde del camino esperando a un propietario que, quizás, los contrate para toda la jornada? En ese Nazareth más y más pobre cada día, ¿qué clientela podía tener un carpintero que no trabajaba maderas finas? Jesus el judío, sí; pero ¿qué clase de judío? Jesús de la familia de David, pero también galileo, hijo de un pueblo sospechoso de impurezas rituales, insumiso y sublevado, invadido, por otra parte, de comunidades paganas, de extranjeros sin la circuncisión. Jesús de una Galilea que los fariseos y los clérigos de Jerusalén evitaban por su ignorancia y su dudosa reputación. Jesús entre los más pobres de aquel pueblo y del cual puede imaginarse que ya conocía a griegos impuros...

¿Cómo no reconocer que Dios no había montado una comedia ni una "distribución de papeles" como hacen los psicólogos de hoy? ¿Cómo atreverse a sospechar de una representación teatral para educar a la humanidad? ¿Cómo no admitir que Dios haya llevado su amor hasta las últimas consecuencias introduciendo a su Hijo en el mundo por lo más bajo, haciéndolo parte de los más pobres entre los pobres?

"No existían excluídos en tiempos de Jesús", me decía un amigo hace algunos días. Pero, ¿es ésta una lectura seria de la vida de Dios hecho hombre? ¿Es acaso al menos un conocimiento serio del hombre, del hombre pobre, de la pobreza y de la opresión que, más pronto o más tarde, incita a los hombres a oprimir a su vez a los más débiles de entre ellos?

Si es verdad que Dios ha llevado su amor hasta las últimas consecuencias, si no se trata de hacer una ficción teatral, sino del pleno cumplimiento de su compromiso hacia los hombres, entonces los gestos y el lenguaje de Cristo tomarían la forma de los más pobres. Estos le eran perfectamente comprensibles. Más aún: ellos mismos podían hablarle, responderle con toda sencillez, disputarle incluso. Disputarle, sí, pero no a la manera de los ricos, tendiéndole trampas. Ellos podían interpelarle como se desafía a alguien y se le empuja hasta sus trincheras para que confirme lo que esperamos y nos diga lo que deseamos oir. En el Evangelio, Jesús habla y actúa como un hombre que se siente a gusto en medio de sus semejantes y éstos le responden y se comportan con él con naturalidad. Los que tratan con frecuencia con los más pobres pueden dar testimonio de ello. El modo de ser y de hablar de unos y otros ha permanecido perfectamente reconocible y comprensible para los más pobres a través de los tiempos.

De lo que quisiera hablar en este libro es de la vida cotidiana, del parentesco entre los más pobres y Jesús, de las conversaciones que mantienen y de cómo leen su vida. Descubriremos el parentesco entre los más desheredados de ayer y de hoy, haciendo superfluas toda mediación y transposición. Gracias a los más pobres, el Evangelio se ha convertido para mí, más que en un texto de lectura, en una tierra a la que puedo dirigirme, una tierra en donde encuentro hombres y mujeres con palabras y gestos familiares, con una personalidad infinitamente digna de amor. Debido a que amo a las personas, a las familias mutiladas por la miseria alrededor mío, me apresuro siempre a reunirme a aquellos que empujaban a Cristo y que tienen, naturalmente, mi misma estima y cariño en mi corazón. Meditar y amar a Jesús en el Evangelio (no me atrevo a decir "frecuentarlo"), frecuentando, amando y sintiendo una infinita gratitud por aquellos a quienes tuvo tanta piedad, es una gracia incalculable. Sólo los más pobres pueden obtenerla para sus hermanos más afortunados. En el Evangelio están mi madre, mis vecinos de la calle Saint-Jacques, y también las innumerables familias pobres y despreciadas que he conocido más tarde a lo largo de mi vida de sacerdote. Es de este Evangelio hecho de encuentros a menudo dolorosos y al mismo tiempo felices del que sólo puedo dar testimonio. Yo no conozco otro Evangelio y éste lo conozco sólo a través de la meditación y el amor que los más pobres me han enseñado. Es un conocimiento por los "ojos del corazón", como decía San Pablo, pues los más pobres no tienen otros.

Un testimonio semejante no puede ser más que un acto de gracia, como lo fueron también los testimonios precedentes al mío en esta colección. Mi lectura, la de los más pobres del Evangelio, no estará en absoluto en contradicción con la de mis predecesores. Todos los ensayos sinceros para entrar en la médula del Evangelio están hechos para encontrarse y complementarse, pues el Señor, hablando como hombre de la miseria, dialogando con los más pobres, hablaba también con la misma ternura a los pudientes, a los ricos, a los más ricos de entre ellos. Se dirigía a los intelectuales, a los poderosos, a los que, en medio de los poderosos y los pobres, figuran como "el común de los mortales". Hablaba a todos los hombres, a los de buena voluntad, y a los que la tienen menos... Hablaba sin excluir a nadie, pero exigiendo de algunos un mayor esfuerzo para comprender lo que revelaba inmediatamente a otros. Esperaba de los grandes, de quienes poseen el saber y el poder, un esfuerzo para comprender lo que desvelaba enseguida a los humildes y pequeños. Siempre es así y de ello podemos intentar darnos cuenta nosotros también a través de la mirada de los más pobres de nuestro tiempo. Lo esencial era que al pedir esfuerzos diferentes según la condición de los hombres, Cristo daba testimonio de un amor igual por todos. Proponiendo otras exigencias a los ricos, Jesucristo les honra. Cristo los ama tanto como a los pequeños a quienes introduce de golpe en sus enseñanzas y éstas les incumben tanto como a los humildes. A través de la lectura del Evangelio por los más pobres, este amor adquiere todo su esplendor.

A final de cuentas, descubrimos al caminar por esta senda que si bien la comprensión de la Buena nueva es más fácil para los pequeños y humildes, la culminación del Reino no es necesariamente, sin embargo, más sencilla para ellos. Ellos mismos están profundamente de acuerdo en que la paz, la unidad y el amor entre los hombres tienen que pagarse a un cierto precio, teniendo en cuenta las posibilidades de cada uno. Ellos no le piden a Dios unos derechos. No piensan que se les deban privilegios. Piden el perdón y aspiran a poder participar en el esfuerzo. También sobre esto intentaremos explicarnos. ¿Qué enseñanzas del Evangelio, qué líneas de conducta retienen los más pobres para ellos mismos y para todos los hombres?

La lectura, la experiencia de la Buena nueva tal y como los más pobres me enseñaron a meditarla en el Evangelio, sí, muy bien. Pero no olvidemos que su intimidad con Cristo seguirá siendo, por los siglos de los siglos, un misterio del cual nunca ninguna pluma humana podrá dar cuenta.

Capítulo I

La tentación en el desierto o la decisión irreversible

Un hombre nacido en un hogar pobre, en un medio pobre, hasta el punto de vivir constantemente humillado y confuso, no puede desear de forma voluntaria vivir en esta condición. Ni el sentimiento de pertenecer a una población pobre, ni siquiera la convicción de deber solidarizarse con sus combates para lograr una vida mejor, pueden bastar para hacerle aceptar ser un hombre despreciado. Ello va contra su naturaleza y su vocación de hombre. La pobreza, la penuria material, la opresión infligida por el más fuerte, son difíciles de soportar. Pero lo que en realidad es inaguantable –las familias del Cuarto Mundo nos lo enseñan todos los días– es el desprecio, el que nos recuerden sin cesar que somos inferiores y completamente inútiles. Es intolerable ser tratado, incluso por los allegados, como un hombre sin dignidad. "Nos consideran como un cero a la izquierda... no somos perros para ser insultados así en el ayuntamiento...".

Aquí está la diferencia entre pobreza y miseria. El hombre miserable se halla en una situación insoportable, considerado como un don nadie o algo peor, como un ser nefasto que no debería haber nacido jamás, siendo que, en su interior, en lo más profundo de sí mismo, sabe, sin embargo, que es un hombre. Reclamar la dignidad, soñar con ser alguien y verse en cambio rechazado incluso por quienes no son mucho más ricos, como el vecino, el tendero, el cartero... eso es la miseria. Y esto es lo que marca la frontera entre pobreza y exclusión.

Yo tuve que aprenderlo muy pronto al ver cómo se distanciaban entre sí personas que tenían, sin embargo, interés en unirse. Veía la ambigüedad de relaciones entre mi madre y la vecina, todavía más abandonada que ella, habiendo sucumbido a la bebida. Asistía a escenas de violencia en el barrio de San Nicolás, vecino al mío. Las familias, todas desamparadas por igual, se acusaban mutuamente con el dedo: "Yo no soy como ellos, que son unos ladrones. Ni siquiera los conozco; miren en qué estado dejan a sus hijos..." A los niños, por supuesto, se les acogía en la mesa, como lo hacía mi madre con el hijo de la vecina, por poco que hubiera de comer en casa. Pero de eso a declararse amigos, a buscar la compañía del otro por la buena vecindad o en razón de la pertenencia a una misma condición, había una barrera casi infranqueable. Como si elegir tratar con alguien más pobre que uno significase negarse a sí mismo, renunciar a la propia dignidad.

¿Es acaso esta lección de la vida cotidiana la que me ha hecho volver incansablemente –siempre con el mismo temor, pero también con la misma sorpresa– hacia Jesús tentado en el desierto? El suceso y su misterio me parecen demasiado grandes para nuestros ojos de mortales. Yo no puedo, sin embargo, resistir la necesidad de tenerlo presente con insistencia. El destino del Hijo de Dios en el mundo, la liberación de los más pobres y, en consecuencia, de toda la humanidad, están allí en juego definitivamente. El evangelista Mateo nos hace asistir a lo increíble, en algunas frases arrebatadoras por su sobriedad:[11]

> *Entonces fue llevado Jesús por el Espíritu al desierto*
> *para ser tentado por el diablo.*
> *Y habiendo ayunado cuarenta días y cuarenta noches*
> *al fin tuvo hambre.*
> *Y acercándose el Tentador, le dijo:*
> *Si eres hijo de Dios,*
> *di que estas piedras se conviertan en pan.*
> *Pero él respondió diciendo:*
> *Escrito está: "No sólo de pan vive el hombre,*
> *sino de toda palabra que sale de la boca de Dios".*
> *Le llevó entonces el diablo a la ciudad santa,*
> *y poniéndole sobre el pináculo del templo, le dijo:*
> *Si eres hijo de Dios, tírate abajo, pues escrito está:*
> *"A sus ángeles encargará que te tomen en sus manos*
> *para que no tropiece tu pie contra una piedra".*
> *Jesús le repuso: "También está escrito:*
> *'No tentarás al Señor tu Dios' ".*
> *De nuevo le llevó el diablo a un monte muy alto*
> *y mostrándole todos los reinos del mundo y la gloria de*
> *ellos,*
> *le dijo: Todo esto te daré si de hinojos me adorares.*
> *Entonces le replicó Jesús: Apártate, Satanás, porque*
> *escrito está:*
> *"Al Señor tu Dios adorarás y a Él sólo darás culto".*
> *Entonces el diablo le dejó, y llegaron ángeles y le*
> *servían.*
>
> *(San Mateo 4, 1-11)*

27

Cómo no tener vértigo imaginando el vuelco que Jesús realiza aquí en el curso de los asuntos del mundo. Ya nada será como antes, todo se vuelve posible, para los ricos, los pobres y los excluidos igualmente. El temor, la timidez y la gratitud sin límites se mezclan en mí, después de haber aprendido de los pobres tanto en mi juventud como más tarde a lo largo de mi vida.

Antes de llegar a las tentaciones, conocíamos la voluntad de Dios de que su Hijo se hiciera hombre entre los más humildes. En Belén, es Dios quien habla, pues, con toda evidencia, cualquier pareja que llegase de improviso no hubiera sido dirigida hacia una gruta, ni siquiera en ocasión de una afluencia excepcional. A cualquier madre no se le hubiera ordenado el dar a luz a su primer hijo allí donde sólo nacen los hijos de pastores y las crías de corderos. La virgen María fue orientada hacia la gruta porque, según la voluntad de Dios, su Hijo debía nacer entre hombres nómadas que no participan en los ritos religiosos, hombres tenidos como sospechosos y considerados como impuros a causa de su oficio, hombres cuyo testimonio no era aceptable ante los jueces. A través de estos pastores que no frecuentan el Templo, es Dios mismo el que hablaba. Como nos habla hoy recordándonos sus designios para el mundo a través de esas familias tratadas con dureza en los tribunales: "Cállense... ¿Cómo quieren que los tomen en serio viviendo en un viejo camión y recogiendo la chatarra?" Dios nos habla todavía, sin equívocos, a través de un hogar como el de los Burnier, una joven pareja sin casa ni trabajo regular, a la que un ayuntamiento de la región parisina ofreció, en pleno invierno, una gruesa lona como único alojamiento, siendo que en ese mismo momento la municipalidad ofreció una vivienda social de alquiler moderado a los Meunier, cuya cabeza de familia, que era soldador, presentaba garantías de pago. En aquel invierno, era el año 1983, un hijo de los Burnier nació bajo la tienda de campaña, al no tener la familia los medios necesarios para trasladarse al hospital cuando llegó el momento del parto.

Dios habló en Belén, y más tarde en Nazaret, al elegir un hogar de un trabajador manual sin estima y sin ninguna seguridad, ni siquiera la de guardar con vida a su hijo. Jesús viviría su infancia en una situación próxima a la miseria. Habría tenido tiempo de conocerla a fondo, de sabérsela de *pe a pa*, me atrevería a decir. Sabría lo que puede ser la atmósfera de una familia llevando una vida errante, teniendo que mendigar el trabajo y la subsistencia debido al exilio y la huída. Descubriría la vida de un carpintero que vuelve a un país en el que ha perdido su puesto al mismo tiempo que su destreza en el antiguo oficio. Conocería la experiencia de vivir en un hogar más pobre todavía que otros, tampoco muy sobrados de recursos. En esta Galilea olvidada por las autoridades de Jerusalén, Jesús ocupará el lugar más bajo de la escala social, ese lugar donde, en todas las regiones y culturas y en todas las épocas, a los hombres sin tierra y jornaleros autóctonos vienen a sumarse a menudo hombres de identidad incierta, extranjeros, vagabundos de todas clases, sospechosos de un modo u otro de impureza.

Una cosa es ser pobre, vivir con una mayor o menor penuria material en el seno de una comunidad también resignada a la austeridad. Pero es algo muy diferente vivir más pobre que los demás, desarraigado, tratado con condescendencia o incluso tenido como sospechoso. Parece como si Dios hubiera querido que Jesús lo supiera, que tratara frecuentemente desde su juventud con las víctimas de la extrema pobreza, que aprendiera lo que llevan en su interior de rudeza, de miseria, de desesperanza y de torpeza. La miseria y la exclusión no convierten en buenos a los hombres ni tampoco los hacen atrayentes. No les confiere un lenguaje distinguido, ni el control del gesto ni tampoco unos andares firmes y seguros. La miseria y la exclusión hacen de los seres humanos fragmentos de hombre, con el alma en jirones y hecha añicos, totalmente dependientes de los caprichos ajenos y sin saber nunca a qué atenerse, qué puede esperarse de los otros o, incluso, de sí mismos. Jesús conocerá la diferencia entre la pobreza y la miseria. En su familia aprenderá el inconmensurable esfuerzo necesario para luchar contra la marginalidad, la humillación y la vida errante y continuar al mismo tiempo unidos como una familia. Crecerá con unos padres con la reputación de justos, porque soportan las peores condiciones de soledad, empobrecimiento, inseguridad y menosprecio, para permanecer fieles al camino trazado por Dios.

A este Jesús, próximo a los más pobres por haber conocido y sentido en sus propias carnes las aflicciones de éstos, lo volvemos a encontrar en el desierto en donde será tentado por el demonio. La tentación debía suceder más pronto o más tarde. Era preciso que llegara el momento en que el Hijo eligiera a su vez libremente los designios concebidos para él por el Padre. Y para que la obediencia fuera total, la elección tenía que hacerse con pleno conocimiento de causa.

La elección de Cristo fue consciente y por ello para numerosos creyentes parece casi increíble, inaceptable incluso en nuestros días. El Señor no sabía solamente la condición que elegía. La hora de la tentación no fue sólo la de la elección de una situación que debía asumir en el mundo, sino que fue también la hora en que Jesús se decidía por la opción de los hombres y mujeres que dispersos en el mundo sufrían esta situación. Entre la muchedumbre de pobres, las preferencias de Jesús se dirigían hacia aquellos que nadie que no fuera él hubiera elegido, es decir, los cojos, los leprosos, los hombres con mala fama, las prostitutas, los paralíticos, los que son despreciados por los mismos pobres y que son, por ello, los más desdichados, los más débiles. También de esto nosotros somos testigos, todos los días, en todas las regiones y culturas del mundo. No hay necesidad de poner al día las imágenes, las parábolas; éstas valen para todas las épocas.

¿Quién es, en efecto, más desdichado que los hombres que no pueden llamarse a sí mismos "trabajadores" y a los que la solidaridad del mundo obrero no afecta ni para defenderlos ni para solicitar su apoyo? Estos hombres, dedicados a ocupaciones solitarias, serviles y ocasionales, no sirven más que para barrer, arrastrar carros, descargar y hacer pequeños servicios para patronos a menudo también superados por la vida económica de su época. Hoy se convierten en desempleados de larga duración sin ni siquiera haber conocido un verdadero pasado de trabajadores. ¿Existe también alguien más desgraciado que las mujeres de estos hombres, que no son sus esposas ante la ley, obligadas a ocultar su embarazo a la asistente social y a renunciar a las visitas prenatales por miedo a que les retiren a sus hijos? ¿Quién es más desventurado que los hijos de estos hombres y mujeres que en la escuela tienen que oír de boca de sus compañeros de clase: "Vete de aquí, hueles muy mal. Mi madre no quiere que juegue contigo, piojoso"?

Los deformes están siempre en los caminos polvorientos, los intocables en la calle, a la noche, esperando el paso de la camioneta de Emaús o del Ejército de salvación, distribuyendo la sopa y el yogur. Como están también en las calles de las ciudades en el sur del Sahara los niños y los jóvenes, expulsados de sus casas, no por sus padres, sino por el hambre. Como están igualmente en los caminos polvorientos, o refugiadas en un viejo barracón, las mujeres repudiadas, las viudas acusadas de brujería, los huérfanos convertidos en una boca más que alimentar en las aldeas afectadas por la desertificación. Los leprosos están siempre allí, a través del mundo. Cuidados y limpios, como no lo estaban en tiempos de Jesús, los más pobres de ellos permanecen, sin embargo, fuera de todo alcance o recluidos en tristes recintos, expulsados de la comunidad o atados a un árbol, allí donde no existen cuidados médicos. Encontraremos todavía, en los capítulos siguientes, a muchos de aquellos por lo cuales Cristo optó y a quienes conocía muy bien. Nosotros mismos podemos reconocerlos con facilidad a nuestro alrededor.

¿Podemos dudar acaso de que Jesucristo haya abrazado su condición y optado por ellos? La exclusión, nos dicen algunos, no existía en esa época. La exclusión sería un fenómeno de los tiempos modernos, además, específicamente occidental. Esta afirmación daña a los más pobres, excluidos en los países en desarrollo, pues nos conduce a ignorar su extrema desgracia al no poder ser contados entre los pobres que pueden ver cambiada su suerte algún día. Y negar esta desgracia, ¿no es acaso una manera de negarles su puesto privilegiado en el Reino?

Pero nuestro legítimo deseo de ver a los pobres solidarios entre sí, ¿no corre también el riesgo de dañar a Cristo? Él mismo no cesa de sacarnos de la ensoñación al rescatar de la sombra a los más rechazados del mundo. Ellos existían y el Evangelio nos cuenta la ternura particular de Jesús hacia ellos. Y si existían, en aquel entonces como hoy, ¿no es ultrajar al Señor el pretender que se haya detenido a mitad de camino en su encarnación? Dios no se detuvo al introducirlo en el mundo a través de un pesebre. En la hora de elegir la obediencia perfecta a su Padre, ¿contienen alguna reserva las respuestas de Jesús a las tentaciones del diablo? ¿Habría fijado límites el Señor a su amor decidiendo llegar hasta cierto punto sin ir más a fondo en su condición humana? El texto de Mateo, por su sobriedad, no parece dejar lugar a tal interpretación. *"Si eres el Hijo de Dios, di que estas piedras se conviertan en pan" (San Mateo 4, 3)*. Jesús, hambriento, hermano de hambrientos, rehúsa transformar en pan hasta la más pequeña de las piedras. El no rehúsa "un cierto poder", renuncia a "todo" poder económico temporal. Una voz que viene del cielo, apenas hace cuarenta días, ha revelado: *"Este es mi Hijo amado, en quien tengo mis complacencias" (San Mateo 3, 17)*. Jesús, sumergido en la condición de pobre durante treinta años, ¿va a sacar provecho de esta elección del Padre? "No sólo de pan vive el hombre, sino de toda palabra que sale de boca de Dios". El mismo Jesús es palabra de Dios. Frente a esta realidad, la cuestión de saber si las piedras van a transformarse en panes pierde todo sentido y carece de motivos el plantearla.

El diablo le ofrece entonces el poder político, la gloria y el poder entre los hombres: "Tírate abajo..." Jesús, hermano de los más humildes, ¿piensa en tomarse el desquite con respecto al mundo? "No tentarás al Señor tu Dios". Es imposible para Cristo confundir los designios de Dios con cualquier interés personal. De hecho, Jesús dice: No puede haber para mí otros intereses que los de mi Padre.

El demonio lo conduce por último a una montaña para mostrarle los reinos del mundo: "Todo esto te daré si de hinojos me adorares". El pleno poder político le es ofrecido a un galileo profundamente consciente de los abusos del poder y de la opresión. Debía medir el consuelo que podía aportar, en lo inmediato, un poder político puesto entre sus manos. Sin embargo, responde: "Apártate Satanás, porque escrito está: Al Señor tu Dios adorarás y a Él sólo darás culto". ¿No expresa ese "Apártate Satanás" una elección incondicional e irrevocable? ¿No afirma Jesús del modo más claro su voluntad de permanecer fiel a aquellos que no sólo no le aportarán ni prestigio ni renombre, sino que, por el contrario, le hundirán más en la ignominia? Los más pobres de ayer, como los más pobres de nuestros días, no le aportan ninguna ayuda y, por el contrario, refuerzan la sospecha hacia él. Sumamente abandonados, ellos, los más pobres, deben renegar de él y Cristo lo sabe. Jesús conoce bastante bien a los suyos y sabe de qué manera la miseria empuja a los hombres a traicionar a los únicos seres que podían ser sus amigos.

¿Cómo podría pensarse que Jesús haya podido guardar alguna seguridad, por minúscula que fuera? Ante su triple renuncia sin equívocos, ¿no sería una injuria la duda? Solamente nuestro propio miedo al verle elegir a los más pobres de todos y el tener que seguirle en dicha elección, me parece que pueden explicar nuestras prudentes interpretaciones y nuestras vacilaciones para aceptar la amplitud del sacrificio. Del mismo modo, sólo nuestro propio miedo a nuestros hermanos más desfigurados puede explicar nuestro rechazo a admitir que, al elegir la pobreza extrema, Cristo se colocaba al lado de los más débiles. Elegir la condición sin elegir a las víctimas de dicha condición hubiera sido otra manera de detenerse a mitad del camino, de atribuirse una exclusividad, una notoriedad: viviré su condición, pero no la viviré compartiéndola con ellos. Ello hubiera sido un modo de hacerse un nombre usando de su poder de decisión. Jesús hubiera escapado entonces, a pesar de todo, a la condición más humillante, la de no tener elección y soportar el oprobio que pesa sobre los más difamados que están a su lado. Es lo que nos enseñan día tras día en las barriadas subproletarias las familias rechazadas. Estar allí junto con las otras familias hace inevitable la vergüenza que cada una de ellas, por sí sola, lograría quizás esquivar todavía. No es casualidad si Cristo se compromete, a menudo públicamente, con los más miserables dentro de este pueblo de pobres.

¿Cómo levantar los ojos hacia el Cristo que elige con libertad de tal modo que en ningún momento siente vértigo? Los mismos pobres no hubieran sido capaces de semejante opción. Por mi parte, lo que me ha alimentado y hecho creer en la divinidad de Jesús no ha sido tanto sus milagros o su doctrina como el hecho de que se haya atrevido a lo que ningún hombre se hubiera atrevido, que haya hecho lo que nadie antes que él había hecho ni hará después de él. Él ha ido más allá de la pobreza elegida que sigue siendo un privilegio, para identificarse plenamente con aquellos que estuvieron y que están todavía en lo más bajo de la escala social: los leprosos de extramuros, los incapacitados sin recursos, los paralíticos sin ninguna ayuda, los posesos del demonio o considerados como tales y desterrados a las cuevas, las prostitutas expulsadas; en una palabra: todos los que, tanto ayer como hoy, son considerados marginados. Para mí, es en esto, en primer lugar, que Jesús no cesó de manifestarse Hijo de Dios, haciendo de los más rechazados la levadura en la pasta y los primeros artesanos del Reino. "Los pecadores y las prostitutas os preceden..." Ahora bien, nosotros sabemos de qué manera el pecado, la impureza y la extrema pobreza se entremezclaban, se reforzaban mutuamente, en la vida del pueblo judío de la época. La convicción de que están malditos los que ignoran la ley provoca el menosprecio y la discriminación, no solamente religiosa, sino también social y económica. Una buena parte del pueblo se encuentra en un estado de pobreza y los más rechazados son excluidos totalmente, acusados de impureza irrevocable transmitida de padres a hijos. ¿No es al identificarse con ellos como Jesús manifiesta su condición divina? Los paganos, dice él, todos los que vosotros asimiláis a ellos y a los que echáis del templo por su ignorancia, os precederán.

Me parece que, en el momento de la tentación, Jesús hizo la elección que proclama su divinidad. Elección tanto más conmovedora cuanto que él conocía por qué optaba y también a qué renunciaba. Su decisión fue tomada con pleno conocimiento de causa, pues él tenía de algún modo una doble experiencia: la de la miseria y también la contraria, la del poder y la gloria.

Jesús rehusó ser poderoso sabiendo que podía serlo. Conocía la alegría, el orgullo de darle al vecino aquello que uno necesita tanto como el otro. La vida de los pobres está llena de estos gestos. Ellos dan o prestan porque viven también la insoportable privación de lo indispensable y no la aceptan ni para ellos ni para los demás. Pero dan también porque dar es la más pura gratificación, la que nos convierte un poco más en hombres. Basta para convencerse de ello ver esos gestos aparentemente insensatos: el de dar comida al vecino siendo que no hay bastante para la cena, o bien dar una propina al cartero que trae una carta o al bombero que pide el aguinaldo cuando, por otro lado, no hay suficiente dinero en casa para comprarles zapatos nuevos a los niños. Dan lo que no tienen, se quitan el pan de la boca, como decía mi madre. Ella lo hacía por sus hijos, pero también por el hijo de la vecina que bebía, por la viuda abandonada de la calle

Saint-Jacques, la cual fue hallada muerta de inanición dos semanas después de morir.

¡Qué gozo el transformar las piedras en pan! ¡Qué tentación para un pobre poder saciar a los hombres! Jesús tiene conciencia de ello y renuncia a hacerlo. Ciertamente, llegará un momento en el que hará milagros, multiplicará los panes. Pero estos milagros tendrán entonces la significación contraria de la que pretendía darle el demonio. Serán gestos que digan a los pobres que Cristo es uno de ellos. Estos gestos me han maravillado siempre. Revelan hasta qué punto Jesús conocía los signos que permitían a los más pobres leer su vida y su mensaje, reconocer lo que nadie podía decirles con palabras, a saber, que los conocía y los amaba. Estos milagros que expresan toda la intimidad, toda la complicidad entre Jesús y la muchedumbre de pobres y miserables, fueron siempre una palabra de amor, nunca una toma de poder.

Jesús no aceptó tampoco usar su saber para investirse de un poder temporal. Se daba cuenta, sin embargo, de lo que significaba ser escuchado y admirado por sus conocimientos. ¿No había sorprendido a los más sabios del Templo siendo adolescente en un pueblo de Galilea, menospreciada por su ignorancia? ¡Vaya desquite con respecto al mundo, qué satisfacción, qué seguridad la de poder enseñar provocando la admiración y el respeto y no la indignación, el miedo y el odio!

Dios dio a su Hijo los medios de adquirir todos los conocimientos. Le dio también el presentimiento del poder que dichos conocimientos podían otorgarle. En esto Jesús renunció igualmente a sabiendas.

En definitiva, Jesús conocía todo aquello de lo que tienen sed los excluidos y todos los pobres de su pueblo, y era consciente de tener la posibilidad de dárselo. Podía emprender una nueva organización de la sociedad, dar la seguridad material a todos los hombres. Podía crear un nuevo orden social, asegurar la dignidad de los más pobres, ofrecer nuevas técnicas para aliviar las penas cotidianas y multiplicar su creatividad. Podía derribar las estructuras para fundar otras, a condición de entrar en el juego de los sistemas del mundo. Paradójicamente él tenía todas las posibilidades, a condición de someter su divinidad a las reglas del mundo. Era precisamente eso lo que le proponía el demonio al tentarlo, y si su proposición no hubiera contenido visos de realidad no habría sido entonces una tentación real. El diablo dice con certeza: tú tienes el poder de obtener honores, de ganar los atributos de un rey, de sustituir en el poder a tus adversarios; tu verbo es arrebatador y deslumbra a la muchedumbre, la cual no pide más que poder seguirte. No temes nada de este mundo, no puedes fracasar ni ser derrocado de tu trono. A condición de aceptar las reglas del juego, las mías: la de la fuerza de las armas, de la policía, la represión... A condición de adorarme.

La promesa realizada por Satán está sin duda entre las que producen más quebraderos de cabeza a los creyentes, a los militantes de todas las causas humanas, a la misma Iglesia. Para convertirse en un hombre político apasionado de la justicia, un hombre de Estado que marque el curso de los asuntos del mundo y deje detrás de sí un nombre que no perezca en la historia, será necesario de un modo u otro pactar con aquello que se quiere combatir. Después de un alivio inmediato de la condición de los oprimidos, después de un entusiasmo efímero del pueblo, vendrá el tiempo de adorar a Satanás, el tiempo de pasar a sangre y fuego el mundo, de reanudar las supremacías y los privilegios de unos y el silencio y la injusta imposición de otros. Volverán inevitablemente la difamación, el odio, la corrupción, la subversión...

El diablo no tiene pelos en la lengua con Jesús y el Evangelio muestra la misma sinceridad con nosotros ofreciéndonos así la mejor lección política de todos los tiempos. El reino construido sobre los poderes del mundo será un espejismo para los hombres que sufren. Producirá tal vez el pan y algún impulso eufórico, pero muy pronto la humanidad se hallará en lo que será el anti-reino, lo contrario de la justicia, de la fraternidad, de la verdad. Es imposible que Cristo acepte. Seguir los caminos de Dios, nos enseña la tentación, significa no tener otro recurso que Él, depender totalmente de Él, como sucede con los excluidos. Nada más aprendemos, por el momento. El Evangelio nos invita a inclinarnos ante Cristo que renuncia a los poderes del mundo, sin saber todavía hacia dónde nos encauzará. Pretender saberlo demasiado pronto nos haría, por otra parte, faltar a esa cita crucial. Presentimos que los asuntos del mundo no deberán ya confundirse con los asuntos tal y como los entiende Satán. Pero, en cualquier caso, lo esencial no es intentar comprender hacia dónde nos va a conducir todo ello. En primer lugar, tenemos que rezar sencillamente al Cristo que anuncia tan desconcertante elección. Me parece que el Evangelio nos propone aquí que nos detengamos para interiorizar en silencio la persona de Jesús.

Es ciertamente el pensamiento de los más pobres de nosotros en la actualidad. Al elegir Jesús el ser débil como ellos, provoca estupor, pero también alegría. Para ellos, es un momento que vivir, un acontecimiento al cual volver a menudo para impregnárselo bien. Para muchos es una fiesta, una oscura expectativa colmada de repente. Las familias del Cuarto Mundo me enseñan esta contemplación que no pide todavía el conocer la continuación, una continuación que nosotros no comprenderíamos si no nos detuviéramos en el desierto.

¿No es acaso el no concedernos este tiempo de meditación lo que nos engaña muy fácilmente acerca de la serie de los acontecimientos y nuestras propias líneas de conducta? Jesús habría abandonado a los pobres a las injusticias de los hombres, el Reino de Dios comenzaría más tarde. O, por el contrario, Jesús sería asimilable a los revolucionarios que sitúan la causa de los pobres en el marco de una lucha contra otros hombres y ponen su liberación en el extremo de los fusiles. Conclusiones ambas de las que la meditación de la tentación en el desierto debe preservarnos. Cristo no sitúa la liberación de los pobres y la salvación de los hombres para más tarde. El Evangelio no autoriza tampoco a reducir a Cristo a un "líder", o peor todavía, a un símbolo de "líder" temporal. El Señor cambia de arriba a abajo los datos del problema, desplaza el combate hacia otras alturas, propone otras armas. Hay que volver a pensarlo todo a partir de la opción tomada definitivamente en la hora de la confrontación con Satanás.

Más tarde Jesús dirá: "Estaré con vosotros hasta el final de los siglos". Es decir: Estaré en el mundo, os bastará con abrir los ojos para verme, no tendréis que reinventarme. ¿Cómo está Jesús entre nosotros? ¿En qué lo podemos reconocer? Por medio de la tentación en el desierto, Cristo lo dice de una vez para siempre, Él no deja a su pueblo en la incertidumbre. Estaré con vosotros entre los más pobres, los más humillados, los más ignorados. Permaneceré como ellos, abandonado, entregado sin recurso a todas las injusticias. Los hombres, las familias ignoradas incluso por los justos, por los defensores de los derechos humanos, aquellos serán como si fuera yo mismo. Jesús nos dice: "Yo estaré con vosotros..."; pero también dice: "Vosotros estaréis conmigo". Estarán conmigo todos los que elijan como yo hice en el desierto, en lo alto del templo, en la cima de la montaña. Cada vez que, pudiendo emplear un poder que os haga más fuertes, renunciéis para permanecer junto a los más pobres de los míos, estaréis conmigo. Cada vez que abandonéis un privilegio, un bien recibido, cada vez que arriesguéis vuestra situación y vuestras seguridades para que los más pobres se pongan de pie, estaréis siguiendo mis pasos. Dios os dará a elegir como a mí. Podéis aceptar o rehusar.

La tentación nos anuncia, en efecto, que Cristo no salvará al mundo debido a su nacimiento y crucifixión como hombre pobre, tratado injustamente como criminal. Lo salvará por su libre elección de ese destino de excluido y por su compromiso con los excluidos, por su perfecto sacrificio elegido sin impedimentos. ¿No es San Francisco de Asís el que mejor comprendió esto y el que de forma insuperable se identificó a Jesús, a la vez hombre e Hijo de Dios, pobre y crucificado? A lo largo de los siglos será esta identificación la que angustie más a la Iglesia, también enfrentada sin cesar a la tentación. ¿Cómo no iba a sucumbir de tanto en tanto? Alguna vez la Iglesia puede ser que pierda el sentido de la necesaria identificación con los miserables. Estos, entonces, no dejan pasar la ocasión de recordárselo, de señalar su olvido, arrebatando sus bienes, quemando sus edificios como un gesto desesperado y ciego de protesta al haber sido abandonados por ella. Sus momentos de mayor vigor, de mayor intensidad, serán, pues, aquellos en los que se dirija hacia el pie de la escala social al mismo tiempo que hacia el pie de la cruz de Cristo. Hallará su fortaleza cuando no solamente se encuentre unida a los más pobres, sino también afirme que éstos son la parte esencial de la misma Iglesia y acepte dejarse perder el mundo con ellos para ganar el mundo para ellos. Estos serán los momentos en los que la Iglesia reviva la tentación en el desierto y, siguiendo el ejemplo del Señor, renuncie a los poderes del mundo para liberar a todos los hombres.

La Iglesia, los cristianos y todos los hombres tendrán que revivir esta tentación, momento crucial en la vida de Jesús. Cada uno a su manera, sin duda; cada uno según su situación, pero inevitablemente y, quizá también, en varias ocasiones. Los pobres, e incluso los más pobres de ellos, conocerán por igual esta tentación. Un sacerdote nacido en la pobreza y con el deseo de permanecer junto a los suyos tampoco podrá escaparse de ella. Es el haber hecho esta experiencia con regularidad a lo largo de mi vida de obrero y más tarde de sacerdote, lo que me conduce tan a menudo al Señor en la hora de su definitiva elección. Siempre que vuelvo a tener presente este momento lo hago con el mismo temor y la misma humildad, y yo no soy en esto diferente de tantos sacerdotes, de tantos obreros y creyentes enfrentados a las injusticias de nuestro tiempo. ¿Quién de entre nosotros no ha tenido un día u otro la tentación de hacerse líder sindical o político, de utilizar una capacidad de análisis, de oratoria y un don de gentes para arrastrar a los camaradas y crearse un puesto y un poder para uno mismo en nombre de la justicia?

Yo no he olvidado nunca los años en los que, como joven vicario en Ternier, entre los ferroviarios, me unía a sus huelgas. A las esposas que se quedaban en los umbrales de las puertas, yo les preguntaba: "¿Por qué no estáis con vuestros maridos, vosotras que sois las primeras afectadas en su lucha para obtener los medios de una vida decente?" Recuerdo haber vaciado la despensa de la parroquia, que a duras penas había llenado de provisiones para las colonias de vacaciones. Les daba azúcar, pasta y arroz a las familias de los huelguistas. Luego tuve la penosa sorpresa de ver cómo los que me habían ayudado a prever las vacaciones de los niños rehusaban sustituir las reservas que, según decían, yo había distribuido sin ninguna consideración a los ferroviarios en huelga.

¿Cómo podía admitir que mis propios feligreses no se sintieran afectados por tales combates y rechazaran tomar posición? ¿No querían ayudar para que la sociedad sea más justa y, en consecuencia, sus estructuras se modifiquen? Sigo creyendo en todo eso, pero en estas primeras experiencias como vicario en un medio trabajador en plena lucha obrera, yo aprendí que al unirme a los huelguistas y arrastrar a sus mujeres, me alejaba sin prestar atención de los trabajadores subproletarios. Peones sin verdadero oficio y, con mucha diferencia, los más pobres, estaban empleados en las tareas más ingratas, las menos regulares y las peor remuneradas. Las pocas ventajas ganadas por los ferroviarios no se extendieron evidentemente a ellos. No estaban en la misma categoría de trabajadores y su situación se encontró degradada. Sin darme cuenta entonces, poco a poco fui pasando cada vez más tiempo con ellos y con su familia, heridos y humillados al verse ignorados o considerados como no merecedores de que alguien pelee por ellos. Las relaciones entre los ferroviarios y estos peones no se mejoraron ciertamente.

¿Un caso suelto, una mera experiencia circunstancial? Para mí, que desde mis años de seminarista buscaba estar presente en primer lugar en las zonas subproletarias, aquello fue una lección. Yo me había lanzado a la lucha, había encontrado mi puesto y una satisfacción personal y, mira por dónde, ya no estaba totalmente del lado de los más pobres. A partir de entonces yo he comprendido mejor y he amado mucho a esos obreros sindicalistas que ocupan un puesto bajo en la escala y rechazan una promoción a un puesto superior en la fábrica porque esto les aleja de sus camaradas sin calificación y cuyas condiciones de trabajo son más duras. Creo profundamente que deberían servirnos de modelo en nuestros combates por aquellos a quienes hoy se conocen como "los nuevos pobres". A los obreros que se quedan en paro cuando se produce una crisis hay que defenderlos con energía, sin duda alguna. Pero, ¿podemos tomar partido por estos trabajadores que apenas ayer tenían un puesto y que lo pueden volver a encontrar mañana, dejando en un callejón sin salida a aquellos que, sin instrucción ni trabajo estable desde hace mucho tiempo, no tienen ninguna posibilidad de participar en el futuro de la reestructuración industrial? Tomar a los trabajadores más pobres como punto de partida de nuestras luchas, aunque esto empañe, en apariencia, la eficacia del combate obrero, ¿no es éste acaso el significado de la respuesta de Jesús al demonio que le tienta?

La tentación no es solamente, por otra parte, la de elegir a sus compañeros de lucha entre los más fuertes o de verificar mal quién sacará provecho del combate. Yo he debido, por mi parte, aprender muchas otras lecciones y encontrarme a menudo dando pasos en falso en relación a la intransigencia de Jesús durante la tentación. Pues cuando la opción de ser fiel a los más pobres está tomada, todavía queda el elegir los caminos y las armas del combate. La verdadera cuestión, día tras día, sigue siendo ésta. No se vive entre los más pobres con las manos cruzadas o compartiendo nada más sus penas. Estar con los más pobres, ser uno de ellos, es en esencia compartir sus esperanzas y todo lo que inventan y emprenden para vivir con dignidad y liberarse de la miseria. Optar por los excluidos es elegir un combate que irá destinado necesariamente a las cosas de la vida cotidiana: comida, vivienda, subsidios y ayudas... Estar ausente de éste combate significaría permanecer ausente de la vida y de las esperanzas de las familias.

El mismo Jesús no ha sido extraño a ello. Intervino también en la vida de su pueblo, pero siempre sin traicionar sus respuestas a Satanás: "No sólo de pan vive el hombre...", "No tentarás a Dios tu Señor...", "A Él sólo darás culto". Yo he tenido que repetírmelo cada vez más a menudo a medida que crecía el Movimiento ATD Cuarto Mundo que fundamos junto con las familias más pobres. Al convertirme en miembro del Consejo económico y social, al encontrar regularmente a Jefes de Estado, al dirigirme a uno de los Consejos de la ONU, al obtener ayudas públicas de la Comunidad europea, yo estaba ocupando, a pesar de todo, una plaza en la vida pública. ¿Seguía siendo fiel a las opciones de Jesús? Las familias del Cuarto Mundo son mi pueblo, no puedo imaginar mi vida fuera de ellas. ¿Pero estoy todavía con ellas como me lo pide el Evangelio? ¿Soy la voz de mi pueblo que sufre y espera o me he convertido en un personaje por cuenta propia? El prestigio adquirido, sea cual sea, ¿es su prestigio, su dignidad al fin reconocida?

Y lo más importante: ¿encuentran en mí las familias pobres lo que yo les propongo, a saber, el despegarse siempre de las ventajas y estatutos obtenidos, de las estructuras creadas, para ir hacia los que son más pobres y están más abandonados que ellas? ¿Soy yo mismo capaz de renunciar constantemente, como hizo Cristo, a toda forma de poder y de sistema? ¿Sigo siendo libre para descubrir, amar y actuar sin obstáculos entre aquellos que por exceso de miseria y de soledad permanecen fuera de todas las estructuras, comprendidas las del Movimiento ATD Cuarto Mundo? ¿Pueden leer así mi vida las familias, saber que mis homilías y mis palabras en sus reuniones no son las mías, sino que están dictadas por el Espíritu que determina de este modo mi vida de cada día? ¿Ven ellas que lo que Dios me ha confiado sirve siempre en primer lugar a los más rechazados, a los más abandonados, aunque les decepcione? ¿Soy todavía de los suyos, sabiendo que yo no soy nada ni puedo nada sin ellas?

Como otras personas comprometidas, siento la tentación de medir mi eficacia por el ardor de los militantes que se forman a mi alrededor, por la asistencia de las familias a nuestras universidades populares en las que se ejercitan en la reflexión y en tomar la palabra en público. Mejor haría midiéndola en el corazón de los hombres, en el modo en que ven al sacerdote que soy, en la manera en que –creyentes o no creyentes– se dejan guiar por el Espíritu que existe en cada uno. Pienso en una audiencia privada concedida en 1982 por el Santo Padre a una delegación de ochenta jóvenes del Cuarto Mundo de cuatro continentes. Algunos adultos les acompañábamos y habríamos podido tener la tentación de ponernos por delante yendo a saludar nosotros mismos a Juan Pablo II. Permanecimos apartados, pues era el momento del encuentro entre el Papa y los jóvenes más pobres del mundo. Era su fiesta, no la nuestra. Al subir las escaleras de Castel Gandolfo, como en muchas otras ocasiones, me repetí: "No es tu obra, sino la del Espíritu". Yo daba gracias intensamente al Señor por estos jóvenes, por sus padres en el paro y sus madres pasando hambre para alimentar a sus hijos. Yo rezaba, sabiendo que si olvidaba un sólo instante que yo no era más que un instrumento en las manos de Dios, abandonaba el camino trazado por Jesús en el momento de la tentación. Entonces, ya no estaría más en presencia del misterio de su compromiso con los más pobres, con los que no ofrecen ningún interés para el mundo. No estaría ya más con un pueblo ni con esos jóvenes tan pobremente vestidos, subiendo delante de mí hacia ese encuentro con el Santo Padre que iba a marcar sus vidas.

En Castel Gandolfo reviví los peligros de la tentación. Y porque juntos rehusamos jugar a los líderes, ser instrumentos, testigos sin prestigio del honor hecho al Cuarto Mundo, los lazos entre esos jóvenes fueron más fuertes y más límpidos que nunca. Ochenta adolescentes habían podido ver que en el Vaticano, en medio de los grandes de la Iglesia, no buscábamos nada para nosotros mismos, y que nuestra única preocupación era su dignidad y su dicha. Nunca su unidad interna fue más deslumbrante. Creyentes y no creyentes, sin distinción de etnia o de lengua, afluían a la misa cotidiana para cantar y ser felices juntos. Con estos jóvenes podíamos desde entonces, sin riesgo de ser mal comprendidos, discutir del servicio y del amor que ellos mismos debían a su vez a sus familias, a sus barrios de miseria y a sus compañeros.

¿Estaremos o no estaremos prioritariamente, todos juntos, unidos alrededor de los menos eficaces que sin cesar ponen en tela de juicio lo poco de seguridad que adquieren en nuestros combates? ¿No se halla aquí el diálogo, hecho posible e incluso inevitable, después de la tentación de Cristo en el desierto? Este será, me parece, el diálogo constante del mismo Jesús con las muchedumbres a las cuales va a mezclarse desde entonces. Por mi parte, doy testimonio de que la más pequeña vacilación, el menor desmayo frente a esta cuestión, me hacen perder la intimidad con el Señor y la alegría de saber que me encuentro siguiendo sus pasos. Cualquier olvido de las respuestas de Jesús al demonio, por muy pequeño que sea, me hace perder la intimidad con las familias más desheredadas.

De aquí viene, sin duda, la importancia dada a este acontecimiento que precede inmediatamente la entrada de Jesús en la vida pública. Todavía no podemos medir las consecuencias de este acontecimiento, pero me parece que presagia todo lo que será la Iglesia, presente en el mundo sin ser del mundo, y todo lo que deberán ser los creyentes y los religiosos. La vida de Jesucristo no será desde ese instante más que la explicación, ilustración y profundización del compromiso adquirido desde entonces y de una vez para siempre.

Capítulo II

La muchedumbre siempre en primera fila

Jesús confirmó su compromiso con Dios y con los hombres. La vida que su Padre le destinaba va a pertenecerle desde entonces. ¿Hacia dónde va a dirigir sus pasos, a quién va a anunciar la Buena nueva?

Habiendo oído que Juan había sido hecho preso,
se retiró a Galilea.
Dejando a Nazaret, se fue a morar en Cafarnaúm,
ciudad situada a orillas del mar, en los términos de
Zabulón y Neftalí
para que se cumpliese lo que anunció el profeta Isaías,
que dice:
"¡Tierra de Zabulón y tierra de Neftalí,
camino del mar, al otro lado del Jordán,
Galilea de los gentiles!
El pueblo que habita en tinieblas
vio una gran luz
a los que habitaban en tierra y sombra de muerte
una luz les brilló".

(San Mateo 4, 12-16)

"Galilea de los gentiles", dice Isaías, y los comentadores del Nuevo Testamento [11] añaden que Mateo insiste aquí en el ministerio de Jesús, quien elige tomar contacto con "todas las naciones". Esta parte del mundo es como una zona fronteriza siempre amenazada por invasiones paganas. Allí se instalaron comunidades extranjeras. A través de ellas, Cristo hablará a todos los pueblos. Esto es, sin duda, lo que sucedió y, sin embargo, el comentario me parece incompleto.

¿Fue esta Galilea de los gentiles una tierra de encuentros y de apertura? ¿Fueron los galileos, pobres y menospreciados por sus hermanos judíos, una encrucijada de culturas? Nuestra profunda necesidad de encontrarnos en los caminos de Jesús y de sentir a nuestro alrededor toda esa muchedumbre elegida para sus primeras enseñanzas, nos conduce a contemplarla para conocerla mejor. A través de ella vamos a poder comprender las consecuencias del compromiso adquirido por Jesús en el desierto. Es importante, pues de ello se desprenden líneas de conducta cruciales para la Iglesia, para los creyentes y para todos los hombres hasta el final de los tiempos. Los más pobres de hoy nos empujan, por otra parte, a encontrar, conocer y estar en comunión con esas poblaciones que estuvieron presentes en la vida de Cristo. ¿Cómo podemos representárnoslas?

Vuelvo la mirada hacia los lugares de miseria de Europa, África e Iberoamérica. Contemplo una zona subproletaria en un terreno de los arrabales de Marsella, un barrio vetusto destinado a una renovación que no termina de cumplirse, en la ciudad de la Haya. Más lejos, veo un pueblo muy pobre, rodeado de aldeas todavía más miserables, en un país iberoamericano. Veo también una región cubierta de maleza, bordeando una frontera entre dos países del Sahara: una ribera que se deseca, un suelo que muy pronto no será más que polvo y grietas... Y en todos estos lugares una mezcolanza de etnias, un vaivén de hombres y mujeres que no comparten una misma cultura ni los mismos medios de expresión. En Marsella, en la Haya, como en todas las zonas de pobreza de Europa occidental, se puede encontrar en lo más bajo de la escala social a una población autóctona junto a los más pobres de los trabajadores inmigrantes, los más necesitados entre las familias de origen nómada al lado de extranjeros entrados ilegalmente en el país y otra gente sin permiso de residencia. El pueblo de Iberoamérica en el que pienso está habitado por una población conocida con el nombre de "ladinos", una población pobre, ciertamente, pero que posee las mejores tierras y también los puestos más notables, aunque modestos. En las aldeas de alrededor viven los indígenas, tan desprovistos que no les queda de sus orígenes ningún signo exterior, ninguna costumbre de vestimenta, a lo sumo una lengua que tampoco es única, un dialecto de uso cotidiano que no es medio de expresión del pensamiento y de la sensibilidad de los hombres. En cuanto a la zona de desertificación en el sur del Sahara, sólo los más fatigados y desamparados permanecen apegados a este suelo. A menudo son lugares de paso para refugiados del hambre o de la guerra, soldados –desertores o no–, comerciantes a quienes se encuentra en todas las zonas de miseria aprovechándose de la ignorancia y la penuria de los pobres.

Las familias subproletarias de nuestras ciudades occidentales, las poblaciones rurales sin tierra cultivable en los confines de los países en desarrollo, las etnias minoritarias empobrecidas en los diferentes continentes, todas comparten de este modo una misma condición. A menudo están mezclados unos con otros, sin distinción de nacionalidades y sin muchas posibilidades de vivir cada uno su cultura.

Ellos nos invitan a meditar sobre la Galilea de otros tiempos. Al preferir a los más pobres, ¿va a proclamar Jesús en primer lugar la Buena nueva en una encrucijada de caminos en donde "las naciones" están representadas en sus riquezas culturales? ¿O bien, va a privilegiar más bien a una tierra en donde se reúnen hombres pobres de cultura, desarraigados que en apariencia tienen pocas oportunidades para servir de agentes de transmisión en nombre de su pertenencia a una nación? ¿No los habría elegido Cristo con el conocimiento de que más allá de un cierto umbral de pobreza, rechazo y desarraigo cultural, los hombres podían ser de inmediato receptivos a su mensaje, agentes de la extraordinaria nueva a causa de su misma miseria? Yo mismo no he podido ver jamás a Cristo de otro modo.

"Galilea de los gentiles", seguramente, pues de aquel entonces hasta nuestros días, seguimos encontrando a los pobres en los caminos, cruzando por necesidad las fronteras en busca de una vida menos dura. Pero en tal caso, "Galilea de los pobres de las naciones", comprendidos también los judíos. "El pueblo que habita en tinieblas" contaba con una mayoría de judíos circuncisos, de los que no podía decirse que estuvieran en tinieblas como los paganos, por no tener conocimiento de Dios. Estaban en tinieblas porque los fariseos, los jurisconsultos, impedían a los pobres entrar en el conocimiento verdadero y vivido de la Ley. Juzgados como impuros y pecadores, nosotros no nos sorprendemos de encontrarlos habitando "en tierra y sombra de muerte" confinados en una tierra fronteriza en donde corría a veces la sangre a causa de las invasiones de otros pueblos. Se trata precisamente de una de esas tierras en donde se juegan los conflictos entre etnias sobre las espaldas de los pobres. El país es también un foco de insurrecciones contra la opresión de los poderosos, desde que la tierra le fue quitada a las comunidades rurales y a los pequeños campesinos para ser reorganizada en propiedades cada vez más extensas a medida que los dueños originales debían abandonarlas por no poder pagar los impuestos y devolver las cantidades adeudadas. Si a pesar de todo había ricos que permanecían en esta Galilea, ¿no era acaso, al menos en parte, debido a la abundancia de pobres? Estos eran fácilmente explotables, sin defensa frente a quienes detentaban el poder religioso, frente a los grandes propietarios y los hábiles comerciantes. Esta realidad acompaña a la humanidad a través de los siglos. No son necesariamente los muy ricos quienes se aprovechan de los muy pobres. A menudo son comerciantes que los mismos ricos desprecian, al mismo tiempo que los emplean como intermediarios; o incluso pobres que pasan como pudientes porque están en situación de explotar a otros más pobres que ellos todavía. Semejante desequilibrio social no podía sino agravarse a medida que la expropiación y el cambio de relaciones en lo que se refiere a la tierra modificaban cada vez más profundamente las relaciones entre los hombres, en las familias y las comunidades. El número de jornaleros, trabajadores ocasionales y sin trabajo aumentaba sin medida. Nuevas relaciones de trabajo, a menudo inciertas y deshonrosas, sustituían a la estima y las antiguas seguridades. Todo ello debía influir también en las relaciones con las comunidades extranjeras.

Pueblo en plena dislocación, sometido a diezmos que llegaban a ser insoportables, abrumado por nuevos e injustos impuestos, desmantelado poco a poco su orden social, así era esta Galilea por donde Jesús iba a recorrer los caminos. Me parece que la eligió como lugar de predilección por una razón muy concreta. Todos los actores, todos los testigos, estaban allí situados alrededor de lo esencial, de lo que estaba en juego: liberar a los hombres de la miseria, de la opresión total y sin recurso. Liberación que por sí sola puede hacer imaginar la totalidad del amor de Dios. En Galilea, Cristo iba no solamente a liberar a los más débiles, sino a ser él mismo su liberación.

Sigamos a Cristo, desde ahora ya entregado a la muchedumbre. Mateo, siempre breve y sobrio, no parece perder ninguna ocasión para situarnos ante este Jesús prisionero de los humildes. *"Grandes muchedumbres le seguían de Galilea y de la Decápolis, y de Jerusalén y de Judea, y del otro lado del Jordán..." "Viendo a la muchedumbre, subió a un monte..." "Al bajar del monte le siguió una gran muchedumbre..." "Viendo a la muchedumbre, se enterneció de compasión por ella..." "Se le acercaron numerosas muchedumbres..." "Habiéndolo oído las muchedumbres, le siguieron a pie desde las ciudades..." "Y reconociéndole los hombres de aquel lugar, esparcieron la noticia por toda la comarca y le presentaron todos los enfermos..." "Se le acercó una gran muchedumbre en la que había cojos, mancos, ciegos, mudos y muchos otros..." "Le siguió una numerosa muchedumbre y allí los curaba..." "Se maravillaban las muchedumbres de su doctrina..." "Los más de entre la turba desplegaban sus mantos por el camino..." "Y la muchedumbre respondía: Este es Jesús el profeta, el de Nazaret de Galilea"* (San Mateo 4, 25; 5, 1; 8, 1; 9, 36; 13, 2; 14, 13; 14, 35; 15, 30; 19, 2; 7, 28; 21, 8; 21, 11).

El primer Evangelio no deja ninguna duda: la muchedumbre, los más pobres dentro de la muchedumbre, son los primeros colaboradores del Señor. Mateo nos hace encontrar de modo tan repetitivo a Jesús zarandeado, agobiado por la muchedumbre, que creemos oír el ruido, los gritos. Vemos a hombres y mujeres apresurándose, empujándose, apartando incluso a los discípulos de su Señor para acercarse a él, para tocarle. Son, por otra parte, familias enteras, padre, madre e hijos, los que corren por los caminos. Multitud de familias, a veces venidas de lejos, a veces concentradas a toda prisa. Jesús debe en ocasiones soltarse con fuerza para separarse de la muchedumbre. Para tomar aliento, para rezar, tiene que escaparse, como yo lo hice a menudo, abrumado y con un único deseo: no ver más a esos hombres y mujeres. Su paciencia debía de ser infinita.

Él va a las ciudades para enseñar en las sinagogas, hablando a los fariseos. Los saduceos intentan llevárselo para interrogarle. Entonces se dirige a una casa particular. Y mira por dónde, también aquí está presente la muchedumbre, esperando a la salida o infiltrándose en el lugar para escucharle, maravillarse, sorprenderse, hablar o maldecir. Jesús se dirige a los saduceos y "se maravillaban las muchedumbres de su doctrina". ¿Está sentado en la mesa con sus discípulos en su casa? He aquí que "muchos recaudadores de impuestos y pecadores" vienen a tomar asiento con él, sin ceremonias. Como si el Señor, donde quiera que se encontrara, cualquier cosa que hiciera y ante cualquier auditorio, no tuviera ojos más que para esta muchedumbre viniendo hacia Él con sus miserias, poniendo a sus pies a los ciegos y los deformes. Como si esta masa de gente, ruidosa y desordenada, siempre empujándose para estar en primera fila, fuera su primera preocupación, lo más importante en su corazón y en todo su plan de salvación. Toda su paciencia, todas sus enseñanzas, son para aquellos en primer lugar. Para los otros también, para todos los hombres, pero nunca sin aquellos.

Los comentadores del Evangelio resaltan con gusto la variedad de auditorios: estarían los amigos y los enemigos, los pudientes y los humildes, los instruidos y los ignorantes, los judíos y los paganos. Al seguir a Jesús, nos damos cuenta sin embargo, que los auditorios pueden sucederse, pero que la muchedumbre y los discípulos están siempre allí de manera permanente. Los sumos sacerdotes apartarán a la muchedumbre durante un breve instante, durante el arresto: *"tomaron consejo entre sí sobre el modo de apoderarse de Jesús con engaño para darle muerte. Pero se decían: que no sea durante la fiesta, no vaya a alborotarse el pueblo"* *(San Mateo 26, 4-5)*.

La muchedumbre, tierra natal, lugar de pertenencia del Señor. Según el Evangelio, Jesús habla a sus propios discípulos a través de la muchedumbre, antes incluso de reunirlos en particular para decirles su misión. ¿Por qué la muchedumbre le sirve de primera ilustración, de primer canal de transmisión, incluso con los apóstoles elegidos como compañeros? Pienso que la muchedumbre debía ayudarles a comprender la misión que iban a recibir y que no dejará de intrigar a los exegetas:

> *No vayáis a los gentiles*
> *ni penetréis en ciudad de samaritanos;*
> *Id más bien a las ovejas perdidas de la casa de Israel*
> *y en vuestro camino predicad diciendo:*
> *El Reino de Dios se acerca.*
> *Curad a los enfermos,*
> *resucitad a los muertos,*
> *limpiad a los leprosos,*
> *arrojad a los demonios,*
> *gratis lo recibís, dadlo gratis"*

(San Mateo 10, 5-8)

¿Por qué Jesús, si él mismo enseñaba en la "Galilea de los gentiles", ordenaba a los apóstoles que no fueran a las ciudades extranjeras? Algunos comentaristas se plantean la cuestión. ¿Había una diferencia entre el proceder del maestro y el proceder propuesto a los discípulos? No lo creo en absoluto. Lo esencial era –Jesús lo dice– ir hacia las ovejas perdidas. Hacia las de la casa de Israel, para hablar a todos los judíos; hacia las de Samaria, para hablar a todos los samaritanos. Yo mismo lo comprendí poco a poco gracias a los más pobres que me ayudaron a acercarme a Jesús en la muchedumbre de su tiempo.

Mis recuerdos me llevan a una fría mañana de 1960, en el campamento de personas desalojadas de Noisy le Grand. A menudo se ha pensado que este campamento había sido desde sus inicios lo que fue al final de los años 60, en el colmo de la miseria: una concentración de hogares totalmente empobrecidos y en situación de abandono. No era todavía así en 1960, cuando el campamento alojaba en barracones alineados en el fango del invierno a familias con distintos grados de pobreza: familias obreras francesas, con muy bajos salarios e incapaces de pagar el alquiler de las viviendas sociales; familias repatriadas, "los pies negros" [21], desarraigados provisionalmente; familias de emigrantes en paro o de origen nómada y sedentarizados hace poco; familias muy pobres, finalmente, afectadas de generación en generación por el empleo precario, la ignorancia, la enfermedad, la falta de vivienda y de recursos, desde comienzos de siglo o incluso antes. Aquella mañana todos ellos estaban fuera, los más pobres como los más válidos y los más organizados, todos reunidos en torno de un delegado del Prefecto.

Estaban allí el guarda nocturno, de regreso de su trabajo en la madrugada, y también uno que no tenía trabajo y empujaba un carrito en el que amontonaba toda la chatarra que encontraba. Igualmente estaba allí un padre sin trabajo que ni siquiera tenía fuerzas para rebuscar en las basuras o recoger trapos en el vertedero público y que se quedaba acostado durante días en su colchón, tirado por el suelo. También estaban allí las mujeres, los niños no escolarizados a pesar de su edad escolar. La abuela Lassagne trajo a sus dos nietos, minusválidos mentales, a los cuales normalmente ella escondía para que no los vieran los funcionarios de los servicios sociales. El violinista ciego iba detrás tanteando el movimiento de los vecinos. Aquella mañana de invierno estaban todos allí en el camino, la muchedumbre reunida, para gritar su pobreza, su desdicha de estar en aquel lugar maldito.

Yo estaba allí, como su sacerdote, intentando razonar con el delegado y protegerle de aquella gente que le empujaba y amenazaba. Y mirándoles, me vinieron al espíritu –como un impacto– estas palabras del Evangelio: *"Viendo a la muchedumbre, se enterneció de compasión por ella, porque estaban fatigados y decaídos como ovejas sin pastor"* *(San Mateo 9, 36).*

Yo veía también a esta muchedumbre, más o menos numerosa, en el Vía crucis que junto a las familias del campamento continuábamos haciendo el viernes santo y al cual estas familias acudían siempre. Yo acogía a esta muchedumbre en la misa del domingo o, en mayor número, en nochebuena y en semana santa. Esta muchedumbre se hizo cada vez más pobre a medida que las familias más enérgicas fueron realojadas fuera de aquel infierno. En la multitud se hacían cada vez más visibles los cojos, los tullidos, los enfermos de reumatismo, de escoliosis, de raquitismo, los dientes partidos desde temprana edad. Hombres, mujeres y niños que se ponían a mi lado al volver cada esquina y a quienes no podía evitar; gente que se desviaba para abordarme o que llamaba a la puerta de noche: "Padre, venga rápido, mi hijo se muere..." "Padre, ya no tengo para comprar leche para mis hijos..." Era en 1960 y en los años siguientes, a medida que el Movimiento crecía, volví a encontrar a la muchedumbre en otras partes, en las chabolas de "La Cerisaie" y del "Moulin Neuf" en Stains, "Les Emouleuses" en Creteil, "La Campa" en Courneuve, "Les Francs Moisins" de Saint-Denis... A esta muchedumbre la volvía a encontrar progresivamente a través de toda Francia y en otros países de la Comunidad europea.

En todos estos lugares de miseria y mala fama, me venía a la mente sin cesar la profecía: "Será llamado el nazareno" y la reprobación ligada a esta indicación de origen. "¿Qué puede salir de bueno en Nazaret?" ¿No estaba yo en presencia del mismo desprecio que rodea a todos los pobres de todos los tiempos y de todos los países? "Si digo donde habito mi patrón me despedirá en un abrir y cerrar de ojos..." "Nuestros hijos, sólo porque viven en la barriada de chabolas, los ponen en el fondo de la clase". Un día, en Navidad, una madre me explicó su pánico: "He dado a luz esta noche, pero el bebé nació muerto. No me atrevo a declararlo. ¿Qué va a pasar ahora? Basta con que sepan que vivimos en las chabolas para que digan que lo he matado..." Jesús, la multitud de familias de Galilea, las familias pobres de las zonas subproletarias... ¿dónde comienza y dónde acaba el Evangelio? Para mí todo forma una unidad.

Una muchedumbre demasiado desgraciada para ser discreta, una muchedumbre que podía aparecer en cualquier momento porque no tenía importantes ocupaciones que regulasen su jornada... Los ricos, por muy pequeña que sea su fortuna, los trabajadores regulares, los comerciantes, todos ellos no pueden agruparse así de improviso, a la busca de lo inesperado, de la suerte. Nunca vi a estas personas, en mis anteriores parroquias, abandonar su casa así de pronto. "La señora Fontaine me dice que es el Domingo de ramos, tengo que ir..." "Los de ATD van a hacer una reunión en el jardín de infancia, voy enseguida..." El que tiene campos que cultivar, regentar un comercio, fichar en la empresa, ese lleva una vida ordenada. Se ocupa de sus asuntos y, cuando tiene ocasión, de los asuntos de Dios, a ciertas horas previstas de antemano. Para el sacerdote y el levita de la parábola del buen samaritano no era el momento de detenerse con un herido. ¿No ha sido siempre así?

Pero, sobre todo, los que tienen los medios de ordenar y controlar más o menos su vida, no tienen necesidad de correr cuando se anuncia un mensajero. No están abrumados, angustiados, hasta el punto de estar siempre a la espera de una noticia, de una ayuda o, ¿por qué no?, de un salvador. ¿Quiénes son los que esperan al hombre que va a cambiar todo, al guía y maestro, sino los humildes, los pobres y los excluidos? Los comentaristas han hablado mucho sobre las razones por las cuales diferentes grupos de la población judía de la época se reunieron alrededor de Cristo. Ellos recuerdan las corrientes propiamente políticas en busca de un líder que liberara al pueblo de Israel y fundara una sociedad nueva como había anunciado el profeta. ¿Es suficiente pensar que la muchedumbre de los más pobres participaba a su manera en estas corrientes? La muchedumbre no tenía seguramente la conciencia política de los grupos más acomodados, pero vivía también a la espera de un salvador. Por mi parte, yo no he encontrado nunca poblaciones pobres en Francia, o en Haití, en Holanda, en Centro África, en Guatemala o Tailandia, que no manifiesten esta especie de espera de un salvador que cambie no sólo algunas condiciones de vida, sino la vida entera de los hombres.

Así, desde mis años de sacerdocio en el seno de una población subproletaria francesa, el estar entre aquellas familias llegó a ser para mí como estar entre la muchedumbre que rodeaba a Jesús. ¿Qué podían ser esas familias sino la muchedumbre de pobres que Jesús veía "fatigados y decaídos como ovejas sin pastor"? Yo pensaba en ello, hace pocas semanas, recorriendo algunas aldeas en lo más profundo de la maleza africana. Habíamos decidido implantar allí un equipo. Con la primera de nuestras voluntarias en aquel paraje, en el extremo de un camino intransitable, nos sentamos bajo el árbol o el techo de paja para hablar con los nativos. "Entonces, ¿se quedan aquí con nosotros?" –No nos quedamos todavía, les hacemos una visita y si están de acuerdo volveremos"– "Pero, ¿por qué no se quedan ahora ya?" Ciertamente no había una muchedumbre en aquella región desertificada y despoblada, pero se trataba siempre de la misma prisa, a pesar de la fiebre y el calor, siempre esa esperanza de lo inesperado. Las mujeres agarraban los brazos de Ruth, la voluntaria que iría allí: "Quédate con nosotros, mañana es Navidad" ¿Qué esperaban ellas de una mujer blanca que no les aportaba ni siquiera medicamentos para la malaria y que no hablaba todavía su lengua?

¿No podrían introducirnos los pobres de hoy en el corazón del Evangelio, muy cerca del Señor, teniendo la mirada fija sin cesar en la muchedumbre de humildes de entonces? Esta me parece muy semejante a la de hoy. En el Evangelio esta muchedumbre va y viene, deja los pueblos con prisa, sin preocuparse por el día de mañana. Esta multitud camina durante horas, como hacen hoy los habitantes de las aldeas de Centro África, recorriendo kilómetros antes del alba para asistir a la misa. Tiene reacciones espontáneas, se sorprende, se maravilla y nunca intenta entablar con Jesús un debate ideológico. Y también qué ternura la del Señor hacia esta muchedumbre, qué sensibilidad hacia lo que ella es, lo que lleva en su interior, lo que espera o puede comprender. Entre Jesús y la multitud se establece un acuerdo tan profundo que tan pronto como la muchedumbre se dispersa vuelve a formarse por todas partes por donde pasa, le siguen y llegan a decir: "Hosanna al hijo de David", suscitando cada vez más la indignación de los grandes sacerdotes.

Sin embargo, dado que habrá un momento en que la muchedumbre deserte, ¿puede hablarse de acuerdo profundo? La muchedumbre traicionó a su Salvador, se nos dice, o incluso: "El pueblo judío rehusó creer en él". Las familias de los barrios subproletarios de nuestro tiempo nos enseñan otra forma de mirar que conduce a otra meditación muy distinta. Las familias nos muestran que sin una gran cultura y sin instrucción escolar elemental, es difícil desarrollar un pensamiento lógico, opiniones elaboradas y actitudes firmes. Siempre se ha dicho que las muchedumbres son crédulas como niños, o incluso que son tornadizas, sin un pensamiento profundo, fáciles de distraer. Dadles pan y juegos y os dejarán en paz. Este es un insulto hacia el hombre pobre, cuya verdadera desgracia es la de no tener instrucción ni información objetiva de los hechos. Quienes detentan el saber guardan para sí estos medios. En 1983, en los Estados miembros de la Comunidad europea, unos ocho millones de ciudadanos son pobres y analfabetos funcionales. En estas condiciones, los ignorantes hacen el mejor uso posible de su experiencia cotidiana, de su memoria, de su sentimiento de las cosas. Si solamente se les dejará libertad de acción en las zonas de pobreza, ellos terminarían por construir su propia lógica, por ordenar cada vez mejor su memoria. Confirmarían lo que son, lo que Jesús ha querido que sean, a saber, expertos en miseria, maestros en humanidad. Estarían de golpe en la misma longitud de onda del Cristo que eligió hacerse miserable entre ellos, con ellos.

Pero no se deja tranquilas a las familias del Cuarto Mundo en nuestras ciudades y pueblos, como tampoco los escribas y fariseos dejaban en paz a los pobres de la casa de Israel. Siempre hay una instancia, unas personas para decirles que ellos no comprenden nada de nada, que hacen todo al revés y que no deberían vivir así. "Mejor haría internando a su hijo; ello le ahorraría gastos...". "¿Por qué se obstina en quedarse con su marido que no trabaja y además bebe? Yo podría conseguirle una plaza como madre sola en un hogar". La madre, asustada, no tiene respuesta. A la noche vendrá a decirme: "Pero Padre, mi marido y yo nos queremos. Es el padre de mis hijos y ha sido bueno conmigo. No voy a dejarle ahora que es desgraciado". Pero tanto ella como yo sabemos que si no moviliza todas sus energías y su capacidad de invención será empujada a plegarse a otra lógica. El haber visto a tantas familias desplegando incomparables esfuerzos de resistencia para ceder finalmente, a pesar de todo, a los argumentos de los instruidos, es lo que me impide aceptar los juicios que afirman que la muchedumbre abandonó a Jesús. Él, en cualquier caso, no dijo nunca que la muchedumbre "rehusaba creer" y hará una diferencia entre los que le rechazan –fariseos, escribas, jurisconsultos...– y los que no tienen la posibilidad de creer porque los primeros se lo impiden. En este grupo están los pobres, los más débiles especialmente. Impotentes frente a la existencia, ellos necesitan más que nadie el poder creer y esperar en algo, en alguien. El que ignora esto no puede comprender sus entusiasmos, su admiración irreflexiva hacia las personas fuertes y poderosas. Tampoco puede aceptar su obstinada espera del milagro. Pero Jesús, que conocía muy bien a los suyos, no ignoró que ellos no pedían otra cosa que creer. Él se dio cuenta de que "conmovida, toda la muchedumbre decía: ¿No es ese el Hijo de David?". Él no les facilitó el camino hacia Dios callando las exigencias de la fe. Pero nunca dejó de establecer la diferencia entre los guardianes de la doctrina y la legalidad y la muchedumbre crédula, rápidamente impresionada y sometida con facilidad debido a su misma ignorancia. Su condena de los que impiden a los humildes creer será terrible:

> *"¡Ay de vosotros, escribas y fariseos,*
> *hipócritas que cerráis a los hombres*
> *el reino de los cielos!*
> *Ni entráis vosotros ni permitís entrar a los*
> *que querrían entrar"*

(San Mateo 23, 13)

> *"¡Ay de vosotros, doctores de la Ley,*
> *que os habéis apoderado de la llave de la ciencia;*
> *y ni entráis vosotros ni dejáis entrar!*

(San Lucas 11, 52)

¿Cómo unos y otros apartaron de tal manera a los hombres de buena voluntad? Los fariseos y los escribas al no practicar la misericordia, los jurisconsultos cargando a los hombres de fardos abrumadores que ellos mismos no tocan "ni con un sólo dedo". La precisión es importante, pues muestra quienes eran los hombres a los que se impedía acercarse a Dios, creer en Jesús: aquellos que estaban abrumados de fardos que los ricos no tenían que llevar, los que necesitaban ver practicar la misericordia para creer en ella y se veían constantemente privados de ésta.

Jesús sabe que tanto los humildes, como los poderosos no son ni virtuosos ni justos, que no son necesariamente misericordiosos ni fraternales con los más débiles que ellos. Él no se unió al mundo de la miseria porque éste fuera el mundo de la virtud, sino porque era y sigue siendo el mundo del sufrimiento, sin defensa frente a la desgracia. Porque en este mundo convergen todas las vicisitudes de la vida y todos los errores de la sociedad, todas las injusticias, las explotaciones y opresiones, y también –y ello es importante– todas las recuperaciones. Es por eso que, con toda humildad, podemos sentirnos cerca de Jesús cuando nosotros mismos, abandonando nuestros privilegios, vamos en busca de la oveja perdida en los lugares de miseria. Él sabía lo que nosotros experimentamos día tras día: la desconfianza, el acaparar, la hostilidad y, sobre todo, esa tentación permanente de los más pobres de brutalizar o de abandonar a los más débiles para salir a flote uno mismo. Pero conocía las razones de su fragilidad, su facilidad para dejarse engañar, su falta de argumentos necesarios para defender una convicción frente a los instruidos.

Jesús comprende que los más pobres, sea cual sea su sentimiento más profundo, estarán siempre a merced de hombres que, por su superioridad intelectual y social, les obligarán a gritar: "Barrabás". No sólo serán los fariseos, los escribas y los jurisconsultos los que empujarán así a la muchedumbre. Será también esa parte del pueblo judío (pequeños campesinos, comerciantes, artesanos) que ha desarrollado una conciencia política que le incita a esperar de Jesús la liberación

65

del país ocupado. Profundamente decepcionados por no encontrar en él al hombre que expulse a los romanos fuera de la frontera y traiga la prosperidad económica, los menos pobres serán arrastrados con facilidad a exigir su muerte. A su vez, ellos arrastrarán a los más pobres, pues están más cerca de ellos que los fariseos, les sirven de algún modo de modelo: "Si reniegan de Jesús, alguna razón tendrán...".

Yo mismo he comprobado repetidas veces la dificultad que tienen los pobres para hacer prevalecer sus puntos de vista. Las autoridades públicas se esforzaban en meter en la cabeza de las familias que todo iría mejor si yo abandonaba el lugar. A la noche, una vez que los funcionarios se habían ido, nos volvíamos a encontrar frente a frente, las familias, los primeros voluntarios del Movimiento y yo mismo. Entonces, como Nicodemos vergonzosos, los hombres y mujeres que hacían firmar una petición para que yo partiera, venían a verme: "Padre, ¿no irá usted a dejarnos...?" "Padre, si toman su barraca, nos iremos juntos y le construiremos una bonita cabaña, ya verá usted". ¿Cómo Jesús no iba a comprender infinitamente mejor que yo ese desconcierto de los pobres, que nunca saben dónde está su seguridad ni en quién pueden tener confianza?

"¡Jerusalén, Jerusalén,
que matas a los profetas y apedreas
a los que te son enviados!
¡Cuántas veces quise reunir a tus hijos
a la manera que la gallina reúne a sus pollos
bajo sus alas
y no quisiste!"

(San Mateo 23, 37)

¿Quién apedreaba en el espíritu de Jesús? ¿Qué reunión era esa y, en consecuencia, cuál era la desunión que la reunión debía borrar? ¿Habría abandonado la muchedumbre a su Señor si hubiera existido unidad, misericordia, reparto de las cargas? ¿Jesús fue rechazado por los suyos? Al mirar a mi alrededor a las familias del Cuarto Mundo y también a los pobres actuales que no están totalmente excluidos, me parece insoportable que se niegue la alianza profunda e indestructible entre Jesús y la muchedumbre a través de los tiempos. Para todos nosotros es una pérdida incalculable el ver cerrarse de tal modo la puerta de una contemplación de la muchedumbre de humildes, no muy versátiles pero vulnerables hasta en su búsqueda de Dios. ¿No los amaba Jesús por esta misma vulnerabilidad? Al presentar mal a estas familias tan poco dueñas de sus ideas, nosotros perdemos la oportunidad de profundizar nuestras propias responsabilidades y de formarnos con humildad en presencia de la miseria. La vida entera de Jesús estuvo marcada por el rechazo de la esclavitud de los pobres, no solamente desde el punto de vista material, sino, sobre todo, intelectual y espiritual. Cristo defendió sin cesar la inteligencia y la fe de los humildes.

La alianza de Jesús con los humildes es tanto más profunda cuanto que es una alianza consciente. Jesucristo no confunde la extrema sensibilidad a las injusticias con la capacidad de practicar uno mismo la justicia. Cuando la pobreza se convierte en miseria no queda mucho sitio ni posibilidades para la voluntad de ser justo, fraternal o misericordioso. Los más pobres son conscientes de ello y se entregan a una búsqueda desesperada por obtener el perdón y ser salvados. Tampoco Cristo erige a los pobres en justos. Ellos serán los primeros que escucharán: convertíos, Dios es amor y perdón.

¡Cuántas veces habré oído a un hombre proclamar a un empleado del ayuntamiento, a un representante de sindicato o a un miembro de Caritas: "Mi vecino es un vago, ni siquiera me rozo con él, esa gentuza son maleantes"! Y era cierto que algunos robos se habían cometido y que algunos golpes se habían intercambiado. Sin embargo, el mismo hombre que traicionaba a su vecino la noche pasada, le prestaba al día siguiente su propia bicicleta e invitaba a comer a sus hijos, sabiendo que, delincuentes o no, la familia de al lado ya no tenía nada que llevarse a la boca. Sin duda los pobres de Galilea y de Judea no estaban mejor armados contra estas traiciones ni menos divididos entre la necesidad de salir de apuros distanciándose del vecino y la profunda necesidad de vivir con él como hermanos. Cuando la pobreza, la impotencia y la inseguridad superan un cierto límite, lo que hay de bueno en los hombres se desgasta. Sus esfuerzos por no dejarse destruir me parecen por ello conmovedores. A menudo me he sorprendido de la capacidad que tienen los hombres en zonas de miseria arrinconadas para realizar gestos de amistad, de ayuda mutua, de amor. Hay que tener, por otra parte, la mirada y el corazón atentos para reconocer estos gestos, tan modestos o que incluso a veces parecen torpes para el que no los comprende o los considera nimios e insignificantes.

Por otro lado, lo esencial no es estimar en su justo valor estos esfuerzos continuamente renovados. Nosotros no tenemos que sustituir a Dios. Lo esencial es ser testigo y poder decir: "Te veo responsable de tus actos, puedes elegir y eliges por el bien de tu hermano". La intimidad misteriosa entre Jesús y la muchedumbre parece expresarse incesantemente en ese acuerdo profundo entre aquello de lo que el hombre es responsable y que le engrandece y aquello de lo que no es dueño y en donde Dios interviene, comprende, perdona, cura y salva. Nunca se produce la más pequeña disonancia en este diálogo constante por encima de las cabezas de los otros auditorios: Aquí está lo que Dios da y esto es lo que vosotros, los humildes, le debéis como hijos responsables de Dios. Los más pobres desempeñan un papel esencial en este diálogo, pues en la muchedumbre, o por detrás de ella, vamos a descubrir a seres más abrumados, más desamparados y también más excluidos que otros. Ellos van a hacer totalmente comprensible esta advertencia de Jesús a la muchedumbre que le escuchaba con gusto:

(...) Guardaos de los escribas,
que gustan de pasearse con rozagantes túnicas,
de ser saludados en las plazas
y de ocupar los primeros asientos en las sinagogas
y los primeros puestos en los banquetes,
mientras devoran las casas de las viudas
y simulan largas oraciones..."

(San Marcos 12, 38-40)

Tened cuidado, no hagáis como ellos; también vosotros tenéis la tentación y el seguir su ejemplo os atraerá, como a ellos, "la más rigurosa condenación". Con otras palabras: vuestros maestros os señalan un camino equivocado, pero ello no hace de vosotros hombres justos que no tuvieran que prestar atención a sí mismos.

La preocupación de los más pobres y su puesto en la comunidad están en el corazón de todo lo que ocurre y se dice entre Jesús y la multitud apretujándose alrededor de Él, angustiada, maravillada o loca de esperanza. Muchedumbres

69

esencialmente pobres en donde la línea de demarcación entre pobreza y miseria era tenue y movediza, mezclándose los leprosos y deformes con las personas válidas y las mujeres respetables con las prostitutas. Contemplemos a Jesús entre ellas. Hasta el fin de los tiempos Él no cesará de llevar ante su Padre las esperanzas de esta muchedumbre.

Capítulo III

"La muchedumbre vino hacia Él, con sus cojos, ciegos, deformes, mudos y muchos más..."

Todos los creyentes no ven del mismo modo a estos hombres y mujeres que obstruyen el camino apresurándose con sus hijos a lo largo de la orilla, sin saber hacia dónde van ni por cuánto tiempo. Vivir, rezar y actuar en el Cuarto Mundo es un camino privilegiado hacia el encuentro con Cristo entre los hombres elegidos para rodearle. ¿Cómo amar a Jesús sin amar a sus preferidos? ¿Y cómo amar a éstos si no podemos distinguir sus rostros? Las familias del Cuarto Mundo me han ofrecido un camino, postes indicadores, señales de localización. Los más pobres me parecen buenos guías. Pero numerosos contemporáneos se dejan conducir por otros hombres, viven otras realidades. Ellos no desembocan siempre en la misma figura del Cristo que renuncia a toda eficacia política ni tampoco en la misma muchedumbre fatigada y postrada, ni en los mismos excluidos que llenan los caminos polvorientos. Esto no tendría que llevarnos a debates contradictorios. Estoy convencido de que todos buscan el rostro de Cristo a través de los que ellos consideran los más abandonados, los más abrumados. Lo esencial es proseguir esta búsqueda, juntos, sin detenernos nunca en una población conocida que pudiera ocultar a otra más pobre todavía. Como sucedía con la muchedumbre del tiempo de Jesús, la cual ocultaba en los confines de las aldeas, en los campos y en las grutas, a los leprosos, los deformes, los posesos, más postergados todavía que los demás.

La Iglesia ha continuado a través de los siglos esta línea enseñada por Cristo. Ella ha sido siempre testigo de la misteriosa comunidad de destino entre las zonas de miseria de cada tiempo y la muchedumbre de la cual se apiadó el Señor, los más pobres a los que curaba. Ella tomó a pecho a lo largo de su historia la advertencia: "Siempre habrá pobres con vosotros". Su debilidad es tener mala memoria, no acordarse bien del rostro, la vida y los signos universales de la miseria. De ello se desprenden muchas afirmaciones inútiles. "Los pobres del tiempo de Jesús no son en nada comparables a los pobres que se encuentran en nuestros días en las ciudades de Europa occidental o de América Latina..." "Los pobres de hoy no tienen nada en común con los de la Edad Media..." "No se puede comparar la pobreza en África a la existente en Nueva York o en Chicago..." ¿Qué sabemos nosotros? ¿Sobre la base de qué observaciones, de qué memoria, de qué contemplación, sostenemos nosotros tales afirmaciones? No tendríamos que debatir sobre esto. Nosotros mismos y la Iglesia deberíamos sencillamente "acordarnos" de los pobres y de los más desamparados de todos los siglos, herederos de las muchedumbres de Galilea y de Jerusalén.

El no poder hacer esto es nuestra flaqueza y la de la Iglesia que no guarda día a día en su memoria a toda una parte de la humanidad, los pobres, tan esencial para ella misma. La Iglesia no ha sido nunca infiel a los pobres, aunque no siempre ha proclamado lo suficiente su fidelidad. La Iglesia se encuentra, no obstante, indefensa ante las críticas y ataques que denuncian su permanente complicidad con los poderosos, pues no conoce muy bien la historia de los pobres, en la cual, sin embargo, se encuentra involucrada. La Iglesia no enseña esta historia. ¿Es éste, tal vez, el origen de una cierta dificultad para conocer bien y enseñar la historia de los pobres y de los excluidos alrededor de Jesús? Pues, ¿cómo ir hacia Cristo, hacia los pobres de su tiempo, si no es a través de aquellos que siguen siendo sus testigos modernos en el mundo? La Iglesia conserva por misión, ayer como hoy, el ir en busca de los más desamparados, recordando las lecciones, los signos aprendidos desde hace dos mil años.

Todos nosotros podemos colaborar en esta tarea de volver a poner orden en la inconmensurable herencia de conocimientos sencillos y cotidianos; a condición de progresar en la contemplación y el amor de Cristo miserable ("Jesús era miserable", nos decía Juan Pablo II en el encuentro de los jóvenes del Cuarto Mundo en Castel Gandolfo, en 1982). A condición también de estar cerca de los que, en todos los tiempos, encarnan la miseria entre los hombres. Por mi parte, a fuerza de vivir en un medio muy pobre, aprendí a darme cuenta de cuán desgraciados son (más que en otras partes) y cuán indefensos están, los inválidos, ciegos y minusválidos en dicho medio humilde. No podía dejar de abordar la cuestión de los deformes, paralíticos y sordomudos en tiempos de Jesús. Los cojos, los epilépticos y los minusválidos mentales en las barriadas subproletarias me han servido de lección y de guías.

Ellos me han obligado a mirar más de cerca a los minusválidos de los caminos polvorientos de Galilea. En primer lugar, me enseñaron a no considerar a los inválidos de nuestros días golpeados tanto por la pobreza como por el menosprecio. A continuación me enseñaron a mirar mejor a sus semejantes de los países pobres de África y de Asia. Incluso en los países pobres, la condición de los enfermos e inválidos puede variar de forma incalculable; los que pertenecen a una familia, un pueblo o un barrio relativamente organizado encuentran al menos alguna protección, mientras que los inválidos en los grupos más desamparados viven en el infierno. Estos últimos se encuentran a menudo en los caminos, mendigando en la plaza del mercado o a la entrada de un templo. Están expuestos a la vista de todos, incluso en los países donde la costumbre es guardar a los minusválidos en una habitación o en el patio de la casa familiar. Los más pobres entre los inválidos o, más bien, los inválidos de los medios sociales más pobres, a menudo están más desamparados que otros y obligados a arrastrarse por las plazas en busca de una limosna. Llegado el caso sus parientes les empujarán a esta exposición vergonzosa al verse imposibilitados de alimentarlos. Los epilépticos son todavía hoy arrojados al fuego en algunos lugares del mundo en los que no se ve para ellos ninguna posibilidad de vivir.

¿Eran estas realidades humanas muy diferentes en tiempos de Jesús? Al encontrar en el Evangelio al paralítico sin amigos e incapaz de alcanzar la fuente cuando el agua fluye a borbotones, no puedo evitar el pensar en un ciego, rechazado en el campamento de Noisy le Grand. Ya nadie podía conducirle al metro de París, en donde, rasgando un violín desvencijado, aún ganaba algo para sobrevivir él y su madre, también inválida. Cuando me aproximo a la muchedumbre del Evangelio, apresurándose siempre para depositar a los pies de Jesús a los enfermos y posesos, cómo podría no decirme: si Jesús cruzara nuestras ciudades hoy en día, sería la muchedumbre que vive en refugios provisionales, en patios traseros y en colonias para realojados, los que se precipitarían en primer lugar hacia Él. Es esta muchedumbre la que acudiría como entonces, ruidosa y alborotada, sin orden ni concierto, con esa confianza un poco disparatada que actúa a veces en el corazón de una población desprovista de poderes, de conocimientos y, en consecuencia, de escepticismo.

Hay que darse cuenta de la confianza que exige esta exposición de plagas, de enfermedades que espantan, de malformaciones y desfiguraciones que impresionan y repelen a las mejores almas. Los hombres no muestran de tal modo sus deformidades en un espíritu de odio y de rebelión. En ninguna cultura las muestran si pueden evitarlo. La iniciativa de algunos de pedirle a Jesús que acuda a sus domicilios no debe sorprendernos; se trata de personas con una cierta posición social, como es el caso del centurión. Solamente los pobres muestran a sus inválidos en la masa. La impotencia total hace surgir las iniciativas más desesperadas al mismo tiempo que las esperanzas más insensatas. Los pobres, más numerosos que los que no son pobres allá en las tierras hacia donde va Jesús; los enfermos pobres, más numerosos que los enfermos de un círculo social menos desamparado; los pobres, los más pobres y sus enfermos, los más fácilmente arrastrados por Jesús... ¿Cómo podemos no ver al Señor rodeado constantemente no tanto del "buen pueblo" sino de una masa de hombres, mujeres y niños en un estado lamentable? ¿Cómo no inclinarse entonces ante la extraordinaria comprensión y la complicidad entre Jesús y estos pobres exhaustos, las cuales conducen siempre a esta misma frase: "Estás curado, estás salvado"?

Curar a los más pobres que, por la fuerza de los hechos, le aportaban la confianza más absoluta, parece convertirse en un lenguaje constante entre Jesús y la muchedumbre. "Ve, tu fe te ha salvado... Has creído en mí y en Dios y, entonces, todo se ha hecho posible. Dios no abandona a los que acuden así a Él, sin otro recurso que Él". ¿Hubiera podido hablar y actuar así con otros, menos postrados? ¿No hubiera sido alterado el mensaje por completo? Es cierto, lo hemos dicho, Jesús curó e incluso resucitó cuando fue preciso a personas que no eran pobres, pero éstas son excepciones y la razón particular del milagro es precisada en cada ocasión. Estamos tentados de pensar que para la muchedumbre, y particularmente para los más rechazados en ésta, la explicación era superflua. Sólo el gesto de curar ya expresaba la solidaridad que los ligaba a Jesús. Esta solidaridad no tenía nada de abstracto: "Conozco tu situación, pues la comparto; yo sé que quieres curarte y que sólo puedes pedírselo a Dios, pues el mundo te ha abandonado".

Al mirar a los pobres de nuestros días, con los más pobres a su lado o incluso rechazados por ellos, me doy cuenta de que no podía haber otra relación distinta que la de la misericordia. ¿Hubiera podido hacer Jesús de otro modo? Tanto ayer como hoy, la misericordia de Dios es objeto de reflexiones racionales. Los fariseos se las habían ingeniado para llenar de reservas esta misericordia y Jesús se los reprocha amargamente. Hoy nosotros tenemos también nuestra manera de racionalizarla, de hacerla condicional para ser eficaz. ¿No vino Jesús para restablecer la eficacia de Dios? "Porque no tienes más que a Dios, Él no puede abandonarte".

Pienso en esas mujeres que llegaban a mi despacho exponiendo su perpetuo estado de miseria, con el cuerpo deformado por embarazos difíciles y el rostro colorado a causa de la bebida. Ellas permanecían allí, sentadas en una silla, a veces durante horas, quejándose de una cosa u otra, pidiéndome algún dinero... Luego seguían largos silencios antes de que me plantearan sus verdaderos problemas: "Padre, mis hijos no me respetan... Padre, mis vecinos me odian... Mi marido me ha pegado otra vez. Los niños no tienen zapatos, yo me esfuerzo, pero no llego, ya sabe que estoy enferma..." Yo sabía también que en la vivienda de una de ellas no había ya ni siquiera una sartén, pues un vecino había ofrecido un buen precio en un momento en que había que elegir entre comer y calentarse. El marido de otra mujer se había ido de casa. Todas estas mujeres me pedían consejo, un signo de comprensión. Pero yo siempre necesitaba un tiempo para llegar a lo esencial. Con Jesús, me decía yo a mí mismo, se hubieran hecho comprender sin necesidad de palabras. Él hubiera realizado el gesto preciso para decirles: "ya sé, lo comprendo". Los mejores momentos con una de ellas, la señora Estampe, fueron cuando permanecía silenciosa, con el rostro embelleciéndose poco a poco, después de lo cual me dejaba diciéndome: "Gracias, Padre". Como si ya se hubiera dicho y comprendido todo y la vida cobrara un nuevo valor.

En tales momentos uno se siente más próximo a Jesús, el hermano de los pobres, que pone el orden adecuado en los asuntos y la misericordia de su Padre. Yo le había dado a la señora Estampe el dinero que me quedaba y que, sin duda, habría debido invertir de otro modo. Yo había tomado el tiempo preciso cuando la eficacia me exigía calcularlo, repartirlo cuidadosamente. Pero, en el campamento de barracones, una madre desesperada sabía adivinar lo que había de más profundo en su pena, su ruego y su esperanza. Se me dirá que yo estaba lejos de toda idea de cambio de estructuras, de revolución, de justicia. No sé nada. Solo sé que yo estaba en el origen, en la fuente, de un vuelco en el orden del mundo y que yo mismo abandonaba una vez más la eficacia y el control de las cosas para que las familias del Cuarto Mundo supieran que son importantes. Ellas contaban en primer lugar con un designio de fraternidad, de dignidad, de respeto del pensamiento ajeno. La señora Estampe ya está muerta. Su marido, que permaneció a su lado a pesar de las disputas conyugales, se convirtió durante algún tiempo en militante del Cuarto Mundo en el Movimiento. Una de sus hijas milita activamente en un partido político. Muchos padres y jóvenes de los que conocí en aquella época han seguido un camino semejante. Pero diría que no me han necesitado para ello. Lo que necesitaban, más que nada, era tener la convicción de que la miseria no había alterado en nada su condición de hombres, hijos de Dios. Ellos debían estar, en primer lugar, tranquilizados sabiendo que las torpezas, las brutalidades, la imposibilidad de vivir en paz con el propio cónyuge o con los vecinos habían sido borradas. Tenían que conocer que estaban perdonados con cada gesto de reconciliación, a cada interrogación desesperada: "¿Qué puedo hacer para que mis hijos estén orgullosos de mí y me quieran? ¿Qué puedo hacer para que mi marido no haga más escándalos?" Así era con la señora Estampe, enfrente de mí en el despacho: "No puedo vivir más con esta vergüenza, no puedo sentirme continuamente culpable ante los míos, despreciada en el vecindario. Sé que los insulto, que hago que mi hogar fracase". Ella tenía su manera de decirme estas cosas, recordándome en ocasiones y sin ninguna razón aparente que ella había aprendido a distinguir el bien del mal, a vivir con honra: "He sido educada con las monjas". No era éste un modo de darse importancia a los ojos de un sacerdote, sino de recordarme a qué nivel debían situarse nuestras relaciones.

Si la señora Estampe se hubiera encontrado a Cristo, habría formado parte entonces, juntamente con sus hijos, de aquella muchedumbre de pobres que acompañaban a Jesús, habría formado parte de los más pobres de esa multitud y para los cuales el único mensaje convincente era doble: "Estás curado, estás salvado..." Otros podían sentirse satisfechos de estar curados o salvados solamente. Para los más pobres una cosa no podía tener un sentido real sin la otra, ni tampoco podía liberarlos. Jesús tuvo las palabras y realizó los actos que les eran indispensables a los pobres y de los cuales ellos podían adivinar todo su alcance. *"Arrepentíos, porque se acerca el reino de Dios" (San Mateo 4, 17)*. Ellos tenían oídos para escuchar al mensajero *"predicando el evangelio del reino y curando en el pueblo toda enfermedad y toda dolencia" (San Mateo 4, 23)*.

Juan el Bautista, por su parte, tuvo una respuesta inequívoca a su cuestión: *"¿Eres tú el que ha de venir (...)?"* Los discípulos le contaron: *"los ciegos ven, los cojos andan, los leprosos quedan limpios, los sordos oyen, los muertos resucitan y los pobres son evangelizados" (San Mateo 11, 3-5)*. Juan, advertido de las profecías, aprendía así que una fase significativa del conjunto de los designios de Dios había comenzado; unos designios de un rigor sin fisuras desde el nacimiento de su Hijo como niño excluido hasta su muerte vergonzante en la Cruz, pasando por la tentación en el desierto. La curación y la evangelización de los pobres eran el signo seguro de que Jesús era el que debía venir para culminar el Reino, un Reino en el que la misericordia inmediata y la salvación futura están íntimamente ligadas. En esta perspectiva, y a través de la mirada de los más pobres, nosotros podemos comprender mejor la respuesta de Jesús al demonio que le tienta: el hombre no debe pensar sólo en vivir de pan, debe preocuparse de la salvación de su alma. Para el hombre totalmente desamparado esto es evidente. Las familias del Cuarto Mundo de hoy lo repiten sin cesar: "Es verdad que no tener agua y vivir en el fango hace la vida agotadora, pero lo peor es tener que subir en el autobús con los zapatos cubiertos de barro. Entonces todo el mundo sabe de dónde vienes y te señala con el dedo..." "Yo tampoco comía lo bastante con mi madre. Yo no tengo a menudo para darles de comer a mis hijos, pero es distinto. Ellos al menos saben que tienen una madre que los quiere". El hecho de que se diga que el hombre no sólo de pan vive me parece que es algo importante que debe recordarse a los ricos para que compartan tanto el pan como el honor. Para los más pobres es superfluo recordárselo, pues se trata de una realidad evidente que se vive con dificultad.

Y esta dificultad es aún mayor en la medida en que las familias y poblaciones que sufren más por no obtener respuesta a sus ansias de respeto, de paz y de amor, son luego a las que más les cuesta realizar todo esto en sus propios hogares, en sus barrios y ciudades. Ya lo he dicho: ellas también reviven incesantemente la tentación de Jesús en el desierto. "En el ayuntamiento van a hacer progresar mi petición para una nueva vivienda. El Padre Joseph me pregunta si puedo esperar un poco más y quedarme aquí para seguir ayudando a los otros. Todo eso es muy bonito, pero no voy a dejar pasar la oportunidad...".

Volvemos a encontrar el "sálvese quien pueda" o la tentación de explotar al vecino más desamparado que uno mismo, en los barrios más pobres y las aldeas más hambrientas de Iberoamérica. Esta quiebra de todo tipo de solidaridad invade también ciertas aldeas en el corazón del África negra, la cual tiene una merecida fama, sin embargo, de poseer un gran sentido de la familia y de la comunidad. ¿Deberíamos, quizás, esperar algo así? En efecto, ¿es acaso probable que hombres cuya miseria ha minado la seguridad en sí mismos, se respeten unos a otros lo suficiente como para ser fieles a la palabra dada y vivir la fraternidad debida a sus allegados? ¿Es probable que familias, barrios y pueblos desprovistos de todo y que no ven ninguna mano tenderse hacia ellos vivan en paz, con solidaridad y entrega mutua?

A través del mundo vemos todo lo contrario: lugares de miseria en los que estalla la violencia entre familiares por cualquier desacuerdo. El odio entre tribus y entre las mujeres de un mismo hogar se despierta por los celos más insignificantes y los más débiles son a veces víctimas de verdaderas atrocidades.

Al observar y meditar todo esto yo me encuentro cada vez más dichoso en el Evangelio. ¡Hasta tal punto Cristo hace suya la realidad que viven los humildes y los excluidos! Él aporta desde su entrada en la vida pública respuestas esperadas con mucho dolor. Jesús habla mucho utilizando parábolas, imágenes, analogías. Esto basta para decir que se dirigía a los más pobres. También hablaba a los ricos, evidentemente, para enseñarles y a menudo para dejarlos confusos abriendo una brecha en su lógica. Pero, sobre todo, él sabía que los más pobres no están ejercitados en ahondar el pensamiento por medio de sucesivas abstracciones y que les hacen falta imágenes, ilustraciones sacadas de la vida cotidiana. Y lo más importante es que las parábolas, dichas para ser escuchadas por los más pobres, contienen enseñanzas y líneas de conducta que les interesan en grado sumo. Jesús no se contenta con decir que comparte sus penas. Él no se limita tampoco a "concienciarlos" de las injusticias que soportan. Él les habla en primer lugar de sus responsabilidades, de lo que le deben a Dios y al prójimo.

Las bienaventuranzas no deberían incitarnos a una especie de angelismo hacia los pequeños y los humildes. La ley sigue siendo la misma para todos: *"No penséis que he venido a abrogar la Ley o los profetas; no he venido a abrogarla, sino a consumarla" (San Mateo 5, 17)*. Y el conjunto de lo que Mateo llama las "instrucciones" que siguen las bienaventuranzas cuenta por igual para los más pobres, los discípulos y todo el pueblo reunido. La reconciliación, la renuncia a la codicia, la fidelidad a la esposa, la absolución de cualquier juramento, el amor del enemigo, la discreción en la limosna, la oración y el ayuno... ¿Cómo puede pensarse ni por un instante que los pobres no hayan tenido la ardiente necesidad de escuchar que alguien les daba ánimos? ¿Cómo no pensar que Jesús les hablara a ellos en primer lugar conociendo con su inmensa ternura la necesidad que tienen de ser reconfortados, revalorizados, hechos "responsables" como se dice hoy en día? Responsables no a la manera de los fariseos, que juzgan según el comportamiento exterior y los ritos, sino responsables ante Dios y el prójimo de la pureza del corazón y de los esfuerzos posibles. Cristo no trata a los pobres como si ellos fueran justos. Tampoco les injuria tratándoles como víctimas irresponsables, sin ningún papel en el advenimiento del Reino de la justicia, la verdad y la fraternidad que Él proclama. Todo lo contrario, los declara hijos de Dios y, por tanto, disponiendo de una libertad de elección aunque sea muy pequeña: la libertad de perdonar, de amar, de ser fieles, de privarse para ayudar al otro. Jesús hace aquello de lo que el mundo se ha mostrado siempre incapaz: confía en los pobres. Estos se liberan a sí mismos. Cristo les da sencillamente esta extraordinaria promesa, sin la cual la exhortación les habría podido parecer que rayaba en la burla: *"Pedid y se os dará; buscad y hallaréis; llamad*

y se os abrirá" (San Mateo 7,7). En otras palabras: "Yo sé
que será difícil para vosotros, pero no tengáis miedo, Dios
estará con vosotros".

Mi vida me ha llevado a medir todos los días cuán indispensable les era esta promesa. ¿Podemos imaginarnos
lo que significa pedir que se perdonen mutuamente los habitantes que se hacinan en alojamientos pequeños, con las
escaleras cubiertas de desechos, en donde cada persona vive
sus desdichas, sus lágrimas y sus disputas a la vista de todos,
sin intimidad, en donde los perros ajenos ensucian el umbral
de la puerta y los hijos de los vecinos roban lo poco que a
duras penas se ha recuperado y almacenado en el sótano?
¿Podemos hacernos una idea de lo que les cuesta no odiar la
existencia del vecino cuyos hijos han provocado un control
de la policía y arrastrado a los vuestros a una pelea? Incluso
los rostros marcados por la malnutrición y la costumbre de
hablar en voz alta para hacerse oír entre todo el ruido se convierten no sólo en detestables, sino también en insoportables. Cuando se es inferior, objeto de la risa de todos a causa
de la ignorancia y la torpeza, cuando se está mal vestido y
alojado de una forma vergonzosa, ¿cómo no echarle la culpa
al vecino? "Son ellos los que por sus estupideces han hecho
que el patrón me tenga ojeriza", dirá uno. "Es culpa suya si
la policía ha venido", dirá otro.

¿Hay quien tenga más necesidad que estas familias de vivir en buena relación con el vecindario? Ellas están obligadas a pedir constantemente ayuda, siendo que tienen tantas
razones para estar resentidas con el vecindario. "Otra vez han
roto las bombillas de la escalera, no veo nada cuando bajo
con mis chavales". "La vecina ha tirado la basura delante de
mi puerta. Por su culpa me han echado en cara que no barro
el rellano". Para sobrevivir día a día con un mínimo de se-

renidad sería preciso tener capacidad de perdonar y olvidar. Pero cuando los perjuicios causados real o imaginariamente por los vecinos hieren con intensidad, ¿cómo no dejarse caer en una rencorosa actitud? Dentro de la población del Cuarto Mundo podemos encontrar a una familia que se ha perdido de vista desde hace varios años y oírla repetir las mismas recriminaciones contra un familiar que les hizo perder un trabajo o no les devolvió un préstamo. Un hombre de cuarenta y cinco años nos dirá como si le hubiera sucedido ayer: "Mi padre era violento, le pegaba a mi madre. Por su culpa ella cayó enferma. A mí me decía que no tenía más que atravesar la puerta". Veinte veces nos lo dijo. Diez años más tarde volverá a repetir las mismas lamentaciones. Habiendo adelgazado, debilitado por un ligero desvío de cadera por haber cargado pesados fardos, nervioso, hablando en voz alta, no es precisamente alguien que pueda atraer la amistad con facilidad. ¿Tiene acaso más necesidad que otros de sentir que sus padres se amaban y le querían? Su rencor parece por ello desmesurado.

Ciertamente, esta animosidad que no termina nunca no es exclusiva de los desventurados. Existen en la mayor parte de los pueblos. Pero las encontramos sobre todo allí donde las familias viven en una estrecha interdependencia, sin recursos ni distracciones externas. En mis parroquias rurales he conocido estas enemistades entre familias, transmitidas de generación en generación. Cuanto más vivían las familias en comunidades aisladas, mayor era el cuidado que debían tener para no caer en la pobreza y más inextinguible parecía su odio. En cuanto a las familias más pobres, la repulsa del pueblo –a veces muy antigua– les reducía a una existencia silenciosa, hasta el punto de hacer imposible la más pequeña relación amistosa de sus hijos con los chicos de los alrededores.

Estas sencillas realidades de la vida de los hombres me parecen universales. Las encuentro en todos los continentes. También, al contemplar a Jesús en la muchedumbre, me quedo maravillado de la solidaridad entre los hombres, las culturas y las edades. Oigo las palabras del Señor dirigidas a los pobres de entonces, sacadas de sus propias vidas, y me digo que mi única tarea es repetírselas a los pobres de nuestros días. No conozco otras palabras mejor adaptadas a los oídos, al corazón y a la inteligencia de los más pobres de nuestro tiempo. "Jamás hombre alguno habló como éste" dirán los guardias del templo enviados para detenerle. "Si Jesús hablaba así, entonces le creo", me dirá el señor Paquignon, padre de seis hijos y que vive en una cabaña para meter herramientas a la orilla de un campo cerca de Bessancourt.

Nada tiene de sorprendente esta constatación de Mateo: *"Cuando acabó Jesús estos discursos, se maravillaban las muchedumbres de su doctrina, porque les enseñaba como quien tiene poder, y no como sus doctores" (San Mateo 7, 28).* Según los exegetas, se trata de su autoridad como Hijo de Dios. Pero cuando la muchedumbre admite la autoridad de Cristo, ¿No sería quizás también porque reconoce en Él al enviado de Dios *hablando con pleno conocimiento de la vida de los hombres?* Pensemos en que los pobres a través del mundo admiten sobre todo la autoridad de aquel que habla con pleno conocimiento de las realidades de la vida, de su vida en particular. "Ese sabe un rato de la vida", dicen con respeto quienes han aprendido a encogerse de hombros al oír a los instruidos, a los intelectuales, a los escribas de su época. "Ellos no comprenderán nunca", dicen después de todos los discursos.

Me parece evidente que la muchedumbre vio a Jesús como a un hombre que había comprendido todo. Él lo probaba al curar las enfermedades y abatimientos de los pobres que se cruzaban en su camino. Ello no reclamaba ninguna explicación de su parte. Era el primer gesto esencial de Dios hacia los hombres cuya pena superaba la medida de lo soportable. Un gesto que no era realizado para aliviar la miseria, sino para destruirla salvando a los hombres. Porque ser ciego, deforme o leproso y vivir en la miseria nos hace incapaces de realizar el más mínimo proyecto para mostrarnos como hijos de Dios. La enfermedad en una situación de extrema pobreza representa la deshumanización. El enfermo ya no puede tener ningún pensamiento o un mero gesto de fraternidad hacia los demás y tampoco puede suscitarlos del prójimo. En una situación de miseria la invalidez se hace insoportable para el otro. En nuestras sociedades del bienestar, en nuestros hospitales modernos, nosotros podríamos olvidarlo. No lo olvida el que vive en una barriada subproletaria de Dublín, en una miserable callejuela de Glasgow o en una zona pobre de la periferia de Barcelona. Tampoco lo olvida quienes viven en una región devastada por la sequía en el Chad o en Centro África. Los cuerpos de la miseria son a veces difíciles de mirar. Imaginad que, además, son cojos, ciegos, sordos, leprosos...

Me parece que al curar los cuerpos Cristo se atiene estrictamente a los asuntos de su Padre. No podía hacerlo de otro modo entre los pobres, pues una de dos: o bien se rechaza al hermano vuelto irreconocible o bien se le abraza. Entre lapidar al leproso que se acerca al pueblo o ir hacia él con los brazos abiertos no puede haber un término medio. La actitud de los voluntarios permanentes de ATD Cuarto Mundo alrededor de mí me parece confirmarlo. Ellos han elegido vivir al servicio de los más pobres, de los hermanos más abrumados y marcados por la miseria. Ningún olor y ningún cuchitril parecen repelerles. Pienso en un joven jesuita, voluntario desde hace más de diez años, alrededor del cual se hizo el vacío en la iglesia cuando llevó a la misa a un subproletario de Lieja. Este es inválido y no ha tenido sin duda la ocasión de lavarse y de cambiarse de ropa desde hace tiempo. "Llevándolo en el coche yo tampoco podía casi respirar", dice el Padre de Ghellinck para excusar a los creyentes que durante la misa se apartan. Pero él no podría imaginar no preferir a ese hombre entre todas las familias del Cuarto Mundo de su ciudad.

Amar a los más pobres, tocar a los enfermos, abrazar a los leprosos, todo es lo mismo. ¿No era acaso eso lo que quería enseñarnos Cristo? ¿No es por eso que vivir en una zona de miseria y vivir en el Evangelio, por poco que nos mantengamos en un estado de plegaria, es también lo mismo?

Capítulo IV

"Señor, si quieres, puedes limpiarme"

En una de las universidades populares del Cuarto Mundo yo escuchaba hablar a la gente: "Mira, si yo tuviera una casa –vale, no la tengo, pero pongamos que la tengo– entonces no dejaría en la calle a un amigo. Eso es la solidaridad. Tienes una casa y no dejas a un amigo en la estacada..." "Supongamos que la patrona me diga: ya no hay trabajo para tí. Tú lo sentirías ¿verdad? Pues bien, eso es la amistad, que la gente se inquiete por los demás, que no les sean indiferentes...". ¿Me equivoco al pensar que Jesús no hablaba de otro modo? Pero Él hablaba como uno de los suyos, no lo hacía como algunos que al dirigirse a los niños adoptan lo que ellos toman por un lenguaje infantil. Él no se hacía pedagogo apropiándose de las palabras de infantiles, a la manera de los estudiantes que van al campo para alfabetizar a los campesinos. Jesús hablaba tal y como era: uno de los suyos. Y, como ellos, no hablaba solamente con imágenes. Para hacerse comprender bien Él creaba también la imagen realizando gestos, actos:

Al bajar del monte,
le siguió una gran muchedumbre,
y acercándosele un leproso,
se postró ante El, diciendo:
Señor, si quieres, puedes limpiarme.
Él, extendiendo la mano, le tocó y dijo:
Quiero, sé limpio.
Y al instante quedó limpio de su lepra.
Jesús le advirtió: Mira, no lo digas a nadie,
sino ve a mostrarte al sacerdote
y ofrece la ofrenda que Moisés mandó
para que les sirva de testimonio.

(San Mateo 8, 1-4)

Al dirigirme al Evangelio y recorriéndolo uno tras otro, deteniéndome entre la muchedumbre para ver los movimientos del Señor, creo volver a encontrar toda su verdad. Esta verdad no se halla solamente en sus instrucciones y discursos, en los momentos intensos de su vida y en las cosas importantes de su enseñanza, sino en la manera de estar con la gente que lo rodea, en sus gestos de cada día. Es junto a ese leproso entre tantos otros donde yo encuentro a Cristo en persona, verdaderamente Hijo de Dios y hombre verdadero. El Salvador no ha hecho nunca trampas, jamás sacrificó un solo instante ninguna de sus condiciones a cambio de otra. Es así como Él nos dijo a todos los creyentes, pero especialmente a los sacerdotes, a los religiosos y a los militantes laicos, que es posible e incluso perfectamente natural e indispensable ser al mismo tiempo un hombre pobre que abraza la condición de los más pobres y no ser, sin embargo "de este mundo", dedicándose totalmente a los asuntos del Padre.

Algunos han querido ver en ello una contradicción, ya hemos hablado de esto. Formar parte de los más pobres y renunciar a un poder temporal en beneficio de ellos mismos sería de algún modo "inhumano". Jesús, mediante su vida, nos dice lo contrario. Él sabe que es Hijo de Dios y experimenta que, aun siendo hijo de Dios, puede arriesgarlo todo, incluso fracasar totalmente en el mundo. Él ganó ya al anunciar Dios a los pobres. Libera a los más pobres como no lo hará ninguna revolución. Pero sólo siguiendo a Jesús día tras día, en su familiaridad cotidiana con su entorno, en su trato con los humildes, de los que en ningún momento hace un espectáculo, es como podemos introducir en nosotros la evangelización de los más pobres, no como una lección que aprender, sino como una realidad que vivir. Entonces nosotros experimentamos que evangelizar es liberarse a sí mismo del poder de la inteligencia y del dinero.

Jesús no nos enseña la verdad, Él dice: "Yo soy la Verdad". Y para ilustrarlo realiza gestos de verdad. Sus gestos, como sus palabras, no tenían nada de calculado. Él no actuaba ni tampoco introducía en escena tan pronto un leproso como un paralítico... Era normal que encontrara leprosos en todo momento, dada la condición y también el camino que había elegido. Y es evidente que toma por testigo a uno u otro de entre ellos, ya que su corazón, su sensibilidad y su mirada hacían que los distinguiera en medio de la multitud. Un amigo judío me decía un día: "Desde que vivo en los Estados Unidos no he podido deshacerme nunca de la costumbre de localizar instintivamente, en cualquier asamblea, a los otros judíos que están a mi alrededor". Del mismo modo Jesús se volvía de la misma forma hacia los suyos, los sentía detrás de Él cuando no los veía. Nadie sabía mejor que Él cuán privilegiados testigos eran: de la misericordia, del perdón y del amor de Dios. Testigos por excelencia de esa aparente e insensata confianza de la que son capaces los más pobres: me inclino ante ti, pues tú eres el Señor y si quieres tú puedes sanarme.

Jesús dirá varias veces que la curación depende de la fe del enfermo, así como del que lo cura. Y nosotros sabemos que innumerables enfermos e inválidos en estado de miseria y arrastrándose hacia Él por sí solos o conducidos por sus familiares fueron curados. Ellos debían tener confianza en que Él les sanaría. El leproso al pie de la montaña es uno de ellos, pero uno de los más desgraciados y, por tanto, compañero elegido y testigo perfecto.

Este compañerismo del Señor me ha parecido siempre un tema de meditación esencial. Jesús, al curar ante nuestros ojos, nos muestra un camino de verdad por el cual nosotros debemos seguirle. Yo me inclino también a menudo ante el misterio que se representa entre él y ese leproso anónimo. El corto encuentro es relatado como de paso, haciendo simplemente parte de esos innumerables encuentros en los que sucede un milagro: "Estás curado, estás salvado". ¿A qué secreto acuerdo, a qué promesa, a qué liberación, a qué muda esperanza satisfecha asistimos nosotros?

Yo he visto a lo largo de mi vida a tantos hombres y mujeres depositar su confianza en el primero que llega, en alguien que pasa por casualidad por su casa, en las chabolas o en los barracones, y el cual no puede hacer menos, ante tanta penuria, que realizar un gesto, dar algún dinero o prometer alguna gestión. Los ricos a los que he visto venir a las chabolas "para ver" estaban casi siempre incapacitados para bajar la cabeza con humildad y admitir: "No puedo hacer nada por vosotros. Vengo de otro mundo, ignoro todo de esta realidad, ¿qué debería ofreceros?" Los que se sienten en tales momentos totalmente impotentes e inútiles son de la casta de los justos que se unieron a Jesús. La mayor parte se creen, por el contrario, deudores de algún gesto espontáneo, incapaces de no buscar en sus bolsillos un maná que distribuir, incapaces de callarse y no hacer una promesa. Y así nacen convicciones descabelladas... "He encontrado a uno, ha venido a casa y hemos hablado. Va a buscarme una vivienda..." Eso no dura mucho y, muy pronto, vendrá la desilusión: "Ya sabía yo que nos iba a dejar en la estacada". Pero ¿cómo no aferrarse a estos momentos de esperanza que levantan durante un breve instante por encima de la neblina?

¿Era ésta la insensata confianza de los más pobres que seguían el rumor que iba de pueblo en pueblo, de barrio en barrio: los cojos andan, los ciegos ven, los sordos oyen? ¿O bien había algo más? ¿No correría también otro rumor como éste: "Él no es un escriba, ni un sumo sacerdote, es de los nuestros"? Imagino lo que se diría hoy en nuestras barriadas subproletarias: "Ese sabe lo que dice, sus padres fueron expulsados, no tenían para llegar a final de mes. No aprendió nada en la escuela, como nuestros hijos. En el templo esos señores estaban sorprendidos de que a pesar de todo sabía muchas cosas..." Es lo que se dicen hoy las familias en la miseria cuando se explican el Evangelio entre ellas. Jesús, uno de los suyos y que no puede hacer otra cosa que amarlos, pues es el Hijo de Dios.

Jesús, reconocido como aquél a quien basta con querer, pero también como aquél que no puede dejar de querer, porque Él sabe y conoce. Viendo vivir a los más pobres nosotros experimentamos cada día que ésta es la única visión que ellos pueden tener de Dios y de su Hijo. "Si Él sabe lo que yo sé, si comprende lo que vivimos, si lo vive con nosotros, entonces no puede hacer otra cosa que querer como nosotros queremos. Él no puede aceptar la miseria, la humillación, el menosprecio, está obligado a querer ponerle fin. Eso es el Dios de los pobres, el que ellos tienen en la memoria, a flor de piel. Quizás muchas veces no prestamos atención a que de un modo u otro este Dios de los pobres está siempre entre ellos. No podría ser de otra manera, pues la misma miseria exige su presencia, la presencia de un Dios comulgando con su pena al ver a los hombres amarse tan poco, ser tan poco justos, tan embusteros. No está allí presente porque os lo han enseñado en el catecismo, en los sermones o porque de niño os han dicho: reza tus oraciones. Está presente porque no puede ser de otro modo, no puede ser un Dios que rechaza la desesperación de unos hombres por no ser ya más seres humanos.

El leproso postrado en la falda de la montaña esperando que Jesús lo tocara creía en Cristo como ningún hombre menos rechazado que él podría creer. Inclinándonos en nuestro turno ante esta escena casi trivial que se había hecho tan frecuente, nosotros sentimos que dudar del corazón del leproso sería como dudar del Señor mismo. Sería como dudar del corazón de todos esos seres sanados, de todo el misterio, de toda la insondable fraternidad entre Cristo y los pobres.

Jesús podía apiadarse de los pobres, de la muchedumbre. Nosotros no podemos, o no podemos de la misma manera en cualquier caso. Para algunos, pocos, nuestra piedad está mezclada de humildad y de gratitud. Ellos estaban entonces y están todavía hoy *delante* de nosotros en el camino del Reino. Sin su infinito sufrimiento, que hace inevitable su reconocimiento del Hijo de Dios, ¿quién nos enseñaría la fe sin límites, la esperanza incondicional? Sin el leproso, sin las familias del Cuarto Mundo, nosotros no ignoraríamos sin duda el Dios enseñado, el Dios codificado por la Iglesia;

pero sería sólo esa parte de Dios encerrada en los muros de nuestros templos, en los límites de nuestra inteligencia y de nuestra experiencia que nos dejan un cierto control de las cosas de la vida. Sería un Jesucristo aprendido de memoria, un Dios Amor al que nos sería difícil verlo sin barreras. Dios, en el corazón de los pobres, desborda todos los cauces, rompe todos los marcos, toda la humana razón. Es el Dios de Job, el encarnizado desafío de fe de Job. Es el Dios inimaginable que sobrepasa los límites del entendimiento, el Dios del hombre demasiado desgraciado y hundido en las tinieblas como para tener aún la menor representación de Él. Y es al mismo tiempo el Dios que no puede dejar de existir porque las tinieblas creadas por los hombres son demasiado inicuas e insoportables como para que Dios no venga a ponerles fin. El leproso que le dice a Cristo: "Tú lo puedes todo, ambos sabemos que nada te es imposible", me enseña la esperanza que sobrepasa la razón del mundo. Me enseña ese Dios Amor que, como un torrente, salta todas las barreras, expulsando el mal de la explotación, la opresión y la mentira.

Cuando yo veo todavía hoy a tantos hombres y mujeres subproletarios volverse hacia los sacerdotes, pienso –a menudo con desconcierto– en ese leproso, en todos los leprosos, los sordomudos y ciegos en marcha hacia Jesús. Si a veces pasa un cura y ellos lo reconocen, entonces se ponen a su lado como en otros tiempos la multitud se acercaba a Cristo. Sin embargo, no se habla ya muy bien de la Iglesia en las calles y las barriadas subproletarias que yo frecuento. Las familias no conocen ya a los clérigos como mi madre conocía al párroco que venía a domicilio, hablando con sencillez, escuchando, comprendiendo que en ciertos momentos de la vida sólo cuenta el discreto gesto de ayudarse mutuamente... Veo, sin embargo, todavía hoy, a padres y madres que en momentos de angustia, en ciertos períodos de su vida, se aventuran a ir al presbiterio o a abordar a tal o cual sacerdote que pasa por el barrio. Ellos lo hacen para obtener ayudas precisas, pues el hombre de Iglesia sigue siendo visto por estas personas como un hombre de poder. Pero ellos acuden también a él –estoy convencido de ello– por razones más profundas. Acuden porque es normal que un sacerdote, hombre de Dios y de oración, esté siempre en busca, como Jesús, de la oveja perdida. De un modo u otro es algo difícil de imaginar que un sacerdote no descienda hasta lo más hondo del mundo, allí donde hay hombres olvidados y no amados por sus hermanos, allí donde no se tiene necesidad de mirarse para sentir la pertenencia a una misma condición.

Los muy pobres guardan en el fondo de su memoria esta imagen del sacerdote, aunque éstos ya no los vayan a visitar, ni les incordien para inscribir a sus hijos en el catecismo o les exhorten a amarse a pesar de las innumerables dificultades. Ellos guardan el recuerdo de todo eso, mientras que yo me pregunto qué es lo que hoy puede unir a la Iglesia a aquellos que no tienen ya ninguna esperanza. ¿Puede acaso la comunidad cristiana, cada vez más organizada, transmitir a los pobres el sentido de Dios y crear con ellos una memoria de la Iglesia? ¿Puede hacerse eco del Evangelio en lugares de sufrimiento en donde ella no comparte la vida? Cada vez resuenan menos los ecos de esas parroquias en las que el amor vivido día a día ha tomado, más que en otros tiempos, formas de organización y de participación que hacen temer la apropiación de los pobres. ¿De dónde les viene entonces a los más pobres esa imagen del sacerdote y la religiosa consagrados a la humanidad sufriente y a Jesús el Salvador? Yo no invento esta representación. No ceso de encontrármela por todas las zonas de miseria. El sacerdote se encuentra en ellas como en su casa, mucho más que en otras partes del mundo, como si su mano fuera siempre la mano tendida de Cristo dando el pan y perdonando. Yo puedo, dondequiera que vaya, a una barriada subproletaria de Caen, a una aldea hambrienta de Guatemala o a un campo penitenciario del África negra, reunir alrededor de mí a los hombres, unir todas sus manos con las mías, sin que nadie se quede sorprendido por ello. Como si cayera por su propio peso que alrededor de un sacerdote se unieran las manos de los excluidos y sin otra preocupación que la de compartir el pan, la concordia, la esperanza y la certidumbre de que todos los hombres son seres humanos, hijos de Dios.

"Tú puedes curarme", decía la multitud a Jesús, "Tú puedes purificarme". Y los exegetas no nos explican quizás demasiado cómo esta purificación era un gesto de liberación universal, para todos los tiempos y todas las culturas, pues ¿existe acaso un pueblo en el mundo en el que el hermano que se convierte en una pesada carga a causa de su enfermedad o de su miseria no sea acusado de pecado, de falta, de impureza, de una amenaza que hay que apartar de la comunidad? La impureza que atrae el castigo divino y justifica todas las exclusiones ha golpeado a los pobres a través de todas las épocas hasta llegar a nuestros días. Los niños epilépticos o nacidos de madres muertas en el parto, las viudas que pasan a ser una boca más que alimentar, los excesivos niños en nuestras escuelas de barrio, las familias desbordadas por las preocupaciones y la angustia, encerradas en viviendas inhabitables, ¿no están todas ellas condenadas sin recurso alguno porque están marcadas de un modo u otro de impureza peligrosa?

"Tú podrías purificarme, tú, hombre de Dios". Esto es también lo que intentan decir hoy las madres que se dirigen a la parroquia para pedir que sus hijos sean bautizados.

"Usted puede hacer algo por mí, no puede negarse a verme", dice un hombre llamando a la puerta del presbiterio y que, dada su torpeza y su estado nervioso, no sabe más que pedir un poco de dinero so pretexto de que su mujer está enferma. Si el sacerdote hubiera tenido tiempo para escucharle ¡cuántas cosas le habría confiado este hombre sobre su propio sacerdocio!

Los más pobres del tiempo de Jesús no necesitaban dar largas explicaciones ni inventar historias para suscitar la piedad y ser comprendidos. "Estoy delante de ti, Señor, con toda mi miseria. Sáname, sálvame". Pienso con angustia en ese temblor de un Dios de amor, en esa ciega confianza del leproso. Pienso en esos hombres que, tras llamar a la puerta de mi barracón en el campamento de Noisy le Grand, me decían a su manera: "Ayúdeme; yo sé que he hecho mal, que no debería pelearme como lo hago ni insultar a la policía" ¿No decían ellos a su manera: "Cúreme"? Incluso cuando ellos pedían el perdón no esperaban otra cosa que la confirmación de lo que su intuición les decía sobre el amor de Dios: "Ve, estás salvado, tus pecados son de la misma medida que tus penas, tus pecados eran la consecuencia de las condiciones de vida que te son impuestas y que tú no puedes soportar. Ve, tu fe te ha salvado, estás curado". ¡Qué perdida para los humildes el día en el que nosotros, los sacerdotes, no tengamos ya más el valor para oírles confesarse. ¿Cómo les revelaremos nosotros al Dios Salvador de la muchedumbre?

Jesús, ya lo hemos dicho, no quita la responsabilidad a los hijos de Dios, ya sean ricos o pobres. Él sabía exactamente quién no podía oír otras palabras más que éstas:

"Tu fe te ha salvado", porque la desgracia y la debilidad llegaban al máximo. Me desconcierta pensar que nosotros no tomamos quizás el mismo camino ni los mismos medios que Cristo para estar en ese estado de comunión que permitiría decir en el momento preciso: "Dios es lo que tú creías, es decir, ese amor desbordante del que tú y yo no podemos ser sino el reflejo más lejano. Has hecho bien viniendo y recordándomelo. Tú sabías lo que yo habría podido olvidar, que tu eres hijo de Dios y que el Padre no puede renegar de ti, como tampoco el hijo puede renegar de su padre".

El leproso ante Jesús no es, para mí, una imagen abstracta cualquiera, la expresión de una fe que lo puede todo. Es una interrogación constante de mi vida cotidiana. Así es como puede creer un hombre reducido a un estado de subhumanidad. También yo estoy rodeado de tales hombres. ¿Hasta dónde me he atrevido a llegar para ser uno de ellos, capaz de una fe también intuitiva, comulgando con la suya, sabiendo dar testimonio del amor de Dios como ellos lo presienten?

Pero si los más desheredados presienten a Dios, ¿qué podemos pensar de esta otra curación, la de los diez leprosos, de los cuales sólo uno de ellos volvió sobre sus pasos?

Yendo hacia Jerusalén,
atravesaba por entre la Samaria y la Galilea,
y entrando en una aldea,
le vinieron al encuentro diez leprosos
que a lo lejos se pararon
y, levantando la voz, decían:
Jesús, Maestro, ten piedad de nosotros.
Viéndolos, les dijo:
Id y mostraos a los sacerdotes.

99

En el camino quedaron limpios.
Uno de ellos, viéndose curado,
volvió glorificando a Dios a grandes voces;
y cayendo a sus pies, rostro a tierra,
le daba las gracias.
Era un samaritano.
Tomando Jesús la palabra, dijo:
¿No han sido diez los curados?
Y los nueve ¿dónde están?
¿No ha habido quien volviera a dar gloria a Dios
sino este extranjero?
Y le dijo: Levántate y vete,
tu fe te ha salvado.

(San Lucas 17, 11-19)

¿Qué pensar de esos nueve leprosos que ni siquiera estaban agradecidos por lo que les había ocurrido? ¡Me parece un acontecimiento tan familiar, tan propio para acercarnos a los hombres de todos los tiempos! Pienso en muchas homilías sobre la ingratitud del mundo, inspiradas por este pasaje del Evangelio. Ya de muy joven la interpretación de este texto hacía que me sintiera mal. También a mi madre las vecinas le pedían la gratitud, sin dejarle siquiera el tiempo de gozar plenamente de un favor y poder decirse: "Ahora sí que he salido del apuro, qué alivio. Ahora estoy en verdad agradecida".

Pienso en esos diez leprosos, aturdidos al encontrarse limpios e incapaces de saber, y menos de explicar, lo que les ha sucedido. ¿Podemos imaginarnos la acogida que les hubieran hecho los sacerdotes y su entorno en la sinagoga? "Todavía más gente, impuros, que vienen a importunar pretendiendo hacernos creer que han sido curados por Jesús. ¿Cuándo acabará de molestarnos, de darnos lecciones y poner en duda nuestra autoridad? Mostraos un poco, vosotros, los supuestos curados. ¿No vais a decirnos que por un milagro os habéis vuelto puros? Esto no va a quedar así, habrá que ver el asunto más de cerca, esperemos que se confirme. No pretenderéis que a ese Jesús le basta con deciros: "Id a ver a los sacerdotes", y con eso ya estáis curados, ¿no? ¿Os ha tocado acaso o dado algún remedio?"

La acogida sería escéptica, irritada, a causa del malestar que provoca en cada ocasión el eco de las curaciones, en la sinagoga o en el Templo. Yo mismo he encontrado a menudo esta desconfianza, como si la suerte estuviera prohibida a los más pobres. "Debe haber gato encerrado, todo eso no está muy claro", me decían un día viendo mudarse a una familia de una zona subproletaria. Loca de alegría, la familia les dejaba a los vecinos sus escasos muebles desvencijados. Lo que había de "gato encerrado" era una minúscula herencia. Pero lo que parecía descomponer e incluso indignar a algunos era el ver feliz y súbitamente independiente a esta familia que durante años no había podido sobrevivir más que gracias a las ayudas.

No sólo no deberían ocurrirles cosas milagrosas a los pobres, sino que, además, no debería esperarse tampoco nada de sus propios esfuerzos. Entre tantas madres que cada día realizan el milagro de hacer sobrevivir a sus hijos, yo me acuerdo de la señora Rouquier, cuya pequeña hija le había sido retirada por los servicios sociales. Como le habían prometido que su hija le sería devuelta si arreglaba mejor su vivienda, ella realizó proezas increíbles. Tapó los agujeros de los tablones mal ensamblados del refugio, puso el suelo de cemento, empapeló allí donde nadie hubiera esperado que se pegara el papel… La inspectora del servicio de "Ayuda a la infancia" encargada del regreso de la pequeña, lo primero que hizo al entrar en la barraca fue preguntar: "¿Quién le ha ayudado a hacer todo esto? ¿Ha pagado usted a alguien?". "Claro que no, replicó la madre, soy yo la que he arreglado todo; quiero que mi hija tenga una habitación decente, que sea feliz aquí". La inspectora devolvió a la niña, pero al partir me dijo: "Con ellos no se sabe nunca, siempre dicen mentiras".

Los más pobres siempre encuentran alguien que dude de ellos y de lo bueno que pueda pasarles. Si un hombre encuentra por fin un trabajo, siempre habrá alguien que diga: "Habrá que ver si aguanta en el puesto". Si un padre se esfuerza en dejar la bebida, alguno le dirá: "A ver si es verdad y dura". De una madre que sueña con que sus hijos aprendan más de lo que ella ha aprendido, se dirá: "Sí, eso es muy bonito, pero, por lo pronto, ella no envía ya a sus hijos a la escuela". Y es verdad, pero nadie piensa que quizá ella no tiene nada que darles para desayunar a sus hijos. Nadie piensa en el heroísmo que le haría falta para obligar a sus hijos a ir, con el estómago vacío, a una escuela en la que no aprenden nada. ¿Quién creerá que esta mujer sueña, sin embargo, en un porvenir mejor para sus hijos?

¿Se ha recibido alguna vez con confianza la palabra de los pobres, desde los pastores cuyo testimonio no era válido delante de los jueces, pasando por los leprosos acusados de inventarse historias en la sinagoga hasta llegar a los trabajadores subproletarios que "siempre dicen mentiras"? ¿Hay que sorprenderse o indignarse, entonces, de la ingratitud de los leprosos curados del Evangelio? ¿O más bien habría que callarse y preguntarse, como yo he debido hacer tan a menudo: qué he hecho yo para que la gratitud de los pobres brille y no pueda nunca ser ridiculizada, ahogada, transformada en acritud?

La ingratitud, si queremos llamarla así, nosotros la hemos encontrado desde los primeros días en el campamento de Noisy le Grand y a lo largo de los veintisiete años transcurridos. Cuando algunos amigos nos preguntaban: "¿Obtenéis al menos resultados? ¿Os agradecen todos los esfuerzos que hacéis por ellos?", ¿cómo poder explicarles que cuanto más "resultados" se obtenían, menos "nos lo agradecían" las familias? Y eso lo hacían a menudo para herirnos. Le fue necesario al voluntariado tiempo, amor y una profunda comunión para comprender las mil y una razones de la imposibilidad de gratitud.

La primera de estas razones era quizás el hecho de que el voluntariado era desacreditado por parte de los servicios exteriores con los que las familias tenían que tratar obligatoriamente. "¿Todavía pidiendo ayudas? ¿De qué sirven entonces los voluntarios en el barrio?" "Es muy bonito eso de los voluntarios, pero todo lo que yo sé es que sus hijos no han venido a clase esta mañana". A fuerza de oír decir estas cosas y otras muchas, nosotros hemos visto reunirse familias para ir a insultar a los únicos que los respetaban hasta el punto de vivir entre ellas, día y noche, renunciando a hacer carrera y al sueldo que habrían ganado en otros sitios. Un funcionario que conociendo perfectamente que este voluntariado había elegido por retribución una suma que no alcanzaba el nivel de la Ayuda social, les dijo a las familias: "Están pagados por servirles, sin embargo..." Desconcertadas, las familias se pusieron a lamentarse y a gritar: "Se llenan los bolsillos con nosotros... ni siquiera han ido a buscar a mi marido cuando pudo salir del hospital... no hacen nada por nosotros". La cólera se agotó pronto, pues, en definiti-

103

va, nadie estaba demasiado orgulloso de tales actitudes. Sin embargo, todo ello muestra lo fácil que es desorientar a los más pobres, sembrar en ellos la duda, pues tienen tan pocas certidumbres, tan pocas personas con las que puedan contar de verdad...

Yo no pienso que ninguna familia del Cuarto Mundo se haya realmente engañado ni una sola vez acerca de la sinceridad del voluntariado. Y todavía pienso menos que uno solo de los miserables que rodeaban a Jesús se equivocara sobre su persona. Pero yo sé bien cómo los ricos son capaces de acoger y volver ridícula su confianza. Por enojos o a veces por frustración: "¿Por qué esos se han ganado su amistad? ¿No lo hemos intentado nosotros también, no hemos hecho todo lo posible? ¿Por qué nos quitan nuestra clientela?" ¿Se dispensó una mejor acogida, más respeto y ternura a los leprosos curados? ¿Se habrían abstenido los sacerdotes, los fariseos, de sembrar la duda en sus corazones evitando delicadamente romper su confianza en el único hombre que se había apiadado de ellos?

Aparte del descrédito mencionado, los muy pobres tienen otras razones para no expresar ninguna gratitud. Sólo el pensar en aquellos que, en los años de miseria, les han ayudado a no sucumbir, puede parecerles insoportable una vez que soplan vientos más favorables. Acordarse de ellos es guardar incesantemente en la memoria los años de vergüenza en los que se sentían por completo inútiles. La idea de escaparse de la miseria gracias a la ayuda de otros es ya en sí misma difícil de soportar. Los hombres se preguntan si en realidad eran inútiles o si quizás lo son todavía. "Son ellos los que me han proporcionado la casa en donde vivo, ¡pero yo no le debo nada a esa gente!". No sólo hace falta mucho tiempo para olvidar una vida de humillaciones, sino que, además, es preciso el medio de probarse que una vez lejos de este voluntariado que no abandona a nadie ni lo trata con desconsideración, se es capaz de permanecer de pie.

He conocido a familias que, una vez instaladas en una casa, en un trabajo lejos de un equipo de ATD, han esperado muchos años para reanudar los contactos. Estas familias buscaban vernos otra vez cuando podían probar que habían tenido algún éxito o, por el contrario, cuando todo iba mal de nuevo y la miseria volvía a tomar la delantera a sus esfuerzos.

Y queda además como razón el miedo que impide dejarse invadir por la gratitud, pues ¿en qué va a acabar, se piensa, todo esto? Cualquier hombre, ya se trate de un enfermo, de un analfabeto, de un hombre miserable o excluido, se crea un equilibrio para sobrevivir. Como no puede salirse de su situación, se instala en ésta y toma las disposiciones que convienen. Esto es lo que muchos le reprochan sin detenerse a pensar. "Él está bien así", dicen. Algunos, inconscientes del insulto, llegan incluso decir que no hace nada para salir de la situación. Quienes así piensan, desconocen ese arte de vivir, presente en todos los hombres, y que les empuja a ingeniárselas para vivir dignamente aun con los medios más ínfimos.

La India y los países musulmanes no son los únicos en los que algunos pobres e inválidos tienen un estatuto. Un estatuto de pobre, ciertamente, de mendigo quizás, pero que al menos representa una seguridad. Este estatuto ha existido en todas las épocas y en todas las culturas. La sociedad lo crea, o bien el mismo hombre se lo crea con el acuerdo tácito del entorno. Incluso las familias del Cuarto Mundo, dentro de una sociedad que no admite ya más la existencia de la miseria, llegan de este modo a instalarse en una situación que les asegure un mínimo de ayuda, aunque sea pasando por la humillación de ser calificados como débiles mentales. Un hombre y su familia pueden perder toda la confianza cuando tal situación cambia de repente al ser retirado el estatuto de pobre. La escasa seguridad con la que contaban se viene abajo. Entonces se requiere sacar nuevamente fuerzas de flaqueza para empezar otra nueva vida, derrochando unas energías, una creatividad y una audacia insospechadas.

Yo he visto a hombres perplejos o, peor aún, angustiados ante el futuro al ser declarados de pronto como válidos y aptos para el trabajo. Me acuerdo de un trabajador subproletario que había perdido una mano en un accidente y que, poco a poco, se instalaba en una vida de inválido, la cual, a decir verdad, le procuraba una seguridad material que nunca antes había conocido. Aunque fuera una seguridad mínima, dada la insignificancia de la pensión, esta seguridad material le proporcionaba al fin y al cabo una seguridad moral y social, pues por primera vez en su vida vivía sin trabajar sin ser criticado por ello. A unos cirujanos se les metió en la cabeza procurarle una prótesis. Entonces volvió a comenzar el antiguo calvario de un trabajador subproletario analfabeto, inútil para un trabajo decente, pero al que se obligaba a pasar por el Instituto nacional del empleo por el hecho de poder mover unos dedos artificiales puestos en un muñón. Contemplé cómo este hombre inventaba todos los pretextos para retrasar su reeducación, mientras que su entorno, inconsciente del drama, se alegraba e intentaba acelerar su curación.

Sucede lo mismo con hombres analfabetos hasta los treinta y cinco años y que, después de haber aprendido a leer y escribir, se encuentran enfrente de responsabilidades inimaginadas que les asustan. Yo he visto sucumbir a más de uno por esto y cuántas familias no habré visto también rechazar en el último momento el mudarse a una vivienda más confortable, más humana, porque eso supondría cambiar de barrio y perder las pocas relaciones de ayuda mutua, la posibilidad de comprar a fiado al tendero o los pequeños préstamos de una vecina cuya marido trabaja. Los que salen de la cárcel sin tener ningún recurso en perspectiva, ni trabajo, ni vivienda, ni amigos con los que contar, viven también este drama.

¿Cómo no pensar entonces en esos leprosos que descubren el cambio sin estar preparados para asumirlo? "Ya no tendré que apartarme, piensan ellos, ni anunciar mi presencia a gritos; pero tampoco tendré ya más la comida depositada para mí a la entrada del pueblo. ¿Cómo voy a vivir ahora? ¿Qué puedo hacer, quién me contratará? ¿Tiene razón el sacerdote? ¿Vale más esperar todavía? Quizás no estoy todavía curado y puede que sea mejor así".

Pensando en esos leprosos que no vuelven, me pongo en el lugar de un hombre que se encuentra por lo regular en la puerta de una iglesia en Pontoise. Este hombre mendiga allí y todos los feligreses lo conocen. Algunos pasan sin mirarlo, otros le dan una moneda; otros, finalmente, le hacen observaciones que le entristecen. Pero todo esto parece formar parte de un tácito acuerdo, de una ceremonia establecida. En el momento de darse la mano unos a otros en señal de reconciliación, el mendigo entra en la iglesia y da una vuelta estrechando las manos de todos. Nadie rechaza darle la mano, ello forma parte de la ceremonia, la presencia del hermano pobre entre los fieles. Ni siquiera se deja ver con notoriedad; él asume sencillamente su parte del pacto, agradeciendo a los que le permiten vivir así dentro de la comunidad de creyentes, como pobre, identificado como tal.

Seguro que no es la solución ideal, pero, cada vez que lo veo, yo me digo: menos mal que nadie ha pensado en intervenir autoritariamente en la vida de este hombre, destrozando, en nombre de no se sabe bien qué principios, una vida que a pesar de todo tiene un sentido, si no es a los ojos de los hombres, al menos a los ojos de Dios.

Jesús sabía lo que hacía por los leprosos y todo lo que la reinserción en la sociedad de los vivos de estos impuros condenados a una muerte lenta exigía de delicadeza y previsión por parte de los sacerdotes y de la comunidad. Aunque Cristo planteó alguna pregunta sobre los que no volvieron para alabar a Dios, no habla, sin embargo, de ingratitud. Jesús conocía demasiado bien el corazón y la vida de los excluidos como para sentirse traicionado por ellos. Él debía de estar más que nada apenado. Su pena anuncia ya todas las demás hasta su sacrificio final. Jesús nunca dice que ha sido abandonado por los más pobres. Él conocía su fe y también la fragilidad de sus opiniones cuando se trataba de enfrentarse a sus opresores o detractores. Su severidad hacia los fariseos, los poderosos y todos aquellos que impedían a los pobres entrar en el Reino, fue inequívoca. Para mí, esos nueve leprosos que no vuelven forman parte de esa historia de los fariseos que obstaculizan a los pobres el camino hacia Dios. La pregunta: "¿Es que han sido curados?" se dirige también a mí, a nosotros.

El Cristo y los leprosos de ayer, el Cristo y los excluidos de hoy, representan un misterio sobre el que no terminaremos nunca de meditar.

Capítulo V

"Ustedes no se hagan llamar doctores..."

Buscar a Jesús entre la gente que Él trata a diario, sentir los olores de la muchedumbre, tener en los oídos sus gritos, sus voces, los tonos agudos de los pobres que se enfurecen, ser zarandeados, manoseados por aquellos que nada más tienen ojos para Él y que se pelean entre sí: "déjame sitio, no empujes, yo estaba primero". Seguir el terrible cortejo que forman los cuerpos enfermos, encontrar la ciega mirada de hombres que avanzan a tientas preguntándose con pánico: "¿Dónde está? ¿Lo voy a encontrar en medio de este barullo?". Buscar al Señor en lo más profundo del sufrimiento, allí donde el dolor se acumula no solamente en la vida de un hombre, sino en la de todo un pueblo, hasta el punto de parecer una fatalidad que sólo un milagro puede destruir: un Salvador os liberará...

Buscar cada vez más lejos, sabiendo que cuando se llega a un lugar, Jesús ha partido ya para ir al encuentro de otros más miserables, hasta llegar al cúmulo de la miseria de los más pobres de Jerusalén...

El otro día, yo me detuve en medio del mercado de Bossangoa. Este es un mercado que no tiene nada de común con los que visitan los turistas en Abidjan, en Dakar, en Bouaké o incluso en el camino entre Cotonou y Abomey. Es un mercado de gente muy pobre que no poseen más que algunos productos para intercambiar en pequeñas cantidades: unas cuantas galletas, paquetes de cinco cerillas, tres o cuatro naranjas... Toda la población de la aldea se reúne allí, incluso los leprosos, que se mantienen a distancia. Todos ellos forman como un mar humano de desdichados, explotados por personas menos pobres que ellos: los comerciantes Haoussa, que son considerados como ricos...

¿No era una multitud semejante la que rodeaba a Jesús? Esos hombres y mujeres congregados en el mercado como una imagen de su miseria, descoloridos, sin objetos fabricados por sus manos de artesanos, sin los productos de su trabajo campesino extendidos en un terreno con flores... ¿No serían ellos los compañeros preferidos de Cristo si hoy cruzara las tierras africanas? Pienso una vez más en lo importante que es el no engañarme o detenerme a mitad de camino.

No me corresponde inventarme según mis preferencias el entorno, la atmósfera cotidiana o los enfermos elegidos entre la muchedumbre. ¿Pero cómo comprender al Señor en sus mejores momentos y en sus lecciones más importantes, cómo poder reconocerlo, si no es sumergiéndome cada vez más hondo en lo que era o podía ser su vida cotidiana? ¿Cómo estar constantemente en su presencia en la oración, sin pretender buscar y estar con aquellos que Él eligió como su compañía más inmediata, como los primeros en recibir su ternura, su paciencia y su piedad?

Yo no tengo que inventar esta humanidad tan amada por Él. Ya lo he dicho con anterioridad: Jesús no nos deja esta libertad. No pienso tampoco que Él nos pida a todos realizar sabios estudios sociológicos e históricos para comparar los pobres de ayer con los pobres de hoy. Creo profundamente, sin embargo, que Él nos invita a meditar con perseverancia en un camino que nos conduce del Evangelio hasta los más pobres de nuestros días.

¡Cuál no sería vuestra pena, Señor, así como vuestra piedad, al ver marcharse a los leprosos cubiertos de costras y harapos sabiendo al mismo tiempo –porque conocéis demasiado bien a vuestro rebaño– que nueve de los diez leprosos no volverían...! Señor, yo os ofrezco mi pena por todas esas familias sin trabajo, sin otra cosa que trapos viejos para vestirse, por esas familias que, a pesar de todas las dificultades, se fueron en calma cuando juntos encontramos algún medio para salvar a sus hijos. Os ofrezco mi pena por esos padres que no regresaron como los leprosos, porque el haber encontrado una solidaridad de parte de un sacerdote o de un equipo de voluntarios les hubiera valido la burla de los celosos: "¡Qué bien, eh! No tienes que hacer más que ir detrás del cura para tener casa".

Pensaba en todas estas cosas en medio de la muchedumbre de Bossangoa que me zarandeaba. Pensaba en las humildes religiosas que no muy lejos de allí, en las afueras de la aldea, curaban a los leprosos, ayudaban a las mujeres parturientas a dar a luz, a traer niños al mundo con el atroz dolor de unos cuerpos curvados por un trabajo demasiado duro. Sin embargo, nadie dirá nunca de estas religiosas que trabajan también para el desarrollo de los pueblos. Algunos, incluso, se burlarán de ellas con el pretexto de que "no hacen nada para cambiar las estructuras". "No son como esas religiosas del Brasil que forman comunidades militantes y reflexionan sobre la reforma de la propiedad agraria", me decía un europeo. Seguramente tenía razón, pero, entre las comunidades militantes de Brasil y la leprosería de Bossangoa, ¿dónde encontraríamos a Jesús?, ¿dónde van sus pasos en el Evangelio? ¿Van hacia aldeas en plena expansión de actividades y en donde los campesinos con una naciente conciencia política se organizan en cooperativas para comprar semillas o van más bien hacia una comunidad en la que la dureza de la vida convierte en ásperas las relaciones, en desesperada la búsqueda de un Salvador y en donde los leprosos no están contentos de hallarse curados? ¿No irá quizás Cristo hacia las dos comunidades, pero deteniéndose un poco más en la segunda?

¿Iría Cristo en nuestros días a las calles, las plazas, los zocos de las grandes ciudades en donde el dinero circula de mano en mano y todo el mundo se encuentra ocupado en sus negocios o más bien iría al mercado de Bossangoa, en donde los rostros dejan ver los síntomas del paludismo ("tengo un gripazo..."), en donde una etnia extranjera domina el comercio y la mayor parte del pueblo no lleva vestidos tradicionales, sino viejas ropas occidentales "elegidas", importadas a peso y amontonadas en revoltijos a la orilla del camino para que los pobres "elijan" entre "jeans y tee shirts" ya usados? Y adentrándose más en el campo, ¿tomaría el camino, todavía transitable, hacia los pueblos en los que los campesinos están ya organizados? Claro que sí; pero, ¿no le dirigirían sus preferencias hacia los caminos sin asfaltar, cada vez más intransitables a causa de las lluvias estaciónales, que conducen a Nana Bakassa, Kuki o Markunda? Allí, en estos lugares, el agotamiento debido a la desnutrición, las fiebres y los parásitos, hacen difícil e inhóspita la vida. Los cultivadores extenuados nos tienden la mano, hacen un esfuerzo para levantarse y al poco renuncian, incapaces de sostenerse. Parecen aldeas habitadas por niños y ancianos. La esperanza de vida no supera los cuarenta años, hasta tal punto la fatiga envejece prematuramente. Esta población indefensa ve cómo sus jóvenes y los miembros más vigorosos y enérgicos huyen en busca de horizontes más prometedores.

No es en esta región fronteriza por donde circulan los refugiados, convirtiendo en más insignificantes todavía las escasas reservas alimenticias de los pueblos y aldeas, ni es tampoco aquí en donde veremos realizar un proyecto financiado por el Banco Mundial. Nadie ha oído hablar nunca en estas tierras de la OMS, la UNICEF o la ADI. A veces han llegado sacos de cereales marcados con las siglas PAM. De eso hace ya bastante tiempo y, por otro lado, nadie sabe lo que esas siglas querían decir. "Quizás esa gente no sabe que vivimos todavía". En cuanto a las Organizaciones internacionales no gubernamentales, tampoco saben a ciencia cierta lo que quiere decir eso: "No las conocemos, aquí sólo vienen los Padres y las Hermanas...".

Ciertamente, para meditar mejor el Evangelio, nosotros no buscaremos en primer lugar del lado de la gran presa construida para embalsar las aguas del río Senegal. ¿Nos dirigiremos quizás mejor hacia el sur de la república centroafricana en donde se realizan nuevos esfuerzos para sacar provecho de una modesta cosecha de algodón? Pero, más allá de cualquier desarrollo, permanecen esas regiones en las que los únicos que se encuentran son "los Padres y las Hermanas" que tienen por única misión la de proclamar: "Tu fe te ha salvado, tu alma no se consumirá, vivirá eternamente". Tu fe te ha salvado, pues no tenías nada más. Ante tus ojos no se alzaba ninguna presa gigante para infundirte alguna esperanza humana y tú nunca has visto pasar un experto agrónomo que te explicara cuán abundante sería tu próxima cosecha de algodón.

La Iglesia no se ha equivocado de camino y es por ello, sin duda, que se atrae desde hace mucho tiempo el descrédito de todos los que no consiguen comprender que la eficacia no es la última palabra. Este descrédito alcanza también a los equipos de ATD Cuarto Mundo: "¿Por qué obstinarse con una población incapaz de organizarse en una cooperativa y de reclamar colectivamente fertilizantes? ¿Es que ATD va a hacer tricotar a las mujeres, como hacían las religiosas en otro tiempo?" Esto es, en efecto, lo que hicieron las religiosas y, para ello, era necesario haber desarrollado una sensibilidad extraordinaria en una población a menudo desposeída de su algodón, del fruto de su cultivo bañado con el sudor de sus fiebres. Era necesario vivir juntos, en comunidad, para sentir que los dedos de los pobres no esperaban otra cosa que eso: transformar el algodón en hilo, y luego en tejidos artesanales para embellecer el cuerpo, la casa, el entorno, el culto y los ritos. ¿Es que los promotores de programas de desarrollo en los países menos avanzados se toman el tiempo preciso para comulgar con el sentimiento de la población tal y como Cristo hizo y como hacen también estas religiosas?

Un tiempo para la sensibilidad: "Yo he vivido, sufrido y esperado tanto contigo, que siento lo que tú sientes. El tiempo de los treinta años de vida del Señor y que le llevaron a ese momento único que solamente una comunión de tal clase puede hacer posible:

Entonces una mujer que padecía flujo de sangre
hacía doce años
se le acercó por detrás
y le tocó la orla del vestido,
diciendo para sí misma:

114

Con sólo que toque su vestido sanaré.
Jesús se volvió y, viéndola, dijo:
Hija, ten confianza;
tu fe te ha salvado.
Y quedó sana la mujer desde aquel momento.

(San Mateo 9, 20-22)

Ella estaba allí detrás, encogida humildemente, reclinada hacia el suelo para tocar las vestiduras de Jesús. Cualquiera hubiera pasado de largo sin darse cuenta de su presencia. Cualquiera sí, pero no Cristo. Él poseía una intuición especial para captar el sufrimiento en cada hombre.

Jesús atendió con bondad a esta mujer, nos dicen. Él le prestó una atención especial dada su insignificancia; sacudió las leyes y costumbres que le imponían apartar al impuro, a la mujer inútil. Es importante que meditemos en todo esto. Pero antes que nada, ¿no es acaso lo que más nos sorprende el hecho de que Cristo supiera que ella estaba detrás de Él, que sintiera su angustia y su inmensa esperanza? Doce años de hemorragias que nada había podido curar, doce años de agotamiento y, sobre todo, doce años de menosprecio, de impureza, de soportar la condición de intocable. "No te acerques a mí..." Cristo sentía, sin verla siquiera detrás de él, todo lo que su entorno había rehusado tener en cuenta: el peso de doce años de soledad y de pena.

No olvidemos que Jesús era reclamado en otras partes. Cristo tenía también en la mente a la hija pequeña del aristócrata que acababa de morir. A menudo es de este modo como suceden los encuentros y las curaciones: Jesús, aparentemente con la cabeza en otro sitio, yendo de camino para ocuparse de un asunto importante, se detiene de pronto porque conoce el profundo sufrimiento de alguien que se cruza en su camino. Sus propios discípulos habrían pasado de largo, como nosotros mismos hacemos tan a menudo. "No tienen tiempo para hablar con nosotros, no les interesamos", dicen las familias del Cuarto Mundo. "Están siempre en reunión", añaden. Cristo no podía pasar de largo. Estaba inevitablemente a la disposición de los hombres que sufren. Él no podía pasar sin ver ni tampoco apresurar el paso diciéndose: "Qué más da, otra vez será". Es el mismo Cristo el que sufre a través del dolor de la mujer que se halla a sus espaldas. Él siente su pena antes de que ella hable.

El evangelista Lucas se complace en dar más detalles y añade que Jesús nota la mano de la mujer que le toca y que por ello se vuelve. De hecho, todo el misterio de la comunión entre la mujer y Cristo permanece intacto. Pedro se impacienta: "Maestro, es la gente la que apretuja y desea tocarte". ¿Por qué preocuparse entonces por una mano más o menos que pretende tocar al Señor? Lucas lo explica diciendo que Jesús siente una fuerza que sale de Él. ¿Pero qué fuerza puede ser ésta si no es la de comulgar con la pena de aquella mujer que no ha visto todavía? "Una energía que puede actuar independientemente de la voluntad de Jesús, pero de la que éste tiene conciencia", dice con prudencia un exegeta. ¿No es precisamente esta energía la sensibilidad desarrollada por Jesús a fuerza de vivir con los más pobres y despreciados de Galilea, una sensibilidad que se convirtió en una parte de su propia personalidad?

Pienso todavía en África y en el Hermano Albin Descombes pasando delante de una cabaña en donde una mujer está sentada a la sombra. Ella no le decía nada, no lo llamaba, solamente lo miraba. ¿Qué ocurre entre ellos dos para que el Hermano Albin se detenga de pronto y se dirija al momento hacia la mujer sentada en el rincón de sombra diciéndole: "No se encuentra bien, ¿verdad? Le doy unas pastillas que la pondrán buena. Tómese dos ahora y otras dos a la noche". ¿Meditaremos alguna vez lo bastante sobre la sensibilidad de Cristo? ¿Hacemos algo por desarrollarla en nosotros mismos? En el momento en que el Hermano Albin iba a su pueblo, otro europeo se encontraba también en África: un comisario de la CEE visitaba una presa financiada por la comunidad europea para mejorar la irrigación de tierras. Este hombre, que es de una gran integridad moral y está animado por la firme voluntad de combatir la miseria, ¿qué posibilidad tenía, sin embargo, de sentir la total desolación de los campesinos privados de tierra a causa de los trabajos hidráulicos emprendidos? ¿Qué es lo que pudo ver? ¿A quién pudo encontrar? Nuestras estructuras modernas lo han convertido en prisionero de una tecnocracia incapaz de callarse para escuchar primero, incapaz de dejarse perturbar por la consideración de hombres de carne y hueso. El alto funcionario, rodeado continuamente de expertos, pudo encontrar a campesinos organizados, comprobar la excelente calidad del arroz, escuchar las sabias estimaciones acerca del posible crecimiento de las cosechas. Pero nadie le ayudó a oír el dolor callado de los campesinos sin tierras que, a causa de la construcción de la presa, perdieron la única posibilidad que les quedaba de vender la fuerza de sus brazos, ahora ya inútiles.

Cuando hablamos de la sensibilidad de Cristo que hace suya esa angustia de los pobres que escapa a la conciencia de los ricos, cuando decimos que la tarea del cristiano es asumir el papel de vigilante, entonces algunos intentan desviar el debate señalando: "¿Estáis en contra de las presas, pues?" Sin embargo, la cuestión no radica ahí. La voluntad de los hombres de mejorar y gestionar en forma equitativa su entorno físico es perfectamente loable y les honra. ¿Pero no nos recuerda Jesús que el poder creciente de unos se realiza a menudo en perjuicio de otros o, en el mejor de los casos, que no contribuye apenas en nada a salvarlos de la explotación y la servidumbre? Más bien sucede todo lo contrario. Un poder nuevo en manos ajenas se traduce casi siempre en nuevas opresiones para los humildes. Ahora bien, una presa en el corazón de una tierra sedienta representa un inmenso poder. El agua que de repente se tiene en abundancia, no ha lavado a los hombres de sus rivalidades ni tampoco ha saciado forzosamente su sed de poder. Jesús no nos pide que nos opongamos a las presas, sino que tengamos presentes a los oprimidos que no se beneficiarán de ellas y también a los que sacarán provecho, para que unos y otros tengan su justa parte. Los trabajos de irrigación –o incluso la repartición desigual de sus beneficios– no es lo que nos produce inquietud. Lo que nosotros cuestionamos son esos círculos (no nos atrevemos a llamarlos los fariseos del desarrollo) que impiden a un dirigente de buena voluntad el que pueda percibir las quejas de los más pobres y conocer sus rostros. El comisario no tuvo ni siquiera la ocasión de conseguir comunicarse con ellos a través de mediadores. No logró escuchar en medio del "bla-blá" de los tecnócratas a los hombres que, en esta región, seguían los caminos del Señor deseosos como Él de impedir el nacimiento de nuevas injusticias.

La curación de la mujer que sufre de hemorragias confirma también, evidentemente, el compromiso de Jesús con los impuros y los hombres deshonrados, de los cuales no puede esperar otra cosa que el descrédito. Era previsible, después del compromiso adquirido en el desierto. Pero no podíamos adivinar todavía hasta dónde llegaría su renuncia.

Continuando con la lectura del Evangelio veremos sin cesar signos cada vez más precisos y desconcertantes. Al rechazar todo tipo de prestigio, Jesús no reserva en consecuencia su amistad únicamente a los "buenos pobres", a los "nuevos pobres", a aquellos que "no merecen su suerte" y no ofrecen un peligro para la respetabilidad de la comunidad. ¿En realidad era necesario ir hasta los malditos? A decir verdad, Cristo no tiene ningún interés en responder de forma directa a esta cuestión que surge en el espíritu de los apóstoles. Su respuesta se encuentra más bien en su propia vida. Esta nos enseña que Jesús pensaría algo parecido a esto: "¿Cómo podría ser plenamente obediente, cómo podría llegar hasta el Gólgota y hasta la Cruz de los humillados y de los condenados si desde el inicio no tomara su mismo camino, si no compartiera su vida y sus esperanzas?" Así es como nos habla a través de sus gestos, día tras día.

Ya atardecido, le presentaron muchos endemoniados
y arrojaba con una palabra los espíritus
y a todos los que se sentían mal los curaba
para que se cumpliese lo dicho por el profeta Isaías,
que dice:
El tomó nuestras enfermedades
y cargó con nuestras dolencias.

(San Mateo 8, 16-17)

¿Hay que imaginar límites a esta acción de hacerse cargo de la invalidez y las enfermedades? ¿Podía Jesús hacer suyo el mal de los endemoniados sin atraerse su condición de excluidos y el pánico que propagaban a su alrededor? Esa misma noche, toda la población viene a pedirle que abandone el

119

territorio... ¿Podía hacer suyo el sufrimiento de los leprosos y el de la mujer aquejada de hemorragias sin asumir la impureza ligada a estas enfermedades?

Jesús no responde a todas estas cuestiones por medio de discursos, sino a través de su vida cotidiana. Tampoco fueron sólo sus palabras las que le condujeron a morir crucificado. Jesús no fue ejecutado precisamente por haberse proclamado el Mesías o por haber hecho obra de misericordia. Es por haberse identificado en su totalidad con aquellos que eran objeto de repulsa y por haberlos elegido como confidentes y mensajeros por lo que fue conducido al Gólgota. Su enseñanza y su vida no crean exclusivamente un debate teológico, sino que invierten el orden del mundo. *"Y muchos primeros serán los postreros, y los postreros, primeros" (San Mateo 19, 30).* Esto era en cierto modo algo dado de antemano teniendo en cuenta los amigos y compañeros elegidos por Cristo. El Reino actuaba ya de verdad. Era inaceptable entonces y sigue siéndolo hoy en día.

Esto es lo que tuvo que aprender no hace mucho Hélène Monnier. El alcalde de su municipio la llamó para realizar un enlace entre los servicios del ayuntamiento y las familias más pobres. No le hizo falta mucho tiempo para darse cuenta de qué modo los excluidos ponían el derecho del revés. La Ayuda social, por ejemplo, no estaba adaptada a los hogares sin recursos, los cuales no recibían a tiempo los subsidios familiares. Pronto se dio cuenta también de que era imposible proporcionar una vivienda a familias numerosas dentro del Programa social de vivienda, concebido para hogares con uno o dos hijos. Surgieron asimismo problemas para la admisión en la escuela de niños con un gran retraso escolar, para la contratación de parados de larga duración, sin cobrar prestaciones y con familiares a su cargo, etcétera.

Todas estas dificultades se hacían visibles porque, por primera vez, las familias del Cuarto Mundo podían expresarse a través de la señora Monnier sobre su situación, en lugar de esperar a que otros definieran cuáles eran sus necesidades.

En definitiva, para responder a las expectativas de los más pobres, le hubiera hecho falta la capacidad de cambiar todo un modo de actuar en materia de derechos humanos. Era toda la legislación social la que habría sido necesario cambiar. Es evidente que esto era imposible. Así pues, la señora Monnier se convirtió muy pronto en "persona non grata" para los empleados del ayuntamiento. Pronto fue tratada y considerada como la "dama bienhechora" del Cuarto Mundo. Su presencia en la municipalidad se hizo inútil e incluso inoportuna para las familias pobres.

Hélène Monnier aplicaba con toda sencillez estas palabras de Jesús: *"No os hagáis llamar doctores" (San Mateo 23, 10)*. No es fácil soportar el hecho de poner en tela de juicio la jerarquía. Esto mismo es lo que hará Jesús al tomar a una samaritana como confidente acerca de un tema del que sólo pueden discutir, por lo común, los más sabios entre los doctores y los sacerdotes.

Jesús, fatigado del camino,
se sentó sin más junto a la fuente;
era como la hora sexta.
Llega una mujer de Samaria a sacar agua
y Jesús le dice:
Dame de beber,
pues los discípulos habían ido a la ciudad
a comprar provisiones;
La mujer samaritana le dijo:

¿Cómo tú, siendo judío, me pides de beber a mí,
mujer samaritana?
Respondió Jesús y dijo:
Si conocieras el don de Dios
y quién es el que te dice: Dame de beber,
tú le pedirías a Él y Él te daría a ti agua viva.
Ella le dijo: Señor, no tienes con qué sacar agua,
y el pozo es hondo; ¿de dónde, pues, te viene esa
agua viva?
¿Acaso eres tú más grande que nuestro padre Jacob
que nos dio este pozo y de él bebió él mismo,
sus hijos y sus rebaños?
Respondió Jesús y le dijo:
Quien bebe de esta agua, volverá a tener sed;
pero el que bebe del agua que yo le diere
no tendrá jamás sed,
que el agua que yo le dé se hará en él una fuente
que salta hasta la vida eterna.
La mujer le dijo: Señor,
dame de esa agua para que no sienta
más sed y tenga que venir aquí a sacarla.
Él le dijo:
Vete, llama a tu marido y ven acá.
Respondió la mujer y le dijo:
No tengo marido.
Jesús le dijo:
Bien dices: no tengo marido;
porque cinco tuviste y el que tienes ahora no es
tu marido;
en esto has dicho verdad.
La mujer le dijo: Señor,
veo que eres profeta.

Nuestros padres adoraron en este monte
y vosotros decís que es Jerusalén el sitio
donde hay que adorar.
Jesús le dijo:
Créeme, mujer, que llegada esa hora
en que ni en este monte ni en Jerusalén
adoraréis al Padre.
Vosotros adoráis lo que no conocéis;
nosotros adoramos lo que conocemos,
porque la salvación viene de los judíos;
pero ya llega la hora, y es ésta,
cuando los verdaderos adoradores
adorarán al Padre en espíritu y en verdad,
pues tales son los adoradores que el Padre busca.
Dios es espíritu y los que le adoran
han de adorarle en espíritu y en verdad.
La mujer le dijo:
Yo sé que el Mesías, el que se llama Cristo,
está por venir, y que cuando venga
nos hará saber todas las cosas.
Jesús le dijo:
Soy yo, el que contigo habla.

(San Juan 4, 6-26)

El acontecimiento nos sobrepasa sin lugar a dudas, como sobrepasó a los discípulos, demasiado "estupefactos" para preguntarle a Jesús: "¿Qué buscas?" o "¿por qué le hablas?" ¿Qué había de especial y de sorprendente en tal suceso para obligar a callarse a los discípulos, tan habituados a importunar a su Maestro con un sinfín de preguntas?

He aquí que tenemos a una mujer samaritana que va a sacar agua de un pozo. Ella va tarde, a las seis, seguramente para pasar inadvertida y no encontrarse con otras mujeres, pues no es una buena hora para juntarse con nadie en el pozo. Es una mujer de Samaria, una mujer muy pobre y despreciada incluso por los suyos. Ningún hombre decente se dignaría tomar como compañera a una mujer que ha tenido ya tantos amantes en su vida... He aquí, pues, a una mujer impura e impura por partida doble, triple si consideramos que Jesús es de raza judía. ¡Pero qué maravillosa y sencilla conversación se desarrolla entre ambos! Yo sólo he visto a los más pobres tener esa manera llana y natural de comportarse campechanamente con interlocutores de rango más elevado. Los que tienen ya una modesta condición y se levantan un palmo del suelo no tienen el atrevimiento de mostrarse sin artificio. Es cierto que los más pobres se inventan historias, cuentos, y que adornan la verdad a su conveniencia para poder sobrevivir, sacar alguna ayuda o librarse de un peligro. Pero ellos no tienen esa suficiencia y ese pavoneo de aquellos que, habiendo alcanzado un cierto nivel, deben mantenerse en él y, si es posible, escalar más alto. Nosotros hemos visto a hombres subproletarios recibir un día de año nuevo en sus casuchas a todo un presidente de la República; hemos visto a mujeres conversar con un ministro y a familias enteras cenar en el Ministerio de Hacienda y todo ello con perfecta naturalidad, con desenvoltura incluso, en el mejor sentido de la palabra.

Es esta misma naturalidad la que presenciamos en la escena que nos narra Juan el evangelista. La personalidad de Jesús cuenta mucho, evidentemente. Cristo es fácil de reconocer por su sencillez. Me lo imagino con la samaritana sintiéndose a gusto, a sus anchas, a mil leguas de distancia de ese aire falso y fingido que los ricos adoptan a veces para tratar con los pobres. Una mujer marcada por el destino de la samaritana tiene la miseria y el desprecio de los hombres inscritos en su persona. ¡Cuántas veces he pensado en ella, cuántas veces he creído verla observando al anochecer la silueta huidiza de una mujer cargando un cubo de agua en el único servicio colectivo del campamento de Noisy le Grand! Creía reconocerla también en las mujeres que iban a buscar el agua con orgullo y como una especie de reto, apresurando el paso para evitar las burlas. Nunca he sentido tanta vergüenza y sufrimiento al contemplar a esas mujeres –o, a veces, muchachas– atravesando tiesas como palos la calle, entre las miradas desvergonzadas y las frases mordaces. Nunca he sentido tanto dolor y piedad como al cruzármelas en el camino.

Para mí, la samaritana debía ser como una mujer que conocí y que se llamaba Helena. Esta mujer se colaba de rondón en la barriada cuando había bebido un poco, se deslizaba por la escalera y se ocultaba detrás de la puerta del sótano para no suscitar los gestos de desdén de los vecinos. Helena era muy pobre y, encima, era una emigrante polaca. No he olvidado todavía la mirada desaprobadora de los vecinos cuando, a petición de una amiga, le llevé un ramo de flores a esta mujer. Estoy seguro que algunos desconfiaron de mí, de su propio párroco: "Con que esas tenemos, también él se deja arrastrar por esa piltrafa..." Helena, como tantas mujeres demasiado pobres para salir a flote, había tenido varios hombres y muy pocas fuerzas para resistir al último, que la maltrataba y le pegaba. Siendo madre soltera y con tres hijos, tenía fama de mujer ligera de cascos. Su vida había sido tan dura y había sufrido tanto que parecía envuelta en una tristeza opaca. Ir a su casa para ofrecerle un ramo de flores

125

era meterse en un compromiso, y la mirada de los vecinos me lo dejaba entrever claramente.

Por haberme comprometido de tal modo, Helena me lo agradeció hablándome de Dios, contándome su infancia, su juventud, pasada entre Polonia y Francia, cómo sus padres murieron deportados, el hambre y la promiscuidad en las pensiones del París de la posguerra. Luego añadió con tono de queja: "Pero yo sigo siendo creyente; quiero encontrar a Dios y amarlo". ¿No era acaso esto como oír a la samaritana diciéndome: dónde puedo adorar a Dios? "Yo no puedo ir a la iglesia", me decía Helena. "¿Me ve usted a mí yendo a la iglesia? No me engañe, yo sé que no valgo nada, mire mi cara toda hinchada". Yo le decía que todo eso no tenía importancia, que lo que contaba era que fuese a ver a la Virgen Santa. "Allí tengo a la Virgen, me respondía, mire la estatuilla. Y también rezo, pero cuando no están los niños. Cuando tengo mucho miedo le rezo al Señor, pero me da vergüenza pedirle, como aprendí de niña. que se apiade de mí. ¿Qué pensará de mí? Pero creo que Él me oye y me perdona". Gracias a la samaritana, yo podía decirle que ella tenía toda la razón. Y aquel día, Helena se puso de rodillas rezando conmigo el Padrenuestro.

Este es un sencillo y humilde acontecimiento de la vida de un sacerdote, es verdad. ¡Pero qué extraordinaria e íntima comunión se estableció en aquel momento entre una madre del Cuarto mundo de nuestros días y la samaritana elegida por Jesús! Vuelvo a imaginarme la espontánea familiaridad entre ambos, Cristo y la mujer de Samaria. Ante el pozo, los dos conversan yendo directamente a lo esencial. La miseria de la mujer y su condición pecaminosa no son ignoradas, pero son puestas en su punto justo. Se convierten en el punto de partida de una clarificación que me parece tan fundamental para Cristo como para la Samaritana. Pensemos que en esa época había una querella entre los discípulos de Juan y los de Jesús. ¿Va a llevar Jesús su sencillez hasta el extremo de compartir su preocupación con una mujer que no comprende las disputas teológicas? Ella no conoce más que las cuatro cosas que se suelen contar a los humildes: "Haz esto y no aquello... adorarás en tal montaña y no como los judíos en Jerusalén". ¿Se le puede pasar por la cabeza a Cristo discutir con esta mujer hasta llegar al fondo de las cosas?

Pues bien, eso es lo que hace. Siempre fiel a sí mismo, Jesús no ha arreglado el encuentro ni adaptado sus palabras siguiendo una necesidad pedagógica. Como sucede con el resto de los encuentros de Jesús que podemos contemplar, yo me quedo admirado ante el carácter inevitable del intercambio en el pozo. Siendo lo que son cada uno de ellos, y con las preocupaciones propias de los dos, la conversación no podía desarrollarse de otro modo. Vemos aquí a un Jesús pleno de vida y muy en su papel y al que nosotros podemos amar. Él no nos dice la verdad, la vive ante nuestros ojos. Él es la verdad.

Nada tiene de sorprendente, pues, que la samaritana aprenda de tal modo, antes que los doctores de la Ley y antes incluso que los mismos discípulos, la clase de adoración que Dios espera desde entonces de los hombres. Jesús no ha puesto entre paréntesis las grandes cuestiones del mundo mientras dirige algunas palabras buenas a una pecadora. En la primera ocasión que se presenta, la introduce ya en la confidencia. Y de confidente va a convertirse en mensajera: "Id a ver a un hombre que me ha dicho todo mi pasado. ¿No será acaso el Cristo?" Los samaritanos no perderán la ocasión, llegado el momento, de volverla a poner en su sitio: "Si creemos no es porque tú lo digas, sino porque nosotros lo hemos oído". Pero qué más da. La cuestión es siempre la misma: la dificultad de los hombres para admitir que alguien más pequeño e ignorante puede también enseñarnos alguna cosa. ¡Cómo van a enseñarnos algo los pobres si no saben nada! Sin embargo, queda el hecho de que es la samaritana a quien Jesús elige como mensajera. Como también elige a la mujer curada de sus hemorragias o al leproso que regresa corriendo para proclamar su fe ante Jesús y el pueblo reunido.

Todos estos personajes que atraviesan de este modo el Evangelio serán, a imagen del Señor, mensajeros y, al mismo tiempo, vivos ejemplos del mensaje. "Estoy perdonada, soy aquella que no osaba mostrarse en el culto, pero que le rezaba a Dios en su corazón". Mensajeros bendecidos a los que Jesús les diría lo siguiente (y que ellos repetirán a su manera): "Dios no es, antes que nada, un mero asunto de la Teología. Dios es fundamentalmente amor". Mensajeros elegidos por Cristo para decirnos algo más todavía: "Si vuestras teologías ya no son accesibles a los pobres, si os llevan sólo a puras disputas de especialistas, entonces ya no conciernen a Dios". Todavía podríamos equivocarnos en el caso de la samaritana. ¿No habrá quizás simplificado Jesús el problema para que pueda comprenderlo una mujer ignorante? Yo no creo que el Señor haya hecho nunca lo que hoy se llamaría una divulgación para el gran público no especialista. Él ha extraído lo esencial, y esta esencia era accesible tanto al corazón como –y lo creo de verdad– a la inteligencia de la mujer que le escuchaba. Ella reconoce en las palabras de Jesús su propia manera de comprender la vida, como la reconocen también los más pobres en las curaciones efectuadas por el Señor.

Los inválidos, los ciegos, la humilde mujer enferma durante doce años o la samaritana despreciada, no eran teólogos ni tampoco podían serlo. Se nos cuenta que al tomar como compañeros a estas personas, Jesús daba muestras de su piedad. Yo creo que hacía algo más. La samaritana que corría al pueblo gritando "Venid todos a ver", no era en absoluto un intermediario inconsciente. Ella, que iba a sacar agua del pozo cuando nadie podía verla, sabía muy bien lo que hacía cuando se precipita ante sus vecinos atreviéndose a proclamar lo que ella era: "Venid a ver a un hombre que me ha dicho todo mi pasado". "¿No será acaso Cristo?", añade. Ella creía ya que un Mesías llamado Cristo debía venir y que "anunciaría todo". El perdón, el amor, el agua viva que sacia por siempre la sed, la importancia trascendental de lo que el hombre lleva en su espíritu y en su corazón... La samaritana estaba completamente preparada para oír hablar de todo ello.

¿Y si nos equivocáramos de teología o, quizás, de teólogos? Si al menos pudiéramos redescubrir a los hombres y mujeres que poseen lo esencial del conocimiento de Dios, ¿no serían secundarios los razonamientos que los más instruidos pueden construir a continuación? ¿Y si volviéramos a leer nuestras teologías como hacemos aquí con el Evangelio, a la luz de los más pobres y partiendo de ellos? ¡Cuántas horas, años y siglos de meditación acerca de estos humildes testigos de la vida y la persona de Cristo habría que volver a encontrar y reunir! ¿Hay un sólo instante, un solo segundo en la historia de la Iglesia en el que esta meditación no se haya proseguido? El drama, la verdadera pobreza de nuestro tiempo, es que a menudo hayamos dejado escapar esta meditación entre los dedos de la Iglesia. No existe un lugar en el que toda esta memoria de los pobres se haya conservado viva. ¿Dónde está la memoria de los cojos y los paralíticos, la de esa diminuta mujer acurrucada, alargando penosamente el brazo para tocar a Cristo, la de la samaritana cuyo corazón palpita anunciando a Jesús... dónde están? ¿Dónde se halla también la memoria de todos aquellos que se han nutrido de la vida y de la inteligencia del corazón y del espíritu de los más humildes, los primeros súbditos en el Reino de amor que proclama Cristo?

¡Dulce y al mismo tiempo despilfarradora Santa Madre Iglesia, dueña de tantas joyas como son las lágrimas, los pensamientos y las esperanzas de los más pobres y de aquellos que los buscan y que las deja, sin embargo, resbalar entre sus dedos...!

Capítulo VI

Gestos que devuelven el honor

En una velada de oración con algunas familias subproletarias de los arrabales de París, discutíamos sobre la samaritana. "¡Y pensar que Jesús le dijo sólo a ella esas cosas...!", exclamó la señora Larmand. Esta mujer tiene cinco hijos. Su marido, analfabeto y sin cualificación profesional, es demasiado frágil para hacer los trabajos duros que se le ofrecen, pero no está lo suficientemente enfermo y agotado para ser reconocido inválido para el trabajo. Está registrado como demandante de empleo sin cobrar prestaciones de paro. En cualquier parte que se presenten los tratan como ignorantes. A Dios gracias si alguien se toma la molestia de explicarles sus expedientes y sus derechos cuando acuden al Instituto nacional del empleo, a la Caja de subsidios familiares o a la Oficina de la Ayuda social. "De todas formas, dice un funcionario, el hombre no sabe rellenar los impresos y la mujer los hace, pero de una manera... ¡vamos, que no hay quién entienda!" El maestro de la escuela que hay cerca de la barriada en donde viven los Larmand parece opinar lo mismo. "Yo quiero que mis hijos aprendan, dice la señora Larmand, ya ve cómo le ha ido a mi marido por no saber hacer la "o" con un canuto. Pero ya puedo preguntarle al maestro... ni siquiera me hace caso; me despacha en un minuto diciéndome que no me preocupe, que ya se ocupa de los niños. ¿Es que los padres no tienen derecho a saber cómo van sus hijos?" La señora Larmand, que se esfuerza en ser una buena madre, fue un día con una vecina a una reunión de padres de alumnos. No comprendió nada y no se atrevió a hacer preguntas. Ya no volvió más.

"Y pensar que Jesús sólo le dijo esas cosas a esa mujer, a la samaritana", repite otra vez. "Jesús sabía que ella comprendería, que iría a decírselo a los demás". Poco a poco, ella descubre que el Evangelio está sembrado de importantes mensajes que Cristo confía a los hombres y mujeres más despreciados. A veces con un tono confidencial: "tú has hecho que me detenga en mi camino; ahora estás salvado y te confío un mensaje único..." Y, más extraordinario todavía, el mensaje se desarrolla a veces con la misma persona que se dirige a Jesús, como es el caso de la cananea.

Saliendo de allí Jesús,
se retiró a los términos de Tiro y de Sidón.
Una mujer cananea de aquellos contornos
comenzó a gritar, diciendo:
Ten piedad de mí, Señor, Hijo de David;
mi hija tiene un demonio muy malo.
Pero Él no le contestaba palabra.
Los discípulos se le acercaron y le rogaron, diciendo:
Atiéndela, pues viene gritando detrás de nosotros.
Él respondió y dijo:
No he sido enviado sino a las ovejas perdidas de la
casa de Israel.
Mas ella, acercándose, se postró ante Él diciendo:

¡Señor, socórreme!
Contestó Él y dijo:
No es bueno tomar el pan de los hijos y arrojarlo
a los perrillos.
Mas ella dijo: Cierto, Señor,
pero también los perrillos comen de las migajas
que caen
de la mesa de sus señores.
Entonces Jesús le dijo:
¡Oh, mujer, grande es tu fe! Hágase contigo
como tú quieres.
Y desde aquella hora quedó curada su hija.

(San Mateo 15, 21-28)

Lo que maravilla a las familias subproletarias y a mí mismo en cada ocasión, es el contemplar a Cristo participando incensantemente en la vida de los pobres. La invención de la participación de los pobres "en nuestros proyectos" es algo de nuestros días. Me parece que esta participación refleja un malentendido acerca de la clase de acercamiento que debe lograrse entre los ricos y los pobres. ¿Quién debe inspirarse en quién? ¿Quién posee una experiencia de la vida y un pensamiento fundamental, indispensables para renovar el mundo, nuestras instituciones, nuestra religión y nuestra fe?

Jesús no "participa", Jesús "comulga" y lo hace en plenitud. De las conversaciones a las que tenemos la fortuna de asistir resplandece en cada momento una luz deslumbrante, una luz que nos sorprende así porque nos deja ver con claridad que los más pobres no están reducidos a una mera participación en un pensamiento ajeno elaborado fuera de ellos. Ellos mismos son creadores de un pensamiento y éste

133

surge de su experiencia personal de la extrema pobreza. Este pensamiento sorprende a los ricos. Ello me parece que entra dentro de la lógica misma del Evangelio. Sin embargo, en muchos comentarios me parece leer lo contrario. Así, en el caso de la samaritana, se dice, por ejemplo, lo siguiente: "Precisamente porque Jesús es judío y porque tiene enfrente a una pecadora, a una hereje, es por lo que Él va a ponerse en la situación de un mendigo pidiéndole algo a la mujer en vez de ofrecerle una limosna. Muchas enseñanzas pueden sacarse de aquí. Cuanto más superiores nos creemos a alguien, más necesario es ponernos en un estado de oración y en la posición de un mendigo". Encuentro estas palabras en el libro "L'Aujourd'hui des Evangiles" de Jean Louis Barreau.

¿Es acaso Jesús un pedagogo fingiéndose mendigo y disfrazado para la ocasión? ¿Olvidaremos que Jesús tiene realmente sed, que no pide agua como una estratagema pedagógica, y que no lleva consigo nada para dar limosna? ¿Tan difícil es soportar la idea de un Jesús en verdad pobre, sin ficciones de rico y a ras del suelo junto con los más humillados de la tierra? La idea de Jesús como un actor sirviéndose de técnicas pedagógicas me parece –ya lo he dicho antes– una profunda injusticia cometida hacia su persona. Y además me parece un peligro, pues ¿no correremos el riesgo con ello de equivocarnos acerca de los caminos que debemos tomar para seguir a Cristo? A través del evangelio, nosotros lo vemos tan pronto atormentado como suspirando, dejándose llevar por la cólera o arrastrando a todo el mundo a la fiesta. Lo vemos tal y como son los pobres: irritables, sin poder contener su enfado, y, al mismo tiempo, desbordando ternura; unas veces fino y delicado y otras de una torpeza incomprensible que no cometería alguien que es educado durante treinta años en las buenas maneras. Jesús no puede negar su pertenencia al pueblo de los pobres, no necesita fingirla, tiene un aire que lo delata. Toda persona que ha vivido entre los pobres puede reconocerlo con inmensa alegría. Incluso Mateo, evangelista sobrio y preocupado por presentarnos al Maestro, no borra esta imagen de Jesús como hombre pobre, sencillo y sin artificio, al lado de los suyos. ¿No se encuentra aquí precisamente todo el misterio del Hijo de Dios hecho hombre?

No habría que vaciar el encuentro de la cananea de toda la vida, de todo el jugo que contiene, transformándolo en una mera lección pedagógica. Asistimos en realidad a una discusión viva, desbordante de espontaneidad y de genio por una y otra parte. La mujer grita, organiza un escándalo... ¡y contra un extranjero! No es precisamente el comportamiento propio de una mujer bien educada. Es obvio, es una mujer pobre, ella grita y gesticula como lo hacen todos los pobres en el mundo cuando no consiguen hacerse oír, es decir, siempre. Su actitud se hace pesada, insistente, hasta el punto que molesta a los discípulos que, sin embargo, han visto ya escenas semejantes. "Haz lo que pide y se marchará dejándonos en paz...", dicen los apóstoles. Pero no es éste el estilo de Jesús. Si hay algo que decir, que se diga a la cara. Con Cristo los más pobres pueden discutir, hablar, convencerle incluso, lo que es impensable con los escribas y los jurisconsultos. Además, los más pobres no dejan pasar aparentemente la menor ocasión para hablar con Jesús. Y ya tenemos a una mujer más que vuelve a su casa llevando un mensaje único, un mensaje que ella misma ha ayudado a formular: ante Dios no hay nacionalidad que valga, ninguna formalidad que obstaculice el camino. Los hombres no pueden ser tratados como perros, no pueden recibir sólo migajas. "Yo soy cananea, pero ha curado a mi hija como si fuera de la casa de Israel".

A esta cananea me pareció verla un día pasando delante de mí con su hijo bajo el brazo. En realidad se trataba de la señora Pimort, la cual se había citado con otras mujeres del campamento de Noisy le Grand. Sabían que el alcalde debía acudir allí y ellas querían adelantarse. Era el invierno y no iban bien vestidas. Avanzaban sin orden, gritando en voz alta y gesticulando: "Nuestros hijos tienen derecho a una escuela en donde no se les insulte, donde puedan aprender. Nuestros hijos tienen derecho a casas donde no se deshidraten en verano y se congelen en invierno... Aunque vivamos en el campamento no somos perros, señor Alcalde".

¿No era también la cananea la señora Parmentier, yendo de puerta en puerta pidiendo firmas para solicitar la concesión de viviendas? Hacía mucho que no trabajaba su marido y no tenía nada para hacer fuego. Iba a recoger leña por los alrededores o donde la encontrara. La recolectaba, no la robaba. "Aunque vivamos en el campamento no somos perros".

"Aunque vivamos en el campamento...", "Aunque sea cananea..." "Dios no puede tenérmelo en cuenta", nos decía un hombre que volvía a su chabola con las manos vacías porque "ahora en París ya no se puede rebuscar en las basuras, todos los portales están cerrados. ¿Dónde quiere que vaya ahora?". Después de un breve silencio, añadió: " Dios no puede tenérmelo en cuenta porque vivo aquí. El alcalde puede, pero no Dios. De lo contrario no habría un Dios".

Y para el señor Radier, Dios no puede no existir, pues es preciso que haya un Dios que no establece diferencias como hacen los servicios de viviendas. "¿Así que usted habita en el "Moulin Neuf"? Será mejor que vuelva a pasar otro día". Si Jesús pasara por el "Molin Neuf", en donde más de la mitad de las viviendas están tapiadas y declaradas insalubres, es seguro que el señor Radier se encontraría entre la muchedumbre proclamando a Cristo como Hijo de Dios. Iría sin vacilar hacia Jesús mostrándole su rodilla hinchada, convencido de que, desde ese instante, podría distribuir, sin los atroces dolores, la propaganda en los buzones de las casas, como hace en ocasiones para ganarse algún dinero. El señor Radier creería. Así como han creído todos esos hombres y mujeres moldeados por el sufrimiento y a los que Jesús encontró en su camino –porque no podía conducirle a otra parte– eligiéndolos como testigos y mensajeros. A veces los únicos testigos y mensajeros, a los cuales Jesús confía toda la responsabilidad de repetir lo que han oído; otras veces como acompañantes ante un gran público. Pero, en cualquier caso, siempre testigos privilegiados de una particular intimidad con Cristo.

Nos cuesta dejar a estos bienaventurados. Todavía vemos entre ellos al paralítico que baja del tejado ¡qué sorpresa! en su camilla. (*San Marcos 2, 1-12*). ¿Era necesario ser pobre y estar desesperado para tener ese atrevimiento? ¿Qué otro vecino con mejor educación y más reflexivo se hubiera atrevido a mostrar semejante insistencia? "Tenemos que imaginarnos una casa palestina de un solo piso, cuyo tejado a modo de terraza estuviera hecho de madera y de adobe", dice con cierta ingenuidad el comentario de la traducción ecuménica de la Biblia[11]. Debemos quizás imaginar antes que nada a esos hombres pobres, tan a menudo con los nervios de punta, dejándose llevar y realizando gestos expeditivos no siempre muy hábiles, rompiendo más de lo que pueden reparar. Jesús ve en ellos su diligencia, su certidumbre de que les comprenderá. ¿Me equivoco al pensar que ellos comprendieron mejor que nadie el significado de estas palabras: "Hijo mío, tus pecados te son perdonados"? ¿No desearían con toda su alma, como hacen todos los hombres desesperados, el oír estas palabras, en un mundo que precisamente no cesaba de decirles que eran un estorbo? Allí había ya no sólo un paralítico a los pies de Cristo, sino cuatro hombres en el tejado, sorprendidos de su temeridad y temiendo ser expulsados en cualquier momento. ¿Es una casualidad que la primera palabra del Señor fuera: "estás perdonado"?

Más tarde Cristo va a tomar al hombre tendido en la camilla y a sus cuatro amigos como testigos de un solemne y majestuoso gesto:

> *Pues para que veáis que el Hijo del hombre*
> *tiene poder en la tierra para perdonar los pecados*
> *–se dirige al paralítico– yo te digo:*
> *Levántate, toma tu camilla y vete a tu casa.*
> *Él se levantó y, tomando luego la camilla,*
> *salió a la vista de todos, de manera que todos se*
> *maravillaron*
> *y glorificaban a Dios diciendo:*
> *Jamás hemos visto cosa igual.*

(San Marcos 2, 10-12)

¡Cuánto honor para un hombre pobre considerado como si estuviera purgando un pecado por deseo divino! Es difícil quizás poder imaginárselo cuando no se valora la deshonra en la que estaban sumergidos estos hombres día y noche, tanto en tiempos de Jesús como en el presente, y en una cultura en la que el mérito era medido con mucho cuidado.

Un gran honor, y también un motivo de júbilo y regocijo. Podemos imaginarnos la sorpresa: "¿Qué me pasa? Lo esperaba hace mucho y casi no puedo creerlo". Jesús no sólo ha consolado, curado y perdonado. También ha propagado la alegría y, si una muchedumbre se agolpaba a sus espaldas, ¿no era acaso una multitud de pobres sedientos de alegría como lo son todos los pobres del mundo?

¡Qué difícil es callarse en semejantes circunstancias! Jesús se lo manda a los dos ciegos que le siguen a tientas gritando con la vista en el vacío: *"Ten piedad de nosotros, Hijo de David (...) ¿Creéis que puedo yo hacer esto? –Sí, Señor (...) Hágase en vosotros según vuestra fe".* A continuación *Jesús les dice con tono severo: "Mirad que nadie lo sepa"; pero ellos, "una vez fuera, extendieron su fama por todo aquel país" (San Mateo 9, 27-31).*

Honor y alegría, como también fue el caso del hombre que estaba en la sinagoga, con la mano paralizada. Él también fue señalado y tomado como testigo. Un hombre inválido, convertido de repente en un signo de rehabilitación de toda la muchedumbre circundante, que no podía comprender la prohibición que pesaba sobre el sábado. Una prohibición que quizás era también difícil para los ricos, pero que era por completo insoportable para los pobres que tenían que vivir día a día y para los cuales el sábado era un día como los otros, un día más para ganarse el pan, ni más ni menos.

Honor y alegría, una vez más, para los dos ciegos de Jericó. "La muchedumbre los trataba con rudeza para que se callaran". Ellos no solamente recobraron la vista, sino que también siguieron al Señor. De este modo le fue devuelto el honor, día a día, a los pobres, a unos hombres y mujeres sacados del sombrío anonimato y convertidos en testigos ante la muchedumbre e, incluso, ante los aristócratas. Naturalmente, para algunos la consecuencia penosa era presentarse ante los sacerdotes, ser sospechosos y objeto de burlas y sarcasmos. También acarreaba todo ello el temor de un porvenir incierto, como ya hemos hablado. Pero Jesús esparció en su camino el perdón, la rehabilitación y el honor de los más pobres. Y los que, tenidos por inútiles o incluso peligrosos, probaran esta rehabilitación, estamos convencidos de que no la olvidarían jamás.

Yo no sé si nosotros pensamos con frecuencia en este Jesús que devuelve la dignidad a los pobres y tampoco sé si en los servicios que organizamos en nuestros días para aligerar sus privaciones pensamos lo suficiente en Él.

Las familias del Cuarto Mundo consideran importante que un Jefe del Estado los acoja y que, de cuando en cuando, encuentren a responsables de los asuntos públicos con una cierta solemnidad. Ellos no tienen las mismas razones que los demás para ello. Para las familias pobres no es una cuestión de orgullo o de ambición, sino una cuestión de rehabilitación. Así se desarrolló en 1982 un encuentro con la Reina de Bélgica, dentro de un ambiente festivo. Las familias sabían muy bien que después del acontecimiento la vida cotidiana seguiría con las mismas penas, preocupaciones y angustias; sin embargo, todavía hoy dicen: "Después de aquel día nada es como antes. Se nos trató con dignidad. La Reina no se entretuvo con sus ministros; fuimos con los que más tiempo habló".

Me parece que ese día un pueblo subproletario de Europa se encontró muy cerca de la muchedumbre del Evangelio. Entre la Reina y las familias pobres no había nada que no pudiera decirse, incluso la desdicha de no saber leer ni escribir. Diez mil personas maltratadas muy a menudo vivieron una jornada de paz y de honor en aquel día caluroso. ¿No era este ambiente festivo y alegre un reflejo de lo que sucedía cuando el Hijo de Dios reunía a la muchedumbre a su alrededor?

Estas concentraciones festivas se oponen radicalmente a todo lo que representa a través de los siglos el "pan y circo" para los pobres. En el Evangelio, alrededor de la figura de Cristo, asistimos a verdaderos programas de fiestas, a cambios festivos. No se escamotean ni se olvidan las penas de la vida diaria, pero se transforman, se invierte su significación. "Tú que te creías débil, eres fuerte; tú que te sentías aplastado, te pones de pie; tú que te imaginabas condenado, tú eres bienaventurado... Ahora que eres fuerte, que estás en pie y tienes todas tus posibilidades, no te quedes inactivo, debes ayudar a tus hermanos".

Al devolverle el honor a una mujer condenaa y, a través de ella, a toda una muchedumbre menospreciada por los grandes, Jesús reactiva su entusiasmo. Él mismo es el programa propuesto. Su vida y sus gestos son la primera realización de éste. Cada concentración es una llamada a la acción, pero también una primera ejecución de esta acción. Si hubiera sido de otro modo ¿habrían recorrido tanto camino, esperado con paciencia tantas horas, tantos días, los pobres y enfermos extenuados para poder ver a Cristo? Acudían, es indudable, para mirar y oír, pero juzgaríamos mal a los pobres si pensáramos que sólo esto motivaba sus desplazamientos. Ellos presentían o sabían de hecho que en las proximidades de Cristo volverían a hallar la dignidad recibiendo de Él la misión de salvar a sus hermanos.

Las fiestas en las que no se recibe una misión no son fiestas, son meras diversiones. Toda acción de rendir honores que no sea al mismo tiempo una llamada a la acción representa una simple formalidad. El Partido Comunista francés comprendió esto mejor que muchos al crear la fiesta de la Humanidad. El 1° de mayo de 1984, la CFDT realizó, por su parte, una fiesta de carácter muy particular en París. Una fiesta instructiva que honró a los trabajadores emigrantes. ¿Estamos quizás en el camino de redescubrir el honor y el sentido de la fiesta enseñada hace dos mil años?

Acabo de asistir a una concentración en Holanda. Una mujer decía: "Me llaman Marta la sucia. Es la primera vez en mi vida que tengo gente sentada a mi alrededor, a mi lado, festejando conmigo. ¡Se lo diré a todo el mundo!" Era el 12 de mayo de 1984. Aquel día yo volví a encontrarme en el Evangelio.

Capítulo VII

La salvación de los más pobres, tema de escándalo

Los más pobres son curados y además reciben honores. Sin embargo, son también aquellos que provocan el escándalo. Al mirar el mundo actual, me quedo confuso y sorprendido ante la terrible lógica en la que Jesús se comprometió. Los hombres no soportan muy bien que sean glorificados aquellos que ellos han rebajado; los que poseen el saber no pueden admitir que otros, menospreciados hasta entonces, sepan más y, sobretodo, de cosas más esenciales.

A veces me digo a mí mismo que, si un hombre nacido en una familia de alto linaje y habiendo adquirido ya un gran prestigio, tomara la misma decisión que Jesús al elegir a los más pobres, no creo que su situación en el mundo estuviera, sin embargo, empañada. Algunos pensarían: "Si esa es su profunda convicción, algo habrá en ello que nosotros debamos también reflexionar". Otros, en el peor de los casos, le perdonarían lo que considerarían por un capricho pasajero, una ensoñación idealista. Para su mundo era un excéntrico y a un excéntrico no se le ejecuta. Cristo sería perseguido y crucificado porque era precisamente lo contrario de un excéntrico, era el que resumía y llevaba en sí las aspiraciones profundas de los pobres y en especial de los más pobres de ellos.

Que Cristo asume las esperanzas de los más pobres es algo que todos los cristianos sostienen de buena gana; pero que lo hace convirtiéndose en alguien semejante a los pobres ya es más difícil de admitir. Incluso dentro de la Iglesia la idea provoca escándalo. "¿Es cierto que Jesús en realidad fue pobre?" Se me plantea de nueva cuenta la cuestión en el momento de escribir estas páginas. No pretendo responder a la pregunta. No tengo que probar que Jesús nació, vivió y murió como un hombre de la miseria. Lo creo, mis ojos lo ven, mis oídos lo escuchan hablar en el Evangelio. Yo no puedo ver a Cristo disfrazado como un joven contestatario, abandonando su medio social en un momento dado de su vida para unirse a los pobres. En ningún momento he visto los designios de Dios de tal modo. Pero yo no pretendo ni puedo, por mi parte, hacer una obra teológica o filosófica. Yo le debo a los pobres sencillamente, el contar cómo ellos me enseñaron a leer el Evangelio y a amar a Jesús. Le debo también a la Iglesia el llevar a los pobres hacia ella y, quizás, el ayudarla a que no cese de reconocer el turbador parentesco entre el Hijo de Dios y los más necesitados de nuestros días. Puedo aportar un testimonio, no puedo presentar pruebas.

Desconozco si otros podrían presentarlas. Jesús, Hijo de Dios y hombre pobre, no me ha parecido nunca accesible a nuestro entendimiento. ¿No es acaso su divinidad encarnada en su condición humana el más profundo de los misterios y un tema de contemplación más bien que de razonamiento? Nos entra miedo a fuerza de querer razonar en vez de inclinarnos ante el misterio. La idea de considerar como iguales a nosotros a hombres y mujeres que aparentemente hacen tan poco honor a la humanidad, parece que tiene algo que nos repele. Reconocer como hermanos a hombres corroídos por la miseria hasta el punto de no poder mostrar ya ningún signo exterior de dignidad parece algo así como rebajarnos y negarnos a nosotros mismos abandonando la seguridad ligada al hecho de ser hombres.

¿Hay otra alternativa que la de confiar en Cristo, el cual había previsto ya nuestros temores? Fiarme de sus palabras me ha permitido tomar al pie de la letra también las palabras de las familias del Cuarto Mundo. Ya he mencionado antes su constante interrogación: "¿Cómo van a comprender si ellos no han vivido lo que nosotros hemos vivido?" Para las familias del Cuarto Mundo, Jesús comprendió porque vivió su condición. Ante Cristo, los pobres hablan como algunos hombres y mujeres de ciertas aldeas hambrientas de Guatemala: "Nosotros sufrimos, pero nunca sufriremos tanto como Él. Nosotros estamos con Él, pero incluso nosotros no podemos comprender". Ahora bien, se trata de hombres y mujeres tan destruidos por la miseria que nadie piensa ya en proponerles participar en el desarrollo, ni siquiera en la revolución o en la guerrilla.

¿Nos damos cuenta de lo que nosotros arrebatamos a los pobres al decir que Cristo habría conservado al menos la seguridad de pertenecer a otro medio social, de ser de otro rango en el mundo? Sin Jesús hecho hombre en la miseria los más pobres se quedan como seres marginales. Se dirá de ellos que Cristo los ha salvado también a ellos "por añadidura", como un apéndice, en vez de decir que los ha salvado "en primer lugar" y, gracias a ellos, ha salvado a toda la humanidad. De este modo nosotros les infligimos una última expoliación. Los más pobres serían como infrahombres de los que el Hijo de Dios podría apiadarse, pero no asumir su identidad. Contraemos con ello grandes responsabilidades. Al venir al mundo, Cristo estableció prioridades e, incluso, preferencias. ¿Estamos seguros de no invertirlas? ¿Jesús se situó sólo en un bajo escalón para romper nuestras escalas sociales o se atuvo desde su nacimiento al pie de la misma escala, entre esa parte de la humanidad juzgada como culpable porque nos asusta?

La curación del ciego de nacimiento narrada por Juan (9, 1-41) nos vuelve a plantear la cuestión. Los discípulos expresan toda la perplejidad que surge todavía hoy en las administraciones, en Cáritas o en el Ejército de Salvación. El hombre que se ponía en la entrada de la sinagoga no era sólo ciego, sino también mendigo. Todos los ciegos del tiempo de Jesús no lo eran. "Los vecinos y los que antes le conocían, pues era mendigo, decían: ¿No es éste el que estaba sentado pidiendo limosna?" "Rabí, ¿quién pecó: éste o sus padres, para que naciera ciego?" ¿Le creerían? La cuestión sigue intacta hoy día, con la única diferencia de que en la actualidad conocemos mejor las razones de la ceguera. Para el niño nacido en la miseria nada ha cambiado, como puede verse en los interminables debates sobre la cuestión de saber si viene al mundo ya con una "tara", como dicen algunos, o si es su ambiente social el que le convierte progresivamente en mal estudiante, joven delincuente o desempleado incluso antes de haber trabajado. La juventud de las barriadas subproletarias se encontraba ya en esta situación mucho antes de que la crisis económica alcanzara a otros sectores de la población. Cuántas veces, en las largas reuniones interministeriales en las que se debatía la raíz del problema, me ha parecido oír a los discípulos: "Pero, entonces, ¿quién ha pecado? ¿Quién tiene la culpa? ¿Dónde está la "tara", dónde está el origen del mal?" Naturalmente se da por supuesto que las causas no se hallan en nosotros mismos, esto es impensable, pues esa gente es muy distinta de nosotros, existe sin nuestra participación, a pesar nuestro y no a causa de nosotros. Se me dirá tal vez que confundo miseria y enfermedad. Sin duda, en una cierta medida. La miseria y el mal físico, entrelazándose y reforzándose mutuamente para destruir al hombre, son una constante en la historia de la humanidad. Es difícil conocer lo que los hombres piensan de ambas cosas. Pero no se trata aquí de estudiar las actitudes de los hombres frente a la enfermedad y la miseria, sino de contemplar al Señor entre los más pobres. Empezando por ellos, que están aquejados de toda clase de males, es como Cristo va a liberar a los más pobres y a los ricos, a "todos" los hombres. ¿Estamos nosotros en comunión con Él, estamos detrás de Él, angustiados al verle comprometerse inevitablemente y caer en el escándalo motivado por los amigos que ha elegido? Cuando caminamos juntos por el Evangelio, vemos que los preferidos de Jesús daban miedo o eran considerados como poca cosa. Vemos también que eran tenidos como malhechores, pecadores o, cuando menos, como gente despreciable: una muchedumbre arrastrando siempre consigo a los enfermos, a los miserables. Trasladándonos a nuestro tiempo encontramos a un pueblo semejante, hablando del mismo modo y del que se dicen las mismas cosas que antaño. Es también un pueblo pobre; su penuria puede llegar hasta esa extrema miseria en la que un recién nacido es puesto en pleno invierno en una caja de cartón. Y también este pueblo es juzgado culpable de ello. Es de todo esto de lo que tenemos que dar testimonio. Yo no creo, por otra parte, que un estudio sociológico –interesante sin duda– nos pudiera aportar lo que en un primer vistazo sólo la comunión con los pobres de hoy puede aportarnos: su voz en nuestros oídos, su rostro grabado en nuestro cerebro, sus penas y sus desmesuradas esperanzas en nuestro corazón.

Esta constante meditación nos acerca necesariamente a toda la humanidad en su conjunto, una humanidad que es señalada muy a menudo por la desfalleciente generosidad que el malestar y el desconcierto, nunca dominados, enfrenta la miseria y las enfermedades que van de la mano para convertir en repugnante al hombre que deberíamos amar más. Para esta humanidad desconcertada ("Rabí, ¿quién pecó?") sólo Dios podía restablecer la verdad sobre el hombre, una verdad que el mismo hombre había vuelto confusa. ¿Pero a qué precio?

De un lado estaba la muchedumbre: "Tú eres el Hijo de David"... "Es el profeta Jesús, de Nazaret, en Galilea". Del otro lado estaban los fariseos, los sacerdotes, de los cuales guardamos quizás una imagen excesiva de ricos despiadados o de gente que pone trampas. Si sólo hubieran sido eso, ¿habría Cristo pasado tantas horas discutiendo con ellos? Con seguridad ellos no tenían nada más la misión de dirigir al pueblo, sino también una real preocupación por éste. Y Jesús, al discutir con ellos, los toma en serio, así como también ellos lo toman en serio a Él. Sus relaciones, como todos los hechos y gestos de Jesús, son de verdad, auténticos. Lo que se ventila en tales encuentros es la verdad acerca de Dios y su justicia y, en consecuencia, sobre el sitio de los pequeños y los humildes en su divino amor. ¿Las cosas habrían tomado tanta intensidad de no ser así? Mi experiencia viviendo en el corazón de la miseria me empuja a ver en la preferencia concedida a los más pobres la fuente del escándalo.

Volvamos a la sinagoga en la que se desarrolla un debate, seguido de una confusa agitación e, incluso, una intriga alrededor de un hombre en su totalidad desamparado e impotente. Ciego de nacimiento y sin familia ni amigos que lo alimenten, está obligado a esperar que el vecindario le ofrezca algún trozo de pan. No es un hombre instruido y sólo conoce del mundo lo que su tacto le informa: de las estaciones que pasan, lo que siente en su piel; del tiempo que fluye, su carácter infinito y no lo que le da su ritmo. No ve el cambio en la progresión de las cosas y de los hombres. Ciego de nacimiento, casi muerto al nacer, los demás discuten "de" él, pero no "con" él. ¿Es su ceguera signo de pecado o él es inocente? Él ni siquiera tiene la posibilidad de responder. Si abriera la boca para decir algo, su lengua se trabaría, como he visto tantas veces trabarse la lengua de hombres sin instrucción y sin prestigio social que se sentían acusados injustamente. Pienso en un hombre al que le costaba mucho expresarse. Un día me dijo: "¿Qué quiere usted que le haga? Todo el mundo me toma por un idiota. Sólo me falta ponerme a cuatro patas y ladrar. Dicen que soy un mal padre y yo no sé qué responderles".

¿Es culpable o inocente el ciego? Curiosamente, en las notas explicativas de la traducción ecuménica de la Biblia[11], los autores dicen al comentar el momento de la curación que "Jesús rechaza las teorías habituales sin preocuparse de proponer una nueva. Constata el hecho de la invalidez y actúa con la intención de asegurarle a este hombre su plena integridad física. Jesús le ofrece de una sola vez el signo que le permitirá acceder a la luz verdadera".

¿No podría profundizarse un poco más el comentario? Jesús, al curar a los inválidos mediante la fórmula recurrente: "Tu fe te ha salvado", lo primero de todo afirma la misericordia de Dios. "Para los pecadores", añadirán con rapidez algunos. Pero, ¿con qué derecho puede afirmarse esto? Aleccionados por lo que sucedió entre Jesús y el demonio, nosotros diremos: La misericordia de Dios para los pobres, para los débiles en primer lugar; luego, y a través de éstos, para todos los hombres. Ante el ciego de nacimiento, como en cualquier otra ocasión, Jesús no rechaza una teoría corriente sin preocuparse de proponer una respuesta nueva. ¿Cómo atribuir a Jesús semejante ligereza, sobre todo delante de sus discípulos, los cuales tendrán la pesada obligación de responder en nombre de Cristo a las cuestiones que el mundo les plantea?

Las palabras y los gestos intercambiados entre Jesús y los más pobres son siempre únicos y por completo personales y, al mismo tiempo, simbólicos. Estos gestos y palabras ponen en tela de juicio toda una situación creada alrededor de los pobres por otros hombres, a menudo en nombre de Dios, como en el caso del ciego de nacimiento al que se le obliga a permanecer fuera del Templo sin poder entrar allí libremente como las personas válidas. También en nombre de Dios se reglamenta la condición de los pobres, el puesto que pueden ocupar los inválidos en la comunidad o en el Templo y que reduce a los inválidos pobres a la miseria. A través de cada uno de sus actos, Jesús toma posición, invierte una regla, restablece no solamente el honor de un hombre, sino la justicia debida a los más pobres. En cada oportunidad proclama la libertad de todos los hijos de Dios, por muy pobres que sean. Unas veces de forma pública y en voz alta; otras en intimidad, ante sus discípulos, Cristo proclama la verdad: que Dios nos ama y que la suerte que corren nuestros hermanos en el mundo nos es tan esencial como nuestra propia vida. Es esta constante y nunca escamoteada proclamación en nombre del Padre, la que me parece guiar los pasos del Señor hacia un escándalo cada vez mayor. Cada vez que le vemos comprometerse con alguien muy pobre, le vemos también avanzar un poco más y con seguridad hacia una muerte deshonrosa.

Aquel día, al salir del Templo, Jesús respondió una vez más con claridad, sin tapujos y sin escurrir el bulto: la cuestión de la culpabilidad no está allí donde la buscáis, está en otra parte. Dios no conoce los chivos expiatorios. Si veis a alguien deforme, desventurado, sabed que está allí para enseñaros, "para que las obras de Dios se manifiesten en él". En lo personal no conozco palabras más hermosas que éstas en el Evangelio. Id hacia los desventurados sin demora, rodeadlos, amadlos, guardad silencio a su alrededor, pues en ellos se manifiestan las obras de Dios. Por medio de ellos, vosotros vais a aprender a colaborar en estas obras, abandonando todas las demás. Id hacia ellos para revelarles su sitio en los designios del Padre. Aprender esto es el primero de sus derechos y vosotros, que pensáis ser más instruidos que ellos en estas cosas, sabed que ellos comprenderán más fácilmente que vosotros.

Yo descubro todo esto en estas palabras de Jesús, el cual libera a los más pobres como nadie supo ni sabrá hacerlo. O más precisamente: las familias del Cuarto Mundo me enseñan a entenderlas de tal modo, día a día. En todo lo que el Evangelio enseña a los más pobres, esta participación privilegiada en las obras de Dios de inmediato les es accesible y familiar. Yo me inclino siempre ante esa intimidad entre Dios y los más pobres. "Nosotros sufrimos, por eso estamos con nuestro Señor", decía una mujer que vivía en un desamparo casi absoluto en un pueblo de Brasil. Esta mujer llegó a comprender, con una cierta lentitud, las ideas desarrolladas con los habitantes acerca del almacenaje del maíz y la conducción del agua; pero participar en la obra de Dios tenía para ella y para sus vecinos una significación muy distinta.

Jesús sitúa en otro nivel la cuestión del pecado, la de los bienaventurados, los preferidos y los que lo serán menos. Hemos visto un ejemplo de ello en el encuentro con la samaritana. Volveremos todavía a hablar de ello al escuchar el sermón de la montaña y las palabras del Señor sobre el juicio final. También allí de lo que discutirá es de esas mismas obras de Dios que deben manifestarse en los hombres más desafortunados. "Mientras sea de día, debemos trabajar en las obras de Aquel que me ha enviado", dice Jesús, añadiendo el gesto a la palabra y devolviéndole al mendigo junto con la vista la dignidad de hombre. ¡Y vaya gesto! Igual que Dios hizo al hombre, su Hijo vuelve a moldear el barro entre sus dedos y crea nuevamente al hombre que ha nacido ciego convirtiéndolo en un hombre nuevo y, para siempre, único.

El ciego curado no sabe, por otra parte, lo que le espera, el ser interrogado por los fariseos después de lavar sus ojos en Siloé. "¿Quién eres y quién te ha devuelto la vista?, le preguntarán. "Con que te han curado el sábado, ¿eh?, ¡y encima dices que ese curandero es además profeta!" Llegan los padres, es gente humilde. "¡Cuidado con lo que decís! ¿Es ciego vuestro hijo? ¿Cómo ve entonces ahora?" Esta escena me recuerda otra que se desarrolló en una barriada subproletaria: "O sea, su hijo que no gana nada ni ha trabajado nunca, ahora va de pronto en una motocicleta y quiere decirme que se la han dado y no sabe usted quién". Y los padres, prudentes como todos los pobres frente a los grandes del mundo, afirman sin dar el brazo a torcer: "No sabemos nada, no hemos visto nada...".

La manera en que es maltratado el hombre alrededor del cual tendría, sin embargo, que surgir la fiesta, tiene algo de lastimoso, de humillante para toda la humanidad.

Los fariseos le hacen volver otra vez, transformando su curación en una verdadera desgracia para él. "¿Qué hizo, cómo te ha abierto los ojos?" Este hombre, perdido de repente en el mundo de los videntes, mira a su alrededor rostros crispados. A nadie se le pasa por la cabeza bendecir el día de su curación milagrosa. "¿Cómo ha sucedido, pues?" "Os lo he dicho ya y no habéis escuchado". Y añade, con una cierta mezcla de ironía y de ingenuidad: "¿Es que queréis haceros sus discípulos?"

Escuchemos ahora la extraordinaria respuesta que da el ciego curado cuando los fariseos le dicen que debe desconfiar de Jesús, pues no se sabe de dónde viene. *"Eso es de maravillar: que vosotros no sepáis de dónde viene, habiéndome abierto a mí los ojos. Sabido es que Dios no oye a los pecadores; pero si uno es piadoso y hace su voluntad, a ése le escucha. Jamás se oyó decir que nadie haya abierto los ojos a un ciego de nacimiento. Si éste no fuera de Dios, no podría hacer nada." (San Juan 9, 24-35)*. Ningún intelectual, escriba, sacerdote o fariseo, hubiera respondido así. Aparentemente, él no hacía otra cosa que repetir lo que durante años había oído que le decían: "Eres incurable, tienes motivos de estar apenado, debes aceptar tu mal con paciencia. Para que tus deseos se cumplan tendrías que haber sido un hombre piadoso". Ahora es su turno de echarles en cara estas verdades a los que les decían estas cosas, a aquellos que lo habían dejado abandonado y obligado a mendigar. "Sólo Dios podría y querría hacer lo que habéis decretado como imposible e, incluso, inconveniente". En nuestros oídos resuenan con estas palabras los años de sufrimiento y de humillación del ciego curado. Pero tampoco comienza ningún debate teórico; todo lo contrario. "Ahí tenéis lo que valen vuestras teorías, replica en resumen, yo nada más sé una cosa: que antes era ciego y ahora puedo ver". Yo escuché hablar de esa manera, hace ya mucho, a un nómada muy pobre. Había sido expulsado, con su mujer y sus hijos, de un terreno y rechazó volver a vivir en una vieja y muy deteriorada caravana que el ayuntamiento le proponía. Los funcionarios municipales le explicaban, con gran abundancia de argumentos, que él ya tenía la costumbre de vivir en caravana y que, por tanto, no se encontraría extraño y no tendría ya problemas. Casi como un milagro, algunos amigos le encontraron una pequeña cabaña de guarda jurado que se encontraba en buen estado. A los responsables de la alcaldía, que se mostraban muy irritados por la solución, él repitió exactamente estas palabras: "Yo sólo sé una cosa: que antes no tenía casa y que ahora tengo una". Y añadió estas memorables palabras: "Son ustedes los que dicen que yo no sé vivir en una casa porque soy nómada, pero ustedes no son Dios".

En definitiva, lo cierto es que la inmensa alegría del ciego curado se transforma no sólo en motivo de burla, sino también en injurias e indignación. Es difícil de creer, pero Juan el evangelista lo escribe con todas las letras: este hombre, que apenas se había repuesto de tantos años de penas y calamidades, fue injuriado por los fariseos. No es la primera vez ni será la última. ¿No es una constante en el Evangelio que la alegría de los pobres se vuelva motivo de escándalo? Una constante que nos humilla. ¿Tenía que pasar el Salvador por esto? ¿Tenían los más pobres que sufrir constantemente con Él para salvarnos? Esta participación de los más pobres en la salvación del mundo, ya desde los tiempos de Jesús, y el hecho de que no les sea posible no provocar el escándalo, debe ser para nosotros un tema de meditación y de plegaria. ¿Por qué los honores concedidos a los pobres y las ocasiones de alegría que les suceden son tan insoportables para el vecindario y la gente que les rodea? La cuestión, lo sé muy bien, aparece en cada uno de mis capítulos, como también se repite en mí todos los días de mi vida. ¿Por qué están en contra suya? ¿Qué tienen contra ellos? ¿Por qué nos han combatido tanto cuando decíamos que para las familias más pobres hacían falta casas buenas, las mejores y más bellas escuelas maternales, Universidades populares arregladas con buen gusto? Cuántas veces no habremos recibido esta misma respuesta: "Para esa gente lo que se requiere es construir en cemento, con materiales que no puedan destrozar. Sobre todo no hay que pasarse ofreciéndoles lo mejor, se sentirían incómodos y alejados de su ambiente habitual".

¿Y si el ciego de nacimiento hubiera sido el hijo de un fariseo, o el hombre de la mano paralizada y el poseso ciego y mudo, del que habla Mateo (12, 9-14; 22-24), alguien de la familia de un doctor de la Ley? No planteo la cuestión para el inválido de la piscina de Bezatá. Si hubiera sido de una familia noble no habría estado allí mucho tiempo. Si todas estas curaciones hubieran sucedido entre personas pudientes, ¿habrían levantado polémica sobre el trabajo del sábado, la autoridad de Jesús o la cuestión de saber de quién recibía el poder de curar? Se nos dice que el rigor minucioso y ordenancista de los fariseos acerca del ritual del sábado no tenía nada de excepcional. Para salvar la religión y la fe judías de toda impureza, los fariseos las habían parapetado en una barricada de reglas. Pero todo el mundo sabe –y los fariseos antes que nadie– que cuantas más reglas hay más fácil es para el que las domina poder atenerse a una para escaparse de otra. Es una realidad humana desde que el mundo existe. Las reglas aprisionan al que no tiene la inteligencia y la

capacidad de manejarlas con soltura. ¿Hubieran sido utiliza-
das tales reglas contra Jesús si, en vez de curar a miserables,
hubiera puesto su mano sobre personas acomodadas, como
ya hizo en alguna ocasión sin suscitar indignación? ¿Se habría visto en estas curaciones la huella maligna de Belcebú,
otro espantapájaros levantado por los poderosos para asustar
a la muchedumbre?

Sinceramente resulta difícil de creer en una respuesta
afirmativa, sobre todo cuando vemos de qué modo es menospreciada en cada ocasión la alegría de los humildes. Ya
pueden darse por contentos si logran partir sin que los hos-
tiguen demasiado, ya que no pueden marcharse con risas y
alborozo. *"Extiende tu mano, y la extendió sana como la
otra. Los fariseos, saliendo, se reunieron en consejo contra Él para ver cómo perderle"*. *(San Mateo 12, 13-14)*. Al
menos Jesús y su compañero sanado pudieron salir de la situación sin ser molestados en ese instante. ¡Qué animadver-
sión hacia los pobres habitaría en el corazón de los fariseos
para, viendo a un poseso desgraciado, ciego y mudo, curado de tal cúmulo de tormentos, llegar a gritar a la multitud:
"No os regocijéis. Lo que os sucede no es un bien, sino una
maldición. El diablo está entre vosotros"! Ellos conocían,
sin embargo, los sufrimientos de su pueblo. ¿Era necesario
arrancar de tal modo el consuelo y la alegría de los pobres?
¿Había que castigar no sólo la curación de un pobre, sino
todas las curaciones realizadas en Genesaret, al borde del
lago, en la montaña o donde quiera que fuera?

Hay que pensar en el miedo que invadiría a los fariseos, a
no ser que los tachemos de una maldad en verdad inhumana,
que no creo sea el caso. Este miedo visceral del que hablamos
no sería tanto la inquietud por la ortodoxia de la fe sino miedo real a los hombres menesterosos. Hacer que el pueblo de

la miseria salga a la calle y se lance con júbilo a los caminos no sólo era darle la vuelta al orden establecido, sino también poner boca abajo todos los órdenes que existen y han existido en la historia de la humanidad. He dicho con anterioridad que la divinidad de Jesús me parece evidente en su elección por los más despreciados, porque esta decisión provoca el escándalo en la comunidad e, incluso, entre los mismos pobres. Escuchemos y meditemos todavía la sobrecogedora historia de la curación en la piscina de Bezatá.

Después de esto se celebraba una fiesta de los judíos y subió Jesús a Jerusalén.

Hay en Jerusalén, junto a la puerta de las Ovejas, una piscina llamada en hebreo Bezatá, que tiene cinco pórticos. En estos yacía una multitud de enfermos, ciegos, cojos, mancos (...) Había allí un hombre que llevaba treinta y ocho años enfermo; Jesús le vio acostado y conociendo que llevaba ya mucho tiempo, le dijo: ¿Quieres ser curado? Respondió el enfermo: Señor, no tengo a nadie que al moverse el agua me meta en la piscina, y, mientras yo voy, baja otro antes de mí. Díjole Jesús: Levántate, toma la camilla y anda. Al instante quedó el hombre sano y tomó su camilla y se fue.

Era el día de sábado
y los judíos decían al curado:
Es sábado; no te es lícito llevar la camilla.
Les respondió:
El que me ha curado me ha dicho:
Toma tu camilla y vete.
Le preguntaron:
¿Y quién es ese hombre que te ha dicho: Toma y vete?
El curado no sabía quién era

*porque Jesús se había retirado de la muchedumbre
que allí había.
Después de esto, le encontró Jesús en el templo,
y le dijo:
Mira que has sido curado,
no vuelvas a pecar, no te suceda algo peor.
Se fue el hombre y dijo a los judíos
que era Jesús el que le había curado.
Los judíos perseguían a Jesús por haber hecho esto
en sábado;
pero Él les respondió:
Mi Padre sigue obrando todavía
y, por eso, obro yo también.
Por esto los judíos buscaban con más ahínco matarle,
pues no sólo quebrantaba el sábado,
sino que decía que Dios era su padre, haciéndose
igual a Dios.*

(San Juan 5, 1-18)

Tenemos a la vista los cinco pórticos en los que yace y se empuja una muchedumbre. Es difícil imaginarse su lamentable estado y la rudeza de unos con otros. Todos quieren un puesto y los más fuertes consiguen las mejores plazas. La espera interminable, las alertas y las decepciones que siguen, enfurecen a los inválidos: "Por tu culpa no he podido llegar, te pones en medio y no me dejas pasar..." Un lugar de miseria, de tensiones, de degradación. Raramente dejamos a los más pobres la posibilidad de poner a salvo las señas de su identidad humana. "Nos miran como a apestados", nos dicen los hombres y mujeres de las barriadas subproletarias. ¿Qué sería, entonces, esta muchedumbre bajo los cinco pórticos de Bezatá?

158

Con la intención de ahondar cada vez más en la miseria, Cristo vuelve a encontrarse en Jerusalén. La muchedumbre de miserables, de inválidos y de mendigos sobrepasa toda posible descripción. Jerusalén los atrae, como sucede con todas las ciudades santas, con todas las ciudades con catedrales y lugares de peregrinación a través de la historia. ¿No era acaso esta ciudad el último refugio, la última posibilidad de poder vivir de la limosna? Esta situación acaba siempre por provocar la reglamentación de la vida de los pobres, con todo lo que ello supone de endurecimiento de los corazones y de las costumbres. El hecho de que algunos se mutilaran, o fingieran estar mutilados, no mejoraba evidentemente la comunicación ni la fraternidad.

En la piscina de Bezatá, Jesús llega hasta el final del camino trazado desde la tentación e, incluso, desde Belén. En medio de toda esa masa informe, Él encuentra al más desdichado, al amigo paralítico perdido entre la multitud y al que, sin embargo, elige por encima de todos porque treinta y ocho años de dolor y de abandono lo han destruido y conducido a la desesperación. Cuando Jesús le pregunta si quiere curarse, él ni siquiera responde: "Sí quiero". Sólo dice lo que dicen todos los hombres abandonados que no tienen ya ninguna esperanza: "Señor, yo no tengo a nadie".

"No tengo a nadie..." Cuántas veces he oído esta respuesta a mis torpes preguntas: "¿No tiene algún familiar, algún pariente que pueda acoger a sus hijos por algunas semanas, sólo el tiempo de evitar que la Ayuda social los interne?" "¿No puede defender alguien su caso en el tribunal, ya que es usted inocente?" "Padre, yo no tengo a nadie... Vea cómo se hunde el techo de mi casa; de las deudas no quiero ni acordarme..." Me parece oír todavía a un hombre, en puro invierno, rodeado de sus hijos en un refugio improvisado, sin tener leña ni carbón: "He ido a pedir a la parroquia y me han dicho que me dirija a la asistente social y ésta me dice que no puede hacer nada, que no está encargada de proporcionarnos el carbón para calentarnos". Cada vez que veo a estas familias que no pueden contar con nadie, que están encerradas en el muro de soledad al que conduce la miseria en el mundo entero, yo vuelvo a ver la situación del paralítico de Bezatá.

En lo más hondo de la miseria, hasta las personas "encargadas" de proporcionar las ayudas (como suele decirse en el lenguaje de la administración) acaban por abandonar a los pobres. Se cansan de estar hostigados por peticiones, de hacer esfuerzos que no sirven para nada, ya que para colmar las privaciones que se encadenan no basta con poner un remiendo aquí y allá; es todo el vestido el que hay que arreglar. Si además se añaden las vacilaciones, los temores, los repentinos cambios de parecer de las mismas familias pobres, las actitudes agresivas que siguen, sin motivo aparente, entonces no es de extrañar que se desanimen hasta las personas que actúan con la mejor voluntad. Me acuerdo de un hombre enfurecido persiguiendo por la escalera a una asistente social que le había hecho una observación que él había interpretado equivocadamente como una injuria. Se trataba de un parado con los nervios a flor de piel y a punto de estallar a la más mínima ocasión.

Así pues, en el momento en que escribimos estas páginas, mientras la nieve cae en la región parisina, nosotros conocemos a familias alojadas en casas en ruina y en donde el agua y la electricidad están cortadas. Todo el apoyo brindado a estas familias se ha venido abajo finalmente, e incluso las comodidades más elementales les han sido retirados como por una mano ciega que firmara el abandono. ¿Sabe alguien lo que significa cortar el agua en un hogar donde hay niños pequeños y que vive en el quinto piso de un viejo edificio de la periferia parisiense? ¿Sabe alguien lo que es no poder lavar la ropa, ni asearse, cocinar, ni fregar los platos? ¿Podemos imaginarnos lo que es ver cómo nuestra familia y uno mismo se va hundiendo cada vez un poco más en uno de esos edificios viejos, de fachadas sucias e interiores llenos de desconchones que no son nunca reparados?

Las familias más pobres recurrirán con toda seguridad a la ayuda de la vecina que se encuentra en mejor posición, pero sucede que ésta ya ayuda a otras personas. No es fácil, en una barriada subproletaria, ser una de las familias que tienen todavía algo que compartir porque el padre trabaja. Nosotros hemos visto a mujeres que vendían el agua solamente para acabar con el interminable desfile de cubos por el pasillo de su casa, con todo lo que eso supone de huellas de zapatos sucios y de charcos del agua volcada al llevar los cubos. ¿No nos avergüenza y molesta a todos nosotros el desfile de cubos para limpiar un retrete que no tiene cadena?

Por la noche, sin luz ni electricidad para encender el hornillo, ¿de qué pueden hablar padres e hijos, a solas en la oscuridad, oyendo vivir a los vecinos que tienen las habitaciones iluminadas y la radio o la televisión encendidas? No hay nada que decir, si no es intercambiarse acusaciones: "no tienes cuidado de nada... no haces nada por evitarlo..." Cristo decía: "Los que aman la verdad viven en la luz, aman la luz, buscan la luz". A veces me pregunto qué puede significar para nosotros, concretamente, el aceptar que familias ya desprovistas de muchas cosas, tengan que vivir además sin electricidad. Llamar a una puerta, por la noche, y encontrarme la casa a oscuras, me hace pensar en el estado de abandono total del paralizado en el pórtico ante la piscina de Bezatá.

La miseria crea el vacío alrededor de los más pobres y éstos participan de este modo en la soledad de Jesús en Getsemaní. Cristo revivirá allí esa inmensa soledad que le ha valido ser incomprendido y abandonado por todos. En la Cruz, Jesús gritará por última vez su dolor: "Dios mío, Dios mío, ¿por qué me has desamparado?" Pues ¿no es acaso Dios mismo el que nos abandona cuando todos nos han abandonado? ¿Cómo Cristo, en camino hacia su soledad final, no iba a reconocer y a elegir, entre todos, al paralítico que no tenía a nadie para ayudarle? Este le dirá lo que más tarde será su propia queja: me han abandonado totalmente. Y esta queja resonará a través de los siglos hasta llegar a nuestros oídos: "Padre, mi marido me ha echado de casa en plena noche, ábrame la puerta. Estoy sola con mis hijos y no tengo a nadie". Como tampoco tenía a nadie el ciego atado a un árbol en los confines de una aldea perdida en la maleza africana, con sus hijos y su mujer sin tierras para cultivar. Como también estaba abandonada y sin la ayuda de los vecinos, la viuda enferma con cinco hijos, en la cima de una colina, dentro de una "favela" brasileña, allí donde no llega la sencilla canalización de agua. "Si hubiera un Dios, ¿permitiría que yo viva así?", me dice esta mujer. "Si Dios existe, ¿cree que los demás niños le pegarían a mi hijo en la escuela sólo porque vive en una chabola y dicen que huele mal?", me pregunta otra mujer. "Lo malo es que Dios existe, pero no piensa en nosotros", me decía un pobre en Holanda.

La queja de Cristo, la misma queja de todos los pobres en todos los tiempos. ¿Cómo poder imaginarnos el estado anímico del paralítico al escuchar que Cristo le dice "camina" y que siente sus piernas reaccionar? Caminar, ¿pero hacia dónde? Al Templo, por supuesto, para darle gracias a Dios. ¿Qué pensaría de esos fariseos que en vez de alegrarse con él de su milagrosa fortuna buscaban crearle todo tipo de problemas? Él será el primero en comprender cuando Jesús le diga: "Estás curado, no ya peques más o te sucederán cosas peores". Treinta y ocho años de impotencia, de abandono y de mendicidad no se olvidan en un día. A partir de entonces él es libre y, por tanto, responsable. ¿Será capaz de estar de pie, de moverse entre los hombres con dignidad? La advertencia de Jesús es conforme a las buenas costumbres. Pero ¿qué pensaría el paralítico curado de todos esos señores importantes que, sin tener en cuenta su dicha, le hacían vulgares reproches por llevar su parihuela en sábado? ¿Qué pensaría de esos personajes que habían creado un extraño ambiente de sospecha en torno de un acontecimiento tan maravilloso?

Amigo paralítico, amado por el Señor, ¿supiste alguna vez que por tu causa el escándalo iba estrechando el cerco alrededor del Salvador del mundo?

Capítulo VIII

El buen ladrón, compañero en la eternidad

Nos esperan otras dos personas en el Evangelio. Las dos cargan con el público desprecio y la maldición de su comunidad: son María Magdalena y el llamado buen ladrón. Dos figuras más a las que Jesús confía en exclusiva un mensaje único y sobre las cuales yo medito a menudo. ¿Han estado ellos entre los más pobres durante toda su vida? Es probable, pero todavía es más importante el hecho de que la vida los ha conducido a una situación en la que son despreciados por la sociedad. Es en esta situación cuando Cristo los encuentra y realiza a cada uno una promesa que se convertirá en promesa para la eternidad. Los dos encuentros son como la apoteosis, la última confirmación de la vida de Jesús. Ambos encuentros parecen decirnos una vez más que el rechazo de la comunidad puede llevar a una persona a la fe más absoluta en Dios. Acerquémonos al Calvario en el que se alzan las tres cruces.

Cuando llegaron al lugar llamado Calvario,
le crucificaron allí,
y a los dos malhechores, uno a la derecha
y otro a la izquierda.
Jesús decía: Padre, perdónalos
porque no saben lo que hacen.
Y se repartieron sus vestidos,
echándolos a suertes.
El pueblo estaba allí mirando
y las mismas autoridades se burlaban, diciendo:
A otros salvó; sálvese a sí mismo
si es el Mesías de Dios, el Elegido.
Y le escarnecían también los soldados
que se acercaban a Él ofreciéndole vinagre y diciendo:
Si eres el rey de los judíos,
sálvate a ti mismo.
Había también una inscripción sobre Él:
Este es el rey de los judíos.
Uno de los malhechores crucificados le insultaba,
diciendo:
¿No eres tú el Mesías? Sálvate, pues, a ti mismo y
a nosotros.
Pero el otro, tomando la palabra, le reprendía:
¿Ni tú, que estás sufriendo el mismo suplicio, temes
a Dios?
En nosotros se cumple la justicia,
pues recibimos el digno castigo de nuestras obras;
pero éste nada malo ha hecho. Y decía:
Jesús, acuérdate de mí cuando vengas como rey.
Él le dijo: En verdad te digo,
hoy estarás conmigo en el paraíso.

(San Lucas 23, 33-43)

Intentemos imaginarnos de dónde sale este hombre al que la cristiandad llama, a través de las épocas, el "buen ladrón", sin darse cuenta quizás de la profundidad de la expresión. Viene de un medio, en Jerusalén y en los alrededores, en los que se codeaban entre criminales, inválidos, ladrones, hombres y mujeres sospechosos, con razón o sin ella, toda clase de vicios. Procede de un medio en el que se aglutinan la miseria y la delincuencia. Más claro aún, sale de la cárcel, y nosotros sabemos lo que era ésta en el seno de un pueblo desangrado por los romanos, los recaudadores de impuestos y los sacerdotes. En los pueblos pobres, las prisiones son lugares en los que hombres pobres guardan y vigilan a otros hombres más pobres todavía. Apenas se alimenta a los detenidos y éstos son con frecuencia el blanco de todas las venganzas, de todo el sadismo y las frustraciones de los carceleros. La tortura tiene allí su morada habitual, como ha sucedido siempre que se abandona a prisioneros encarcelados y sin defensa en manos de hombres que viven en condiciones de existencia igualmente crueles. Si no lo hubiéramos olvidado en los países ricos, ¿nos sentiríamos quizás también un poco responsables de la tortura en los países en los que asolan el hambre y las enfermedades?

Henos aquí ante un hombre clavado en la cruz. Vemos con horror su cuerpo maltratado, el rostro desfigurado. Nos imaginamos su pasado, todas las brutalidades que ha vivido y cometido en otros, y que le han moldeado su espíritu y su lenguaje. Sin duda ha oído hablar de Jesús. Quizás lo ha visto o lo ha seguido algún día por el camino. Puede que hasta sintiera en su corazón un atisbo de esperanza, como tantos pobres y miserables la tienen. En cualquier caso, reconoce al Hijo de Dios en la Cruz. Ya no le queda entonces ninguna duda, su esperanza es absoluta.

De sí mismo dirá que paga por sus actos y que es justo que así sea. ¡Cuántas veces habré oído hablar así a hombres y mujeres, convencidos de tener que pagar lo que consideraban sus culpas, siendo que, en mi opinión, la sociedad era la responsable. "Es normal. He robado y me han atrapado. Ahora tengo que pagarlo yendo a la cárcel". Pienso en un amigo mío, Richard, abrumado de fracasos y de humillaciones, pronunciando estas palabras después de haberse peleado con un policía en un pequeño restaurante de Ivry: "He sido un idiota, he dado unos cuantos puñetazos, lléveme a la cárcel, es normal". En todos los desventurados he encontrado siempre esta necesidad de lavar sus culpas, de ser castigados por toda una vida de torpezas, de cóleras incontroladas, de golpes dados en unos momentos en los que la sangre se sube a la cabeza. Esta necesidad de ser perdonados hace aceptar el castigo, como sucede con el buen ladrón que acepta su muerte en la cruz porque cree merecerla.

"Es normal..." ¿Era también normal para un malhechor habitual el reconocer a su lado, y así de golpe, a alguien que no había hecho mal a nadie? Pienso que sí, sobre todo si se trata de un hombre que ha sufrido él mismo la miseria. En cualquier caso, asistimos a continuación al más conmovedor de los reconocimientos mutuos: "Jesús, acuérdate de mí cuando vengas como rey". "Hoy estarás conmigo en el paraíso". En este último encuentro Jesús resumirá una vez más toda su enseñanza sobre el amor de Dios.

El hombre no le pedirá que lo perdone, puesto que está pagando sus delitos en la cruz. Lo que hará el buen ladrón es repetir el ruego habitual en la boca de los pobres que conocen su incapacidad para defenderse por sí mismos: "Acuérdate de mí". "Habla por mí". "Intercede por mí, tú que tienes relaciones y sabes hablar bien..." Es la eterna y desesperada llamada de los miserables, buscando apoyos y recomendaciones. "Tú que tienes conocidos, háblales de mí a los del sindicato, a la asistente social, a los del ayuntamiento..." Ellos no se atreven a hacer las diligencias oportunas, convencidos de que no sabrán explicarse ni defender su causa. Se creen indignos y tienen miedo de que no les crean. Otros, piensan, tendrán más mano, más posibilidades de que les escuchen.

Jesús percibe todavía en su último encuentro esta permanente necesidad de encontrar mediadores. Cristo no responde al buen ladrón diciéndole que es inocente. Se limita a decir que, aunque la comunidad lo rechace y vomite su odio sobre él, es y seguirá siendo siempre una criatura de Dios. No puede existir una ruptura definitiva entre los hombres y Dios Padre. Aunque una comunidad humana pueda destruir a uno de los suyos, borrar a uno de sus miembros de su memoria, para Dios no existe esa pena de muerte. Por medio de su vida y de su pasión en la Cruz, Jesús anula la exclusión: "Vuelvo a la presencia del Padre, con las manos y pies agujereados, entro en el paraíso como crucificado por toda la eternidad. Te elijo como compañero, y mis compañeros de vida son también mis compañeros en el Reino".

¿No confirma acaso Jesús en este último momento en la Cruz, que Dios no puede rechazar a ningún hombre ni negar su paternidad al más pequeño de sus hijos? Aunque los hombres puedan negarse a reconocer a uno de sus hermanos, Dios no puede retirar a uno de sus hijos el derecho de volver a encontrarle. Cualesquiera que sean sus pecados y su estado de ruina moral, los hombres siguen siendo sus hijos.

Jesús lleva consigo al Reino al buen ladrón como testigo de esta nueva alianza que, para englobar a todos los hombres, debía comenzar por los más excluidos. Ningún hombre sufrirá ya más el rechazo aquí abajo sin que alguien ante el Padre atestigüe que será acogido y amado. Jesús vuelve a la casa de su Padre habiendo hecho suyas la miseria y el sufrimiento de los hombres. Esa madre que hurga en las basuras para dar de comer a sus hijos, aquella mujer empujada a vender su cuerpo..., ese hombre que insulta a los vecinos o echa de casa a su hijo, aquel joven que roba en el supermercado, todos, sean quienes sean, son salvados de una vez para siempre. El Hijo de Dios se sitúa a la derecha del Padre marcado con las señas de su Pasión. A su lado, está el buen ladrón, garantizando el pacto sellado en la Cruz, testigo de la alianza que liga a Dios con los más miserables entre los hombres. El buen ladrón, ya lo hemos dicho, no pide el perdón. No es el momento de pedirlo, pues su muerte es ya purificadora. El ladrón entra en el terreno de la misericordia. Muchos hombres llegan así a la muerte con la que le ponen fin a una larga cadena de miseria y sufrimiento. Aparentemente no pueden ya ser buenos o ser perdonados, pues están atrapados al verse arrastrados por la violencia, el miedo y el desánimo. Yo me digo a mí mismo que el buen ladrón debía ser de éstos, allá en la prisión, hasta el momento de ser crucificado. Su vida y su muerte fueron una prueba tan grande que Jesús pudo decirle: basta, estás absuelto, Dios no te impondrá nada más, hoy estarás conmigo en el paraíso. Habiendo visto a tantos hombres y mujeres roídos día y noche por la pena, la vergüenza y el sentimiento de haber sido abandonados, me resulta imposible ver de otro modo su entrada en el Reino. ¿Cómo podría Dios todavía, añadir, infligir nuevas penitencias a aquellos a los que el mundo ha castigado ya tanto? Ello sería contrario a su misericordia y a la promesa de su Hijo: "Me has reconocido, te he reconocido, serás mi compañero en la eternidad".

La alianza establecida por Jesús se hará extensiva, me parece, al otro ladrón, considerado como el malo, así como también se hará extensiva a todos los hombres. ¿No vale para toda la humanidad el misterio de Dios, incapaz de admitir la ruptura total? En la Cruz, junto al buen ladrón, Cristo precisa por última vez los términos del contrato: la Eucaristía será el testimonio permanente del Crucificado enfrente de su Padre, al que obedece plenamente en todas las cosas. "Así, tal y como me ves y como yo te veo, estaremos en el paraíso". El buen ladrón será el único testigo en el Evangelio que reciba semejante promesa. Expresando de este modo Cristo su rechazo de toda exclusión, ¿no querrá decir con ello que a partir de entonces todos los hombres están destinados al Reino, tanto los ricos como los pobres, los buenos ladrones como los malos?

Por medio del buen ladrón, Jesús parece que quiere decirnos algo esencial sobre la cuota que debemos pagar. Esta no es como un precio fijo para entrar en el Reino. Todos los hombres tienen en sus manos una especie de vale que paga al portador una parte de las penas comunes. Las manos de los pobres rebosan de estos vales y si entran en el paraíso tomando la delantera no es como privilegiados que han obtenido la preferencia ante el Padre, sino más bien porque han pagado el máximo de lo que puede pagarse, por decirlo de algún modo. Pero todos los hijos de Dios son esperados en la entrada del Reino y ¿quién no comulga más pronto o más tarde con el sufrimiento, el menosprecio, el fracaso y la humillación de los demás? Todos los hombres pueden mostrar este vale de entrada en el Reino como señal de reconocimiento de ser hijos de Dios. ¿No se encuentra aquí la explicación de estas palabras del Señor: "Hay muchas estancias en la casa de mi Padre"? ¿No debemos comprender de este modo la exaltación de los humildes y la humillación de los poderosos? Seguramente no existe ni hay que buscar una jerarquía de felicidad ni de méritos en el paraíso. En cualquier caso no es éste el pensamiento de los pobres ni tampoco la visión dada por Jesús del Reino en el que los pobres serán evangelizados y todos serán uno. Pero Jesús nos ha dejado un tema de meditación y de constante interrogación acerca de los que nos preceden en el Reino y sobre la dirección que hay que tomar y los vales que debemos adquirir para seguirle.

Cristo no solamente murió como un criminal, sino que sufrió su pasión y muerte en compañía de criminales. Pienso en la Eucaristía que celebraba en el campamento de personas sin hogar en Noisy le Grand, o en tantas otras misas celebradas en las zonas de miseria en donde reinaban la ruina y la desolación. Hombres juzgados como indeseables, poco interesantes, peleándose, no siempre en ayunas, me rodeaban en la capilla. Las mujeres se encontraban a menudo inquietas, distraídas, con la mente en otra parte: "¿Qué vamos a comer después del entierro?"..."¿Qué le daré a mis hijos en su fiesta?" Yo sabía que todos ellos estaban, sin embargo, en busca de una esperanza, de un perdón, y me parecía que la Eucaristía alcanzaba entre estas personas su culminación. Me acuerdo de un hombre que había matado accidentalmente a su hija de cinco años. Le había dado una bofetada y al caer se golpeó la cabeza desnucándose. Murió en el acto. Los padres, enloquecidos, le cavaron una fosa en el suelo de tierra dentro de su barracón, debajo de su cama. Durmieron encima del cuerpo de su hija durante cinco años y la madre se volvió loca. Hicieron creer que la niña se había ido con una tía y, de todas maneras, nadie contaba el número de niños en aquella masa informe agolpada a las afueras de París. Un día, sin embargo, un vecino los denunció. El padre fue condenado a muerte, pero le fue conmutada la pena por la de cadena perpetua. Pienso en él cuando llega el viernes santo y me pongo en presencia del buen ladrón. Su historia no es una excepción. Existe mucho más dolor y desgracias de las que podemos imaginar y hay muchos buenos ladrones en el abismo en que está plantado el pie de nuestra escala social.

Creo profundamente que el buen ladrón en el Gólgota no fue, tampoco, un maleante de excepción, colocado allí para tal circunstancia. Creo –lo vuelvo a repetir– que el nacimiento y la muerte de Jesús no representan situaciones circunstanciales, creadas por la necesidad de llevar a cabo una demostración. Me parece que forman parte de una vida perfectamente unificada. Representan también realidades y actos de una sociedad por completo coherente en lo que respecta a la vida de sus miembros, una sociedad en la que Jesús no encontró lo necesario en los primeros pasos de su vida, en donde no pudo reposar la cabeza con seguridad y con honra y en la que al final encontró la muerte, extramuros, como un indeseable, lo que había sido desde el comienzo.

La presencia del buen ladrón en el instante de su muerte y la promesa que le hizo Jesús de entrar en el paraíso, confirman la unidad de la vida, la coherencia de la voluntad y la incorruptibilidad de Cristo. Sin todo esto, ¿cómo hubieran podido ser liberados los más pobres?

Capítulo IX

María Magdalena:
los primeros pasos de la Iglesia

María se quedó junto al monumento, fuera, llorando.
Mientras lloraba se inclinó hacia el monumento
y vio a dos ángeles vestidos de blanco, sentados
uno a la cabecera y otro a los pies de donde había
estado
el cuerpo de Jesús.
Le dijeron: ¿Por qué lloras, mujer?
Ella les dijo: Porque se han llevado a mi Señor y
no sé dónde le han puesto.
Diciendo esto se volvió para atrás y vio a Jesús que
estaba allí, pero no conoció que fuera Jesús.
Díjole Jesús: Mujer, ¿por qué lloras? ¿A quién buscas?
Ella, creyendo que era el hortelano, le dijo:
Señor, si le has llevado tú, dime
dónde le has puesto y yo iré a recogerlo.
Díjole Jesús: ¡María!
Ella, volviéndose, le dijo en hebreo: ¡Rabboni!,
que quiere decir Maestro.
Jesús le dijo: No me toques,

porque aún no he subido al Padre;
pero ve a mis hermanos y diles:
Subo a mi Padre y a vuestro Padre,
a mi Dios y a vuestro Dios.
María Magdalena fue a anunciar a los discípulos:
"He visto al Señor", y las cosas que le había dicho.

(San Juan 20, 11-18)

María Magdalena, la primera persona en reconocer a Cristo resucitado, ¿estaba sola o con otras mujeres? La cuestión no me parece importante. Ella estaba allí como primer testigo, antes incluso que los discípulos. Cristo resucitado no ha cambiado su conducta, sigue siendo el mismo Jesús que elige como mensajera de una noticia trascendental a una mujer de vida poco clara, curada, perdonada y salvada por Él. Cristo no elige a un discípulo, ni siquiera a Pedro o a Juan, sino a una mujer marginada que procede de ese mundo al que se arroja a los hombres y mujeres considerados como pecadores y malditos: ciegos o posesos, mujeres adúlteras o mendigos, pecadores, hombres y mujeres excluidos... El Cristo resucitado eligió su primera mensajera entre ellos. Pues, ¿quién era María Magdalena? Jesús había expulsado de ella a siete demonios, dice el evangelista Marcos. ¿Cómo nos podemos imaginar el estado de una mujer posesa en la Galilea de aquella época? ¿Quién cuidaba de ella, quién la alimentaba? ¿Ponía alguien algún recipiente con comida a una cierta distancia, para no ser infamado al acercarse a su morada?

En algún lugar en el corazón de África, al sur del Sahara, en una aldea pequeña al final de un camino intransitable, la cabaña de paja de una mujer epiléptica comenzó a arder. Con medio cuerpo lleno de quemaduras, los aldeanos la acostaron en un lecho formado de cenizas en el que la orina pudiera correr. Nadie avisó a los Padres misioneros ni al enfermero del pueblo vecino, a unas decenas de kilómetros de allí. El Hermano Jacques Thiébaud, misionero capuchino, encontró a la mujer cuando hacía un recorrido por el bosque. Conversaron un poco. Más tarde, ante un puñado de campesinos, mujeres y niños asustados, el Hermano Jacques, después de realizar algunas curas esenciales, bautizó, dio la primera comunión y confirmó a la mujer quemada. Todos los aldeanos, vestidos con harapos (todos van así en esta tierra de miseria y de miedo), no comprendieron, sin duda, estos gestos. Pero todos fueron testigos de la ternura aportadas a esta mujer. Todos vieron cómo recuperaba su honor: "Tu alma no está poseída por malos espíritus, estás salvada..." Y a través de esta mujer quemada toda la aldea sintió que recobraba la dignidad.

Obsesionados por el temor de los demonios, los aldeanos querían dejar morir a uno de los suyos, a una mujer indefensa y, por tanto, habitada por fuerzas malignas. Al restablecer la verdad sobre el hombre ("Eres hijo de Dios, amado, salvado por Dios"), el Hermano Jacques no sólo preparó a la mujer epiléptica a la fiesta de la resurrección que se acercaba, sino que realizó un gesto liberador que restablecía en un orden nuevo a toda la aldea. "¿La cuidaréis vosotros ahora?", preguntó al tomar vacaciones. "Nosotros la cuidaremos", prometieron los aldeanos.

¿Qué hizo el Hermano Jacques Thiébaud, qué hace día a día toda la misión en esta tierra abandonada en el corazón de África, si no es volver a realizar los mismos gestos de Jesús? Los gestos de un Cristo que cura a los enfermos que la muchedumbre trae y de los cuales sabe que no levantarán la cabeza ni pensarán en reconstruir el mundo a menos que escuchen estas palabras: "Ve en paz, Dios te ama, estás salvado". Solamente después de oír esto serán posibles otros gestos y una población debilitada por la desnutrición y el miedo podrá preocuparse de sus cultivos agrícolas, de su instrucción escolar, de la protección cotidiana de la salud pública. Pero entre los cristianos de Europa, al parecer la misión es la única que se acuerda todavía del proceder de Cristo, construyendo su Reino tanto en la tierra como en el cielo, el único Reino en el que los pobres son en verdad liberados, el Reino de la justicia, la fraternidad y la verdad. ¿Ayudamos lo suficiente a la Iglesia a preocuparse de estos misioneros? ¿No estamos a veces tentados de prestar más atención a organizaciones que no quieren detenerse antes que nada en esta primera etapa de liberación, la etapa de la curación y liberación del alma?

Me planteo la cuestión cuando por todas partes me entero de esos campesinos que se organizan en cooperativas o en grupos de presión. ¿Se les ha animado en primer lugar a servir, a cuidar, a privilegiar a los más pobres de ellos? ¿Proviene su proyecto liberador de la prioridad a los más oprimidos? Si no es así, ¿cómo van a conocer estos cultivadores a Jesús curando a María Magdalena?

En el corazón de África, al borde de un camino que reúne a varias aldeas despreciadas por su miseria y sus creencias tradicionales, sobrevive María Magdalena en su lecho de cenizas. María Magdalena es la elegida por Jesucristo para ser la mensajera de la noticia más importante que haya existido, pues aporta la seguridad definitiva de la liberación de los pobres y de toda la humanidad: "He resucitado, voy con mi Padre, díselo a mis hermanos..." Es ella, una mujer marginada, la que comunicó la noticia a los apóstoles. También ella tenía ojos que no veían. Como los discípulos en camino hacia Emaús, María Magdalena fue incapaz de reconocer a Cristo. Pero Jesús la eligió. Ella no habría ido seguramente a la tumba por casualidad. Los apóstoles se habían oculta-do detrás de puertas cerradas a cal y canto por temor a los judíos. Pero, para María Magdalena, Jesús había sido todo: su vida, su vuelta a la comunidad, su esperanza en el futuro, su razón de ser. ¿Cómo no iba ella a vagar alrededor de la sepultura de Jesús, ansiosa de velar por el embalsamamiento de su cuerpo?

Mensajera indigna a los ojos del mundo, era difícil de creer su palabra incluso para los apóstoles. Jesucristo cons-truye su Iglesia en el mundo sobre su testimonio, en aquella mañana de la Resurrección. Y como también –estoy conven-cido de ello– construye su Reino en la actualidad apoyándo-se en la mujer epiléptica y maldecida, en una aldea perdida de la maleza africana. "María", dice Jesús. María Magdale-na lo reconoce deslumbrada: "Rabboni" "No me acerco –le responde Él–, desde ahora nuestras relaciones han cambia-do. Pero yo estaré con los hombres eternamente, puesto que para toda la eternidad estaré ante Dios, su Padre".

¿Existía otra manera de permitir a los pobres sin instruc-ción ni conocimientos el vivir el misterio de Cristo, muer-to como hombre y resucitado como Hijo de Dios? María Magdalena, la antigua posesa, podía dar testimonio de Je-sús, realmente muerto, resucitado y que ascendió al cielo a reunirse con el Padre. Ella vio al Señor, le habló y con ello se convirtió en su mensajera. Ella no logrará convencer a los apóstoles, éstos deberán convencerse por sí mismos. Sin embargo, María Magdalena representará ese papel esencial que le ha sido confiado a los excluidos de todos los tiempos, el papel de ser un revulsivo, de sacudir el embobamiento de alma de sus hermanos y hacerles salir de la inacción.

¿El evangelista Lucas tenía razones para identificar a María Magdalena con la mujer pecadora que unge los pies del señor durante la comida en casa de Simón el leproso?

Le invitó un fariseo a comer con él,
y entrando en su casa, se puso a la mesa.
Y he aquí que llegó una mujer pecadora que había
en la ciudad,
la cual, sabiendo que estaba a la mesa en casa
del fariseo,
con un pomo de alabastro de ungüento se puso
detrás de Él,
junto a sus pies, llorando,
y comenzó a bañar con lágrimas sus pies y los
enjugaba
con los cabellos de su cabeza,
y besaba sus pies y los ungía con el ungüento.
Viendo lo cual, el fariseo que le había invitado
dijo para sí:
Si éste fuera profeta, conocería quién y cuál es la
mujer que le toca, porque es una pecadora.
Tomando Jesús la palabra, le dijo:
Simón, tengo una cosa que decirte. Él dijo:
Maestro, habla.
Un prestamista tenía dos deudores:
el uno le debía quinientos denarios; el otro, cincuenta.
No teniendo ellos con qué pagar, se lo condonó
a ambos.
¿Quién, pues, le amará más?
Respondiendo Simón, dijo:
supongo que aquel a quien condonó más.
Díjole: Bien has respondido.

Y vuelto a la mujer, dijo a Simón:
¿Ves a esta mujer? Entré en tu casa y no me diste agua
para los pies;
mas ella ha regado mis pies con sus lágrimas
y los ha enjugado con sus cabellos.
No me diste el ósculo, pero ella, desde que entré,
no ha cesado de besarme los pies.
No ungiste mi cabeza con óleo,
y ésta ha ungido mis pies con ungüento.
Por lo cual te digo que le son perdonados sus
muchos pecados
porque amó mucho.
Pero a quien poco se le perdona, poco ama.
Y a ella le dijo: Tus pecados te son perdonados.
Comenzaron los convidados a decir entre sí:
¿Quién es éste para perdonar los pecados?
Y dijo a la mujer:
Tu fe te ha salvado, vete en paz.

(San Lucas 7, 36-50)

Si Lucas está en lo cierto, encontrar a esta mujer pecadora ante el sepulcro de Cristo nos llena de alegría y de asombro. Ella conduce mi mirada hacia otras mujeres que conozco y cuyo estado de marginalidad parece no tener salida. ¿Me equivoco al ver en esta mujer acusada de llevar mala vida en Betania a una mujer que procede de un medio social muy pobre? Lo que nosotros sabemos acerca de la vida de las mujeres en las comunidades judías de aquella época nos lo hace, al menos, suponer. No todas las mujeres estaban expuestas del mismo modo a caer en la prostitución. Las muchachas y viudas jóvenes en una situación de extrema pobreza y desamparo, es cierto que corrían ese peligro más que otras. La miseria, la imposibilidad de respetar todas las reglas de la Ley, el pecado y el repudio, todo ello ha creado un círculo vicioso en todas las culturas. Siempre ha sido así, tanto en los barrios subproletarios de Europa como en las zonas de miseria de Iberoamérica y Asia o en las ciudades africanas en las que convergen hombres y mujeres sin vivienda ni trabajo. También ocurre en algunas comunidades campesinas pobres en diferentes regiones y culturas. ¿No estaría acaso la mujer de Betania prisionera de este círculo vicioso?

En cualquier caso no puede negarse su estado de exclusión. Ella es despreciada por los que juzgan intachable su propia conducta. En esto ella comparte con todos los menesterosos del mundo ese desprecio de parte de quienes tienen los medios de auto resaltar su pureza. Este desprecio, pues, encierra a los pobres en una situación de exclusión que les impide adquirir los medios necesarios para vivir con dignidad. La mujer de la que habla el evangelista es una de estas personas. Simón el leproso, que rendía honores a Jesús como anfitrión, le hubiera impedido a esta mujer, supuesta pecadora, acercarse a Cristo. De este modo, todos sus esfuerzos por obtener el perdón y todos sus gestos de amor no hubieran tenido lugar.

Acostumbrada a moverse por los parajes como pecadora, la mujer hubiera podido quizás franquear el umbral de la casa, pero no salir de ésta habiendo sido perdonada y salvada.

Esta escena me trae a la memoria a una mujer joven, Jeannine R. Toda su vida se desarrolla ante mis ojos. Jeannine creció en la promiscuidad de una familia numerosa muy pobre. Su madre, agotada por una enfermedad, defendía la integridad de la familia contra viento y marea. Viviendo miserablemente en una barraca del campamento de Noisy le Grand, esta mujer tenía la necesidad imperiosa de obrar con rectitud. Pero sólo podía dar salida a esta ansia mediante su manera de amar y tener consigo a sus seis hijos. Ella se encerró en sí misma decidida a hacer todo lo que estuviera en su mano por sus hijos. Su último recurso para mostrar su dignidad era el no rebajarse a pedir ayuda a nadie, fuera cual fuera la situación angustiosa y el hambre que pasaran en su casa. Por mucho frío que hiciera en invierno, ella no iba al ropero municipal ni tampoco venía a verme para pedirme algo. Esta firme voluntad y el empeño de tener con dignidad la cabeza en alto fue la única herencia que dejó a su hija Jeannine. Ésta quería al hijo de un vecino, cuya familia también rechazaba reconocer su miseria y aceptar la más pequeña ayuda del vecindario. Ella lo amaba al reconocer en él su propio sufrimiento y su vida misma en unas condiciones inadmisibles. Pero Antonio, que así se llamaba el joven, no le correspondía con la misma clase de amor. Pronto nació una niña y luego otra. Pero el padre tenía otras mujeres. Antonio consintió, sin embargo, en vivir con la joven madre si ésta aceptaba prostituirse. Esta fue la última batalla de Jeannine por guardar la entereza moral de su madre. Terminó por doblegarse, pero obtuvo el poder instalarse en un barrio de gente acomodada e, incluso, ejercer su oficio en una importante calle de París. Después de esto, ella vino a verme algunas veces y me contaba, hablando de los hombres que podía encontrar de ese modo con una cierta dignidad: "Sabe, Padre, ellos también son a menudo desgraciados. Me hablan de sus preocupaciones y muchas veces no comprendo nada de lo que me dicen. Pero no importa. Siento como si no fuera yo lo que buscan, sino mi tiempo y la horas que paso con ellos".

Un día, ella vino a verme por una razón muy precisa: "Nos vamos a casar, me dijo, y yo quiero que lo hagamos por la iglesia, pero él no quiere. A mi me gustaría mucho, aunque, con la vida que he llevado, no puedo casarme de blanco..." Entonces sacó de su bolso un anillo de alianza y me pidió que lo bendijese. "Si usted lo bendice, Dios entrará a pesar de todo en nuestra casa y le dará suerte a mi Antonio". Prometí bendecir el anillo el día de la boda, pero este día no llegó nunca. Antonio fue asesinado de un disparo en un café de Chalons sur Maine.

Jeannine luchó aún por conservar a sus hijas y por recuperar el poco de dinero guardado por la familia de Antonio. Pero a partir de entonces, sola e indefensa, no obtuvo nada. Tampoco podía volver entre sus antiguos vecinos. Antes había ido algunas veces para dar vestidos y algo de dinero a sus hermanas y amigas. Pero ahora, la madre había muerto, el padre vivía en una caravana y las hermanas se habían dispersado. La familia de Antonio, todavía refugiada en el campamento, no quiso acogerla pero al final conservó la tutela de sus hijos con el consentimiento de los servicios sociales. "Soy la vergüenza de todo el mundo", me dijo un día Jeannine. En efecto, ella llegó a tal situación por no poder contar con los medios para ser simplemente ella misma, recta como su madre. Había demostrado, no obstante, una singular constancia en sus amores, sus amistades, en su propia dignidad. En el campamento decían de ella que siempre tenía una palabra en la boca para dar ánimo a los demás, que siempre estaba dispuesta a ayudar y tenía la delicadeza de no ofender ni herir a nadie. ¿Qué ocurrió, pues, para que se convirtiera de tal modo en una pecadora a los ojos de todo el mundo?

Quizás esta cuestión puede plantearse también para la pecadora de Betania. Ella es una mujer despreciada y, sin embargo, es muy atenta. Jesús parece, en pocas palabras, restablecer alrededor de ella un nuevo orden de valores. Al manifestar tanto amor, muestra con claridad que sus pecados le han sido perdonados, está purificada. "En cuanto a ti, Simón –nos dice el Señor– no está tan claro. Tal vez no eres tan irreprochable como tú piensas". Las palabras de Jesús podríamos oírlas de boca de un hombre pobre y humillado de nuestros días: "He entrado en tu casa y no me has recibido con cordialidad ni me has ofrecido nada. No me has dado ni siquiera la mano y además me tuteas. Tú, que no conoces ni las más elementales normas de la hospitalidad, con qué desfachatez vienes ahora a dar lecciones de moral a esta mujer...".

Me parece escuchar todavía a un hombre que vivía en un barrio miserable de Bruselas: "Entran en casa sin llamar a la puerta, no dan ni los buenos días, le echan la bronca a mi mujer porque mis hijos han hecho alguna cosa..." Palabras claras que denuncian la altivez de los soberbios de hoy.

El lenguaje de Jesús es aquí, más que en cualquier otra ocasión, el lenguaje del Hijo del hombre que ha visto demasiado sufrimiento, opresión e hipocresía como para andarse con remilgos sin ir directamente al grano. Como siempre, Jesús habla empleando imágenes para que María Magdalena comprenda también lo que le dice a Simón. Sin embargo, no puede ocultar en sus palabras una cierta indignación. "Tú, que manifiestas tan poco amor, ¿te crees irreprochable ante el Señor? ¿Qué vale tu pureza si no refleja además la bondad, la delicadeza y la misericordia?" Para los hombres reunidos en la casa de Simón no hay duda de que se trata de un verdadero vuelco en el orden establecido. "¿Quién es éste para perdonar los pecados?" Perdonar los pecados y restablecer la pureza era, en efecto, invertir el orden social, realzar a los pobres mantenidos en su estado bajo el pretexto de pecado e impureza.

Jesús, imperturbable, todavía añade: "Tu fe te ha salvado, ve en paz". "La paz –dice una nota de la T.O.B.[11]– es en la Biblia plenitud de vida, salvación, más bien que tranquilidad de espíritu". María Magdalena recibe, por decirlo de algún modo, una misión: "vive ahora con plenitud tu amor por mí y por mis hermanos". ¿No le habría hablado Jesús de igual modo a la joven Jeannine, prostituta en las calles parisinas, si ésta hubiera podido ir a su encuentro como María Magdalena? Para los contemporáneos de Jesús, y para la sociedad actual en la que vive Jeannine, esta inversión de las prioridades parece inconcebible. Pero la Iglesia debe regocijarse de hallar a María Magdalena en el sepulcro de Cristo y de verla convertida en la mensajera de su Resurrección y de que el tiempo de su Iglesia comienza. "He visto al Señor, está vivo", dirá ella. Pero los discípulos, conmovidos todavía por el dolor, no podrán creer, así de pronto, en este testimonio. Santo Tomás se negará a creerlo incluso después de que los apóstoles se lo confirmen. Él rechaza aceptar su Resurrección por su misma fidelidad a Jesucristo, con el cual había querido compartir su muerte deshonrosa. Él había creído profundamente en Cristo entregando su vida, había deseado con intensidad ir con Él hasta el final, le había llorado tanto y con mucha amargura que no podía ahora, así como así, sin pruebas, aceptar que estuviera vivo. Santo Tomás se resiste a creer y a aceptar que un dolor y un sacrificio tan grandes se olviden tan pronto. Para estar convencido de que no se trata de una broma, necesita tocar las llagas de Cristo. Jesús se adelanta a Santo Tomás pidiéndole que meta el dedo en sus llagas, pero añade que, a partir de entonces, la fe no consistirá ya en creer en el Hijo de Dios hecho hombre y crucificado, sino en creer en el Cristo resucitado.

María Magdalena, la posesa, la cortesana quizás, tuvo esta nueva fe antes que nadie y de este modo será la primera cristiana. Su corazón, su intuición, toda su experiencia en la vida le decían: Es él, Jesús. Ella no pide pruebas como Santo Tomás, no las necesita. Siguiendo su ejemplo, la Iglesia fundará su fe en el corazón y en la intuición de hombres que no pedirán pruebas tangibles. La mañana de la Resurrección, la impura María será la primera creyente en Cristo resucitado, la primera cristiana.

Capítulo X

Los artesanos de la justicia de Dios y del mundo

Al regresar victorioso de la tentación en el desierto "impulsado por el Espíritu", como dice San Lucas (4, 14), Jesús comienza a recorrer Galilea. Muy pronto llega el momento del sermón de la montaña. Es como una fiesta, una fiesta-programa, una misión dada a los pobres.

Bienaventurados seréis cuando os insulten y persigan y con mentira digan contra vosotros todo género de mal por mí. Alegraos y regocijaos, porque grande será en los cielos vuestra recompensa, pues así persiguieron a los profetas que hubo antes de vosotros.

(San Mateo 5, 11-12)

Había que mezclarse con la muchedumbre y detenerse con la gente que la forma antes de meditar las Bienaventuranzas. Era preciso que sintiera a su alrededor a los hombres y mujeres a quienes estas palabras les fueron dirigidas de una vez para siempre, pues no hay la menor duda de que el sermón de la montaña se dirige en primer lugar a los pobres, cuyo

189

corazón está de verdad desgarrado y que además deben mantenerse sumisos ante la opresión. Concierne a los oprimidos hambrientos de justicia, a aquellos a quienes los poderosos llenan de insultos. Naturalmente, Jesucristo mostrará que pueden unirse a los pobres aquellos que, sin serlo, se despojan de sus riquezas. Pero nosotros no hemos llegado hasta ese punto. No deberíamos, por tanto, agolparnos en la entrada del Reino impidiendo a los pobres pasar delante de nosotros. Ellos ya están destrozados. A nosotros nos haría falta despojarnos día a día durante toda nuestra vida para parecernos a ellos y convivir verdaderamente con los pobres. No confundamos, pues, las prioridades. No intentemos una vez más colarnos hasta la primera fila. "Vosotros, los pobres –viene a decirnos Jesús– sois afortunados, pues, para vosotros todas las condiciones de ver a Dios y de cambiar el mundo están reunidas. En primer lugar, el ver a Dios, ya que para ello hacen falta corazones que rechacen las divisiones y los odios, la opresión y el desprecio. Los vuestros están perfectamente preparados para ello. Habéis aprendido en vuestra vida todo sobre la injusticia y sabéis hasta dónde puede llegar. Conocéis la medida exacta de la misericordia, pues estáis de continuo obligados a perdonar. Por ello veréis a Dios, lo veis ya en lo más profundo de vosotros".

A menudo tenemos la tentación de decir que para hablar con Dios hay que ponerse en un estado de silencio y de paz. Si esto fuera cierto, Dios no sería accesible a los más pobres, nunca les mostraría su rostro. Me imagino a una madre viviendo en medio del jaleo y las broncas de los vecinos, oyendo día a día los gritos de la calle. Sus hijos la asedian por todas partes en una vivienda demasiado pequeña. Incluso cuando los niños están fuera tampoco está tranquila. Piensa en todos los problemas que tienen en la escuela, en cómo van a volver a casa llorando porque les han llamado piojosos o les han pegado, en las carpetas rotas, en el maestro que les va a dar una reprimenda... Sabe que su marido va a volver pronto, también enfadado, agresivo, sin una palabra cariñosa para ella, presiente que le servirá de pretexto para desahogar su mal humor. ¿Qué silencio puede tener esta madre, todas estas madres? ¿Y no van a poder ver a Dios estas mujeres, sus maridos y sus hijos, porque no hay silencio? Jesucristo establece la verdad por medio de las Bienaventuranzas. Él no sólo dice: "Estoy de vuestra parte, el Reino de Dios os pertenece". Él afirma: "El Reino de Dios está entre vosotros, a pesar de vuestra angustia, de vuestras lágrimas e, incluso, debido a ellas". Las Bienaventuranzas nos recuerdan de qué modo nuestros propios silencios pueden ser engañadores y estar llenos de pensamientos erráticos y también de falsas representaciones. ¿Qué otra cosa es el silencio de los claustros y de las iglesias si no es el silencio que les falta a los pobres, el complemento esencial de su vida y de sus esfuerzos? Una madre me decía una vez: "Yo he sufrido mucho, me han hecho mucho daño en la vida, los servicios sociales me han quitado a mis hijos, mi marido me abandonó y los vecinos se burlan de mí. Pero no odio a nadie, los perdono a todos". Esto me decía la mujer, y yo apenas podía escucharla, pues en la casa en la que vivía con un hombre que tenía cinco hijos reinaba un ruido infernal, con un trasiego continuo de vecinos, niños y perros entrando y saliendo. En medio de toda esa agitación, la mujer me hablaba del perdón, por tanto, de la paz. Y entonces pienso en cómo las monjas deberían ser portadoras de silencio, en cómo la oración de los sacerdotes y de toda la Iglesia habría de estar llena de silencio, pero de un silencio cargado del ruido del mundo. ¿No debería asumir la oración silenciosa

191

de la Iglesia todo lo que les impide a los pobres el silencio, la paz del corazón y del espíritu? ¿A quién se dirigiría esta plegaria si no es al Salvador que eligió vivir entre ellos, allí donde el silencio es roto incesantemente, el corazón permanece siempre inquieto y el pensamiento se muestra lleno de angustia?

¿De qué sirve una adoración en silencio si no ofrece una señal de que el Señor puede vivir en el corazón de los pobres, en medio del ruido que gobierna su vida, y en sus espíritus que no hallan nunca el reposo ni la paz? Los pudientes tienen también a menudo el espíritu preocupado, pero su ansiedad no es comparable a la de los desdichados. Estos saben que les va a faltar algo esencial, necesario, y deben por ello ingeniárselas, pedir o arreglárselas como puedan para sobrevivir. A veces hablamos de estrategias de supervivencia de los más pobres, sin darnos cuenta de que éstas absorben todas sus energías, toda su atención, sin dejarles un respiro. Sin embargo, Dios está en ellos; las puertas del Reino les están abiertas. Así era ya en Galilea, pero Cristo tenía que venir para hacer esa pausa, ese gran momento de fiesta en la montaña, en el cual todos pudieran oír que les decían: "No sois impuros, no sois indignos, ¡todo lo contrario! Dios está entre vosotros, forma parte de vosotros, que estáis siempre necesitados de todo. Sin tener ningún poder, por completo a merced de los demás, estáis en constante estado de purificación y, por consiguiente, perdonados, bienaventurados. Al elegirme, habéis elegido bien, pues vosotros y yo construimos el Reino. Todo lo que vivís os convierte en los primeros artesanos del Reino".

Artesanos del Reino, dicen las Bienaventuranzas, pero también artesanos de la justicia en la tierra. Vosotros no poseeréis sólo la tierra del mañana, sino que también podéis poseerla hoy, ser creadores del cambio en el mundo. Vuestro sufrimiento bajo la opresión, vuestras penas en la persecución, pueden obligar a los hombres a cambiar, a ver el mundo de otro modo, a indignarse ante la injusticia y a rechazarla. Con una condición: que deis a vuestra situación un nuevo sentido, no el de una fatalidad o un castigo, sino el sentido de una alianza con Dios, de un punto de partida hacia la renovación. Os hará falta que quieran comenzar en este punto de partida, elegirlo con libertad.

Las Bienaventuranzas no tienen en absoluto nada de soporífico ni de desmovilizador. Las palabras "por mi culpa" y la referencia a los profetas revelan su carácter de llamada y de misión en el mundo. Por otra parte, sufrir por la justicia significa en cualquier tiempo sufrir por los derechos del hombre y por una sociedad que los respete. El Reino, dice Jesús, comienza en el corazón de los hombres. *"Todo árbol bueno da buenos frutos" (San Mateo 7, 17). "No todo el que dice: ¡Señor, Señor!, entrará en el Reino de los Cielos, sino el que hace la voluntad de mi Padre" (San Mateo 7, 21).*

Ahora bien, ¿cuál es esta voluntad? Las instrucciones de Jesús, siguiendo las Bienaventuranzas, me parecen una proclamación magistral de la unidad, la universalidad y la eternidad del Reino. La piedad de los corazones hacia Dios y la justicia social entre los hombres se hallan mezcladas allí de un modo indisoluble. Es imposible pretender distinguir diferentes planos o ignorar las líneas de conducta política.

Por otro lado, es a la muchedumbre pobre a la que Cristo anunció que no había venido a abrogar la Ley, sino a consumarla. Ahora bien, la Ley regulaba las estructuras sociales al mismo tiempo que los deberes religiosos: La protección de la vida y de los lazos del matrimonio, los fundamentos del sacramento, la regla del talión, la paz, las modalidades de la limosna que nosotros llamaríamos ayuda social, el puesto del dinero y, por consiguiente, de la vida económica, la preocupación por el futuro que se traduce en el beneficio, el ahorro, las reservas, los excedentes... ¿No es toda la organización de una sociedad la que se pone en tela de juicio? Jesús traza el cuadro sin distinguir entre lo religioso, lo social y lo económico. Las reglas de la vida interior y las reglas sociales se presentan mezcladas formando un todo basado en la voluntad divina. Desde entonces, el Reino se realiza y el amor, la plegaria y la misericordia dan frutos de justicia entre los hombres.

¿Pueden tal vez los hombres que no sienten hambre de justicia imaginar una línea de demarcación entre el hambre de justicia de Dios y la de los hombres? Para las familias del Cuarto Mundo, como –sin duda– para los pobres de todos los tiempos, es impensable la distinción. No puede existir. Cristo dice: "Haz por los otros lo que quieres que hagan por tí, es la Ley y los profetas". Para los pobres no es sólo una regla de conducta personal, sino un proyecto de sociedad. Demasiadas desgracias les vienen de la sociedad circundante. Lo que cada hombre debe hacer por otro hombre ha de conmocionar necesariamente esta organización injusta. ¿Presienten quizás los pobres mejor que nadie el precio que hay que pagar por tal cambio?

Los pobres tendrán mucho que hacer para transformarse en liberadores, para renovar las relaciones entre ellos y presentarse de una manera nueva en el mundo. Ni siquiera de niño, viviendo en un cuchitril de Angers, pensaba que Dios o la Iglesia pudieran invitarme a permanecer inactivo. Para vivir el Evangelio, me parecía, por el contrario, que todo debía cambiar: en la vida de mi madre, en el barrio, en las relaciones con los ricos. Yo creía que debía contribuir en este cambio. Si no eran los pobres los que lo provocaban, yo no veía quién podría hacerlo. Las bienaventuranzas me parecían como un compromiso de Cristo: "Los romanos, los esbirros de Herodes y los fariseos, os consideran como inferiores, pero vosotros sois los hijos preferidos del Padre y, si lucháis por la justicia, Él estará con vosotros, pues no hay amor sin justicia". Siempre he creído escuchar a Cristo animándonos: "Si os esforzáis, si creéis en el triunfo, no para vosotros solos, sino para compartirlo con los demás, entonces triunfaréis".

Pero las familias del Cuarto Mundo me enseñaron lo difícil que es, cuando uno ha sido siempre despreciado, el ponerse de pie, luchar y triunfar en la vida. ¿Pero cómo podrían transformarse los más pobres en constructores del Reino siendo que toda su experiencia les lleva, por el contrario, a estar replegados sobre sí mismos y en silencio? "Aquí, me decía el señor Lebrun, no hay que dejarse ver, lo mejor es pasar desapercibido". Después de pasar toda la vida yendo de chabola en chabola, el señor Lebrun se instaló en un pueblo de Normandía. Una parte de su familia, hijos y nietos, le acompañó. Su mujer tiene dificultades para dejar la bebida. Los nietos requieren una atención especial en la escuela municipal. Las religiosas del pueblo dan vestidos a los niños, siguiendo las antiguas costumbres rurales en lo que respecta a las familias desamparadas. El señor Lebrun, a pesar de sus intentos, no consigue pasar desapercibido. Sin embargo, éste es el objetivo que se había marcado durante toda su vida. La gente del pueblo habla de él y cuenta chismorreos. Mientras tanto, él, poniéndose sus gafas, lee deletreando el Evangelio. ¿Debemos creer que es a este hombre miserable de setenta años a quien Cristo propone ponerse de pie para dar testimonio?

Hay que creerlo. El señor Lebrun nos envió un mensaje: quería tomar como esposa ante Dios a la compañera de su vida. Ella le había dado siete hijos. Juntos sufrieron una miseria indescriptible. Durante años su mujer estuvo atrincherada en su barracón: un suelo lleno de colchones, algunos taburetes, una sartén, ningún mueble... En una cacerola tirada por tierra había unos restos de patatas para recalentar. Esa era la comida de sus hijos. Nadie de fuera tenía que ver el interior del barracón. "¿Qué les pasará a mis hijos si saben cómo vivimos? La policía vendrá a quitárnoslos".

Hoy, en 1984, por fin en una casa de la que no serán ya expulsados, el señor y la señora Lebrun han decidido casarse. Pero el párroco, sorprendido, duda en darles su bendición. Todo el pueblo habla de ello y el señor Lebrun me ha lanzado un grito de alarma. Él no pretende estar en regla para morir en paz. Ya es tarde para ello. Simplemente se ha convencido, desde que lee con dificultad el Evangelio gracias a sus viejos lentes, de que le debe a Dios y a su esposa el gesto de tomarla en matrimonio. Todo ello está en contradicción con su filosofía de la vida: tendrá que hacerse notar. El señor Lebrun será objeto de las risas y sarcasmos del pueblo, así como del asombro en la diócesis. A sus setenta años, Cristo le había pedido tal revolución interior, "por su culpa".

Mientras que el señor Lebrun, reconociéndose en el Evangelio, se convertía a su manera en testigo de Dios, su hija menor se formaba como militante en ATD Cuarto Mundo. Yo no sé lo que ella piensa de Dios, pero sí puedo afirmar que de niña, en el campamento de Noisy le Grand, quería a los suyos y al vecindario. Sin acudir demasiado a la escuela, como el resto de sus compañeras, pasaba el día en la calle, en pandillas, ya que en su casa apenas había sitio para sentarse en los colchones durante las comidas. En este medio promiscuo y violento, Danièle, por una gracia divina poco común, aprendió a amar a su entorno. Siendo niña, tenía siempre en los labios una excusa para disculpar a su familia o a sus amigos y se indignaba en extremo cuando se aludía al tosco comportamiento de su madre. Hoy, este mismo apego por los suyos le lleva a ejercerse en la palabra y en la escritura para representar a todas las familias del Cuarto Mundo. Yo la vi crecer, imaginando que la mirada de María se posaba en ella.

La madre de Dios no tuvo necesidad de una revolución interior. Ella tenía desde el nacimiento a Dios, los pobres y la justicia atravesados en el corazón. Danièle amaba y defendía también a los suyos desde muy pequeña, pero todas las mujeres que viven en la extrema pobreza no tienen la misma suerte. Todas son afortunadas en el sentido de las Bienaventuranzas. Les es necesario, sin embargo, reunir todo su valor, resistir a la tentación de dejarse hundir en la miseria y hacer un esfuerzo inmenso para fortificar el amor al prójimo y la seguridad en sí mismas. Ellas lo consiguen y se ponen de pie, insisten para lograr que el párroco bautice a sus hijos, van a reuniones de familias, a la Universidad popular ATD Cuarto Mundo... Luego ya no lo consiguen, bajan los brazos, se retiran para volver más tarde o para no volver jamás. Ya no creen en su combate. La meta está demasiado lejos, la carga de las burlas y la maledicencia es demasiado pesada. "Estoy cansada y enferma –me dice la señora Lachaud– y, de todas maneras, tengo que vivir mi vida".

¿Quién le dirá a la señora Lachaud que, en efecto, "vivir su vida" es liberarse al liberar a las familias de Reims más pobres que ella? ¿Quién le va a decir hoy a todos los pobres reunidos alrededor de la catedral de Angers que ellos son bienaventurados, pues son los artesanos del cambio? ¿Quién va a recordarles que son los primeros en la mesa, pues es esencial lo que tienen que decir sobre la justicia, la verdad y la paz? ¿Cuando vuelva Cristo encontrará todavía a hombres que les aporten la nueva de que la tierra les pertenece ya, que el testimonio de su vida puede cambiarles el corazón y obligarles a hacer leyes justas? Es lo que Él diría: "Podéis obligar a los hombres a ello si os esforzáis. Y les obligaréis a rezarle al Padre de modo diferente, porque habrán acogido a los que más sufren de sus hermanos". Pero ya no oigo a los creyentes decirles a los niños que van a la escuela con el estómago vacío o a las familias que viven en chabolas o en caravanas o a los que se refugian en los centros del Ejército de salvación, ya no oigo, repito, decirles: "Bienaventurados vosotros". ¿Cómo no van a abstenerse estos pobres –que algunos consideran con tristeza que carecen de sentido político y para los cuales quieren cambiar el mundo sin ni siquiera consultarles– cómo no van a abstenerse, digo, si nosotros no proclamamos su verdadera identidad de creadores de justicia?

La miseria que impide frecuentar el templo o la iglesia y sentirse a gusto con los que la frecuentan no destruye a pesar de todo la conciencia de que Dios no nos ha rechazado. Pero los pobres, siempre empujados hacia los puestos más bajos, tienen la necesidad y el derecho de oír, confirmada por las Bienaventuranzas, la afirmación de que ellos tienen un puesto privilegiado en los designios del Padre. Ellos no fueron, de derecho, bienaventurados en tiempos de Jesús y tampoco lo son hoy. La muchedumbre que rodeaba a Cristo en la montaña se convirtió en bienaventurada porque Él lo anunció. Los pobres se convirtieron en bienaventurados y en seres capaces de mostrarse como tales gracias a Jesús, porque Él se presentó a ellos y éstos le creyeron. Los pobres se convirtieron en hombres nuevos porque a partir de entonces podían dar a su estado de miseria una significación nueva. El Sermón de la Montaña se convirtió así en una fiesta llena de alegría y, al mismo tiempo, en una misión confiada. Sin ese carácter festivo y en el que todos pudieran proclamarse hijos de Dios, la misión hubiera asustado. A veces me parece que nos acordamos sólo de la misión y que hemos olvidado que, para Jesús, ésta iba unida a la fiesta, a la alegría del perdón y la seguridad de ser amados por el Padre. Jesús sabía lo difícil que es verse a sí mismo diferente de alguien despreciable, pecador, incapaz e insignificante. Sólo Dios podía cambiar esta imagen y restablecer la verdad. Sin Dios el entusiasmo se apagaría, la perspectiva de tener una misión y ser capaz de asumirla desaparecería con rapidez. Los sacerdotes y los fariseos se encargarían sin dificultad de ello, tan sencillo les había sido destruir anteriormente a los pobres...

"Se maravillaba la muchedumbre de su doctrina", dice San Mateo para cerrar la narración del sermón. ¿Estupefactos, desconcertados? Tal vez, pero también impresionados por la dicha y la sorpresa. Sin duda, su camino no estará por ello menos sembrado de trampas. "¡Cuán estrecha es la puerta y el camino que conducen a la vida...!" Cristo lo dice, Él no hace promesas falaces. "El camino no será más fácil que antes. Habrá falsos profetas para desviaros del buen camino; pero, al menos ahora, sabéis hacia dónde vais e iréis por este camino con alegría y regocijo, en compañía de los profetas. Sois, como los profetas que os preceden, los mensajeros de Dios". Al contemplar a Jesús rodeado de la población en la montaña, yo me pregunto una vez más cómo hemos podido llegar nosotros a nuestras ideas contemporáneas de revolución y de liberación. Quién se atrevería a decir algo así: "Vosotros sois la sal de la tierra, la luz del mundo y, por consiguiente, nosotros, los ricos, no os dictamos nada ni os imponemos un programa que vosotros no hayáis elaborado. Venimos a escucharos y a recordaros que Cristo, también pobre, ha trazado para vosotros el programa y os ha declarado bienaventurados al ser los primeros realizadores de tal programa".

Tal vez no nos damos plena cuenta de la responsabilidad confiada por Cristo a los pobres al entregarles el Reino, la Ley y los profetas. Los pobres deberán realizar primero las Bienaventuranzas entre ellos. Contemplemos una vez más a la muchedumbre. La mayor parte son pobres, pero no forman un pueblo homogéneo y unificado. Unos trabajan, otros están en el paro o hacen pequeños trabajos. Al lado de ellos están los más pobres: los cojos y paralíticos, inútiles para el trabajo; los leprosos que inspiran miedo, las mujeres abandonadas, sin una casa en la que refugiarse, los ciegos castigados por Dios, los innumerables mendigos... Debía de haber también muchos ladrones. ¿Qué podía representar ser arriero dentro de esta muchedumbre tan variopinta, o leproso entre los recogedores de excrementos de perro o entre los curtidores que utilizaban dicha materia infame en el ejercicio de su oficio? ¿Qué representa ser mendigo para los buhoneros ambulantes amenazados de caer en la mendicidad, ya que no tienen muchas cosas para vender y su clientela se reduce al ritmo de la expropiación de tierras? Entre los galileos, a menudo mal vistos por los ricos de Jerusalén, viven familias consideradas como puras y honorables. Es el caso de la familia de Jesús –de la casa de David–, y de muchas otras: sacerdotes o fariseos de padres a hijos o ejerciendo una ocupación respetable. A su lado se halla la masa de familias impuras y, entre ellas, las que ejercen oficios despreciados, en buena parte oficios de pobres. Si en estas familias nace un hijo epiléptico o sordomudo, si la hija de un arriero se prostituye y da a luz hijos ilegítimos ¿cuál es la estratificación y la desunión que acaba por instalarse en la muchedumbre? La familia de Simón el leproso podía permitirse tener un hijo leproso. Podía incluso ayudarle a curar y a recobrar su puesto en la comunidad y estar en situación de ofrecer hospitalidad a Cristo. Una vez lograda una posición honorable, Simón mira con desprecio a la mujer que vierte un perfume costoso en los pies de Cristo. Siendo leproso ¿estaba al lado de los otros leprosos, hijos de curtidores, de pastores o de mujeres de mala vida? Es poco probable y me parece que nunca comprendió verdaderamente lo que podía ser la diversidad, incluso entre los pobres.

Ahora bien, contemplar a Cristo y escuchar sus enseñanzas es fijarse detalladamente en los hombres para oír a través de sus oídos y mirar las manos que se tienden hacia Jesús, unas manos que no se parecen entre sí. Algunas están moldeadas por un oficio, otras deformadas por una enfermedad. Las hay que tiemblan al tenderse o que no llegan ni siquiera a completar el gesto. Tampoco son las mismas voces las que llaman a Jesús. La voz del mendigo no se parece a la del vendedor ambulante o a la del cultivador de un campo de trigo. Toda la humanidad y, en particular, toda la humanidad sufriente, está reunida a los pies de Cristo en la hora de las Bienaventuranzas. Es una suerte para nosotros. Pero todavía debemos ser capaces de verla.

"El Reino comienza en vosotros, pobres tan diferentes unos de otros", viene a decir Jesús. *"Así ha de lucir la luz vuestra luz ante los hombres, para que, viendo vuestras buenas obras, glorifiquen a vuestro Padre, que está en los cielos" (San Mateo 5, 16).* No es una tarea fácil la encomendada a los pobres, nada menos que crear la justicia de Dios entre ellos. Sin embargo, sólo así es como la humanidad podrá darles crédito. El mandato es mayor de lo que nadie podía prever. Las familias campesinas deben crear nuevas relaciones con las despreciadas familias de lavanderas. Los pequeños vendimiadores que mantienen a duras penas sus cultivos han de organizarse con los agricultores sin tierras. Los pequeños comerciantes deben proteger no sólo a sus inválidos, sino también a los de los talladores de piedra, mucho más desprestigiados que ellos. Los hijos de familias puras deben curar a los paralíticos de familias consideradas impuras, deben enseñar a los extranjeros y proteger a las mujeres mancilladas.

Sólo Cristo puede proclamar esta revolución entre los pobres, pues Él la ha llevado a término. Siendo hijo de pobres, Jesús no se distanció, no obstante, de los miserables. De no ser así, quizás los ricos le hubieran creído, pero no habría sido convincente para la muchedumbre en la montaña. "No juzguéis y no seréis juzgados". "No seáis hombres de rigor y de normas, olvidando al hombre por la regla y la ley..." "No seáis tornadizos, mantened la palabra entre vosotros..." "Os dicen: 'ojo por ojo y diente por diente'. No creáis nada, sólo la misericordia y el perdón os introducen en la grandeza y en la respetabilidad". Esto es pedir mucho a los pobres y Jesús pide todavía más. No nada más hay que perdonar, sino que además hay que sufrir con el que os quiere hacer mal y empaña vuestro honor o compromete la seguridad que habéis logrado a duras penas. Será preciso, en definitiva, que utilicéis vuestra pobreza para liberar a los que están más oprimidos que vosotros. Tenéis que estar seguros de vuestros derechos, pero más aún de los derechos de aquellos que se hallan más abandonados que vosotros. No debéis apartaros de ellos convirtiéndoos en nuevos ricos, en nuevos dueños del poder. No tendréis otro interés que el de restablecer la justicia para el prójimo. Aceptaréis ser perseguidos por mi causa y, por tanto, por la causa de los miserables que están a vuestro lado. Solamente ellos pueden mantener en vosotros el sentido del combate, el del Reino que comienza aquí y ahora.

Respecto a las bienaventuranzas, la pobreza debe convertirse en el medio de crear la fiesta y la alegría propias de un cambio, asegurado desde ese mismo instante, para aquellos que están en la oscuridad más absoluta. Jesús nos recuerda que los bienaventurados no librarán su combate como paganos, pues, dice Cristo, los paganos han olvidado que sus luchas deben ser para todos los hombres. Aprovechándose de la confianza ajena, ellos se han enriquecido y han ganado prestigio en detrimento de los pobres. Si éstos caen en la trampa, despegándose de los que les son próximos y creando una barrera que los separe de ellos, entonces ya no comprenderán la justicia del mismo modo que la comprenden ahora. Su combate ya no será el mismo y perderá toda su credibilidad. Para crear el Reino los pobres no tienen elección, deben permanecer humildes y mansos de corazón y rechazar enriquecerse.

Jesús no cesó de repetirlo: vuestra pobreza debe transformarse en dinamismo y también en alegría. Si os convertís en adustos y agresivos con vuestro entorno, entonces perdéis la razón de vuestro combate. Si perdéis la alegría, entonces ya no lucháis por los pobres. Ya no defendéis a los demás. Lo que logréis en mi nombre y en nombre de los pobres, no os pertenece ya. Nada de lo que ganéis debe servir para daros importancia a vosotros mismos. No confundáis nunca el triunfo de la comunidad con vuestro éxito personal. No consintáis las alfombras rojas y las fanfarrias de palacio. Los

203

templos construidos en mi nombre no deben ser un medio para haceros resaltar. La única huella que hay que dejar en la historia es la huella del amor por Dios y por el prójimo, la única regla para la organización de la sociedad es la de "amaos los unos a los otros" y compartir vuestras penas y vuestras victorias.

Soy testigo de que las enseñanzas de Cristo son válidas para las zonas miserables de nuestros días. "Seréis los primeros en la mesa, pues reclamáis enérgicamente el respeto y el derecho a la dignidad. Las familias del Cuarto Mundo comprenden que no puede ser de otro modo. Que Jesús las llame bienaventuradas es un descubrimiento que les alegra, pero que no les sorprende: "Si Jesús viniera al barrio... ¡Vaya fiesta que se armaría!" En estas condiciones se hace también posible hablar de la inconmensurable responsabilidad: "Sorprended al mundo creando la justicia de Dios entre vosotros. Poneos en pie, vosotros que no os sostenéis sobre vuestras piernas, levantad la cabeza, vosotros que camináis cabizbajos".

Los miserables liberando a otros aún mas miserables, los pobres liberando a los más pobres entre ellos, los hambrientos de justicia actuando y sufriendo por otros todavía más hambrientos de justicia que ellos. He aquí unas enseñanzas que me parecen siempre válidas. No veo otras diferentes, si queremos que algo cambie en las relaciones entre ricos y pobres. La única manera de poner a los ricos en el lugar que les corresponde es, en mi opinión, que los pobres establezcan la justicia entre ellos mismos. Si los pobres se convierten así en "la luz del mundo" no tendrán entonces que soportar la ley de los pudientes. De este modo los papeles estarán cambiados y los ricos deberán participar en los asuntos de los pobres, pedirles el que puedan participar en ellos y aprender a hacerlo. Esto no se ha visto nunca, ni en nuestros días ni en tiempos de Cristo. Los pobres nunca han tenido la apariencia de una ciudad en lo alto de una colina y hacia la cual miramos. Por el contrario, los pobres permanecen siempre como aquellos a los cuales alguien les enseña algo. Toda la vida y el sacrificio de Cristo no parecen haber bastado para hacernos comprender de dónde viene la luz, quiénes son los alumnos y, tal vez, los servidores. Las Bienaventuranzas aclaran, sin embargo, todas estas cuestiones.

Al menos para los creyentes, todo cambia a la luz de las Bienaventuranzas; los papeles se clarifican, las cosas se ponen en su punto. Ciertamente estamos ante un misterio demasiado grande como para ser imaginado. El misterio de Dios que hace penetrar la gracia divina en el mundo a través de los más pobres de sus hijos. Aunque ello no cambie nuestras estructuras, transforma nuestros corazones y nos lleva al silencio, a la contemplación y a la oración. Ya no nos corresponde inventar estructuras y menos hacerlo para los pobres y en su nombre. Ellos son el fuego que debe alumbrar nuestras candelas. Estamos obligados a dirigirnos a ellos, a vivir con ellos las preocupaciones de los miserables que los acompañan, a hacernos sus servidores, sus alumnos, y también a recordarles que ellos son bienaventurados. Ya lo eran, y lo siguen siendo, a condición de que se les diga.

El otro día, en Holanda, escuchaba la conversación entre un grupo de familias del Cuarto Mundo y un miembro del Parlamento Europeo. Las familias contaban sus esfuerzos para mantener una casa de vacaciones destinada a las familias más pobres. Todas las familias intentaban contribuir en el arreglo de la casa, ya sea creando medios de distracción y de animación musical o reuniendo libros y juegos infantiles. La diputada escuchaba con un aire compasivo. Luego, les cortó la palabra: "Todo eso está muy bien, les dijo, pero lo que hay que cambiar realmente son las estructuras. Vuestra granja para las vacaciones está bien, pero eso no cambia nada. Para cambiar vuestra vida tenéis que emplear vuestra papeleta de voto". Un padre de familia, obstinado, le preguntó si era justo que el Estado se negara a subvencionar su granja. "Esa no es la cuestión –respondió la parlamentaria–, lo importante es que votéis por otro gobierno". "Entonces, está usted de acuerdo en que no podemos contar con los políticos", insistió el hombre. La cuestión quedó zanjada en ese punto y la diputada, al partir, nos dijo que esas familias tenían todavía mucho que aprender. ¿Quién debe enseñar a quién? ¿Dónde están los maestros, dónde los servidores? ¿Sabemos acaso nosotros cómo encontrar y escuchar a los maestros?

Por medio de las Bienaventuranzas y del sermón de la montaña, Jesús no llama a los ricos para liberar a los pobres. Tampoco llama a los pobres a liberarse de los ricos. Llama a unos y a otros a liberar, juntos, a la humanidad. No puede existir más que un único Reino, una única justicia, la misma para todos, reuniendo a todos los hombres, aunque se reconozca a los pobres como los primeros constructores de dicho Reino. Este giro en el orden normal de las cosas es lo más inaceptable. Tal cambio nos desconcierta y ello a pesar de nuestro apego y adhesión a los derechos humanos. Los pobres al servicio de los más pobres, dictándonos los caminos de la justicia a partir del pie de la escala social que la escuela ni siquiera alcanza, nada más y nada menos. ¿No nos parece esto enorme? Toda la justicia subiendo hacia nosotros desde lo más hondo de la miseria. ¿No estaríamos entonces, al ver a los pobres, mirando a la cima de la montaña en vez de contemplar la profundidad del valle? Esto es muy difícil de aceptar. ¿No es acaso el precepto "No os hagáis llamar Doctores" uno de los más difíciles de aceptar por los escribas, jurisconsultos e instruidos de todas las épocas? "¿Qué es lo más importante que debe aprenderse?", les pregunta un equipo de ATD Cuarto Mundo a los niños más pobres del "Lower East Side", en Manhattan. "Dadnos una computadora", responden los niños. Los padres subproletarios de Francia nos dicen lo mismo: "Nuestros hijos tienen que conocer la informática, eso es lo que hoy manda". Tal aspiración se propaga por todo el mundo y sube todavía hasta nosotros desde el fondo de una zona de chabolas en Haití. Un equipo de ATD lleva allí el saber y la cultura encerrada en los libros: "Traednos una computadora", nos piden niños que no conocen el agua corriente ni una asistencia regular a la escuela. Llevamos el mensaje a los que conceden fondos financieros: "Dadnos para comprar computadores para los niños más pobres del mundo". "Es prematuro", dicen sus expertos. En 1983, en Francia, algunos nos habían respondido: "Cómo quieren que pongamos ordenadores en las clases para niños retrasados si todavía no los tenemos en los institutos". De este modo, los escribas continúan decidiendo por los pobres. ¿Cómo podrían renunciar a que los llamen Doctores? ¿Cómo iban a abstenerse de decidir en provecho de sus propios hijos?

No es sorprendente que Cristo le pida a los pobres que sean tan transparentes como Él y que sus actos sean tan convincentes como los suyos. "Por mi culpa", por amor hacia Él y no sólo por la satisfacción de crear nuevos sistemas. Los pobres crearán en efecto nuevas estructuras, pero no son éstas las que iluminarán el Reino de los cielos. Solamente el amor lo hará resplandecer, y un amor fuerte e intenso, pues los pobres deberán avanzar contracorriente y serán vencidos o utilizados para otros fines distintos a los suyos. Las parábolas acerca del Reino les son bien comprensibles sobre este punto. Que al menos estén unidos por el amor. "Sed perfectos como vuestro Padre celestial".

"Bienaventurados los que lloran... los que tienen hambre... los misericordiosos..." Habrá que decírselo a menudo y habrá que decirnos también a nosotros mismos que la justicia sin un amor y misericordia que incluyan a todos los hombres no es más que un engaño y una ilusión. Debemos acordarnos de esto para poder seguir adelante. Sólo el amor y la fe en Cristo pueden mantener nuestra alegría y alentarnos, pues Él consiguió lo imposible.

En la montaña y por medio de las Bienaventuranzas, Cristo conmovió de una vez para siempre el orden del mundo.

Capítulo XI

"Tengan confianza, soy yo. No teman…"

¿Qué puesto les deja a los ricos una lectura del Evangelio que conduzca a reconocer en toda su majestad al Salvador encarnado en un hombre miserable? "Si los pobres son la Iglesia, ¿qué somos entonces nosotros, los ricos?", me preguntaba una amiga. "¿No somos acaso nosotros también la Iglesia?", me escribía otra amiga. La cuestión no estriba quizás en saber si nosotros somos o no somos la Iglesia, sino en conocer si amamos o no la Iglesia de los pobres, la de Cristo miserable. ¿La amamos intensamente, con toda el alma? ¿Estamos comprometidos con ella? ¿Le consagramos nuestra vida? En tal caso, la cuestión de saber si nosotros somos o no la Iglesia ni siquiera se plantea. No hay duda que le pertenecemos, nos declaramos hijos suyos, criaturas de Dios. ¿Renegaría de nosotros la Santa Madre Iglesia si Dios no lo hace?

No habría que olvidar, sin embargo, que Cristo ama a todos los hombres. Y los ama porque son hombres. El Evangelio no concede a todos el mismo sitio en los designios de Dios, pero todos tienen un sitio importante, todos son indispensables. El Evangelio me parece, ciertamente, que desborda la ternura de Jesús hacia los pobres. Pero, ¿qué significación tendría esta ternura si, partiendo de los más pobres, no rodeara a todos los hombres? El amor de Dios no coloca a unos hombres apartados de los demás. Dios es unificador, no puede ser otra cosa. Dios unió a hombres que estaban separados para que juntos, como una piña, construyeran el Reino. En el Evangelio todos los hombres se encuentran, pero no todos tienen que hacer el mismo camino hacia esa tierra de fraternidad.

La diferencia entre los ricos y los pobres me parece que radica en que a los pobres Dios les pide que transformen su condición utilizando su pobreza, mientras que a los ricos Dios les manda que abandonen su situación: *"El que quiera venier en pos de mí, niéguese a sí mismo, tome su cruz y sígame" (San Mateo 16, 24)*. "El que quiera" y, por consiguiente, se trata de una llamada a todos los hombres por igual. La diferencia está en la cruz que hay que cargar. Cada uno tendrá su cruz y la de los pobres no será la misma que la de los ricos y los instruidos. La cruz que cargan los más pobres es tan pesada que Cristo viene en su ayuda.

La cruz que llevan a cuestas los pobres es que se atrevan a ponerse en pie y actuar como bienaventurados, comprometiéndose con su medio social. Ellos preferirían ponerse detrás y replegarse sobre sí mismos. La cruz de los ricos consiste por el contrario en hacerse humildes en vez de querer ser maestros, en saber dejar el terreno en lugar de situarse en el centro. Entonces los ricos dejarán de plantear la cuestión del hijo de Zebedeo, el cual quería sentarse a la derecha del Maestro en su gloria (San Marcos 10, 35-38). Ellos se harán servidores y se mantendrán en la última fila.

Ya sabéis cómo los que en las naciones
son considerados como príncipes las dominan
con imperio,
y sus grandes ejercen poder sobre ellas.
No ha de ser así entre vosotros,
antes, si alguno de vosotros quiere ser grande,
sea vuestro servidor;
y el que de vosotros quiera ser el primero,
sea siervo de todos,
pues tampoco el hijo del hombre ha venido a
ser servido,
sino a servir y a dar su vida en rescate por muchos.

(San Marcos 10, 42-45)

Para los ricos, el ofrecer su vida por los otros significa renunciar a todo lo adquirido para ponerlo al servicio de los pobres. ¿Podía Jesús presentarles un proyecto más exaltador? Al hacer que todos los frutos de sus capacidades y de su persona sean en provecho de la comunidad, los poderosos enriquecen a la humanidad de un modo casi inconcebible. La tarea que se les encomienda es, pues, extraordinaria.

Estoy convencido de que Jesucristo ama a los ricos que le rodean y que les honra tanto como honra a los pobres. Los pudientes han recibido también un puesto único en la construcción de la justicia. Aunque las Bienaventuranzas se dirijan a los pobres, ¿no es acaso el juicio final una promesa solemne hecha a los ricos que se despojan de sus riquezas?

Entonces dirá el Rey a los que están a su derecha:
Venid, benditos de mi Padre, tomad posesión del
reino preparado
para vosotros desde la creación del mundo.
Porque tuve hambre y me disteis de comer;
tuve sed y me disteis de beber;
peregriné y me acogisteis,
estaba desnudo y me vestisteis;
enfermo y me visitasteis;
preso y vinisteis a verme.
Y le responderán los justos:
Señor, ¿cuándo te vimos hambriento y te
alimentamos, sediento y te dimos de beber?
¿Cuándo te vimos peregrino y te acogimos,
desnudo y te vestimos?
¿Cuando te vimos enfermo o en la cárcel y
fuimos a verte?
Y el Rey les dirá:
En verdad os digo que cuantas veces hicisteis
eso a uno de mis hermanos menores,
a mí me lo hicisteis.

(San Mateo 25, 34-40)

"A uno de mis hermanos menores", dice Jesús. Nosotros no podemos dudar de quién se trata. La muchedumbre está allí siempre presente y ésta no tiene la costumbre de confundir a los pobres y a los excluidos. Cuando dice "mis hermanos menores" no se trata para Él de una forma de hablar. Cristo designa a hombres con rostros precisos, rostros que dan miedo. Jesús honra a los ricos porque confía en que éstos sabrán vencer su temor. También a ellos les alcanza la ternura del

Señor. Todo el Evangelio me parece, por otra parte, que les tranquiliza constantemente: venid, los benditos de mi Padre, vuestro sitio también está preparado. *"En verdad os digo: que difícilmente entra un rico en el Reino de los Cielos (...) Para los hombres, imposible, mas para Dios todo es posible". (San Mateo 19, 23-26).* Estas palabras me parecen una promesa y, al mismo tiempo, un misterio: Como rico te será imposible, pero, despojándote, entrarás. No puedo decirte más en nombre de mi Padre, el cual es incapaz de renegar de ninguno de sus hijos. Para Él todo es posible. Yo te digo: despójate y entra; te espero con impaciencia.

La proposición honra a los ricos porque es desmesurada. Igual que los pobres, los ricos deberán vencer sus temores y resistencias. Necesitarán que los animen con insistencia. No puedo evitar el pensar en ellos al oír estas palabras: *"... decían: Es un fantasma. Y de miedo comenzaron a gritar. Pero, al instante, les habló Jesús diciendo: Tened confianza, soy yo; no temáis".* Incluso Pedro pide una señal: *"Señor, si eres tú, mándame ir a ti sobre las aguas. Él dijo: Ven" (San Mateo 14, 26-30).*

Pedro va y se mantiene sobre el agua mientras tiene confianza. En el momento en que vuelve a tener miedo, se hunde. Pienso en los ricos, a los que se invita a volverse hacia los más pobres y que les parecen fantasmas, allí, hundidos en sus arrabales y sus barriadas en las que ellos no han puesto nunca un pie. Durante toda mi vida he visto a hombres y mujeres ricos en un estado de sorpresa y confusión, teniendo que vencer su incredulidad de que Cristo hubiera podido elegir a compañeros tan maltratados por la miseria. Ellos creían que los pobres eran de otro modo: educados, amables, agradecidos. Los creían más acogedores. ¿No tendrían ellos derecho a que los tranquilizaran sabiendo que al ir hacia los

213

pobres van hacia Cristo y serán bendecidos por el Padre? Jesús les ofrece este misterioso regalo: lo que hagáis a los más pequeños de los míos, es a mí a quien lo estaréis haciendo. Aunque no me hayáis reconocido, si los amáis y sois sus servidores, entonces seréis bendecidos. Me parece que Cristo confía a los ricos este misterio de la solidaridad del pueblo de Dios. Puesto que dejáis a vuestro corazón conduciros hacia los más pobres, formáis parte de la Alianza, aunque no lo sepáis.

Jesús les dice también a los ricos que ellos son indispensables en esta Alianza. Si se reprochaba a los fariseos que impidieran a los pobres entrar en el Reino era precisamente porque ellos podían hacerles entrar. Si Jesús se lamenta: "Desgraciados vosotros los ricos... vosotros que estáis saciados... vosotros que reís ahora...", ello es debido a que los ricos podían y tenían que vivir de otro modo. ¡Ay, desdichados de vosotros, que por vuestro modo de vivir hacéis desgraciados a los pobres! Se trata de una lamentación y no de una maldición. Os necesitaba, me erais indispensables para culminar el Reino... Los mismos pobres se lamentan de tal manera todos los días de su vida: me hacen falta y no están aquí.

Yo no creo que las conversaciones de Jesús con los fariseos, los sacerdotes o los saduceos, fueran simples polémicas. Tampoco pienso que se tratara de meras condenaciones. Jesucristo no trata a los hombres como objetos o como condenados. Incluso en la Cruz le pide a Dios que los perdone. Él lo pide en su propio nombre, pero también, sin duda, en nombre del buen ladrón que está a su lado. Él sabía que los pudientes también eran capaces de creer en Él y no cesaba de decírselos. Así pues, le dice a Nicodemo: *"No te maravilles de que te he dicho: Es preciso nacer de arriba"* (...)

Porque tanto amó Dios al mundo, que le dio su unigénito Hijo, para que todo el que crea en Él no perezca, sino que tenga la vida eterna; pues Dios no ha enviado a su Hijo al mundo para que juzgue al mundo, sino para que el mundo sea salvo por Él" (San Juan 3, 7; 16-17). Dios no realiza una lucha partidaria, dice Jesús a un fariseo que acude a su encuentro al caer la noche. Ningún hombre debe perecer, pero no basta que tú creas en mí, Nicodemo. Tienes además que convertirte en un hombre nuevo, vivir una vida nueva, pues Dios te necesita. *"Pues el que obra la verdad viene a la luz, para que sus obras sean manifestadas, pues están hechas en Dios" (San Juan 3, 21).* Me parece que Cristo confirma a lo largo de toda su predicación el hecho de que Dios necesita a todos los hombres. *"Si quieres ser perfecto, ve, vende cuanto tienes, dalo a los pobres y tendrás un tesoro en los cielos" (San Mateo 19, 21).* ¿Esto es todo lo que tiene que decirle a un joven rico? No. *"Ven y sígueme"*, añade Jesús. Sígueme, no para formar mi cortejo, sino porque te necesito.

Jesucristo lo recuerda por última vez en el anuncio del Juicio Final. "Ellos se irán... Los justos a la vida eterna". Los ricos pueden convertirse en justos. Con ciertas condiciones, naturalmente. No deben esbozar grandes proyectos para la sociedad sólo en beneficio de sus propios intereses ni se pondrán a la cabeza de los grandes movimientos políticos para saborear la gloria y adquirir privilegios. Eso no es seguir a Cristo; más bien es todo lo contrario: *"He aquí a mi siervo, a quien elegí; mi amado, en quien mi alma se complace (...) No disputará ni gritará, nadie oirá su voz en las plazas (...) hasta hacer triunfar el derecho, y en su nombre pondrán las naciones su esperanza" (San Mateo 12, 18-21).* Esto también debemos tomarlo al pie de la letra.

"Las naciones" y, por consiguiente, los pobres, confían más en Dios que en los hombres. Esperan la justicia de Dios más que la de los hombres. Los ricos deben saberlo y los creyentes han de extraer de ello una lección. Cristo no les pide que inventen otras maneras de dirigir los asuntos ni tampoco que conduzcan las luchas en nombre de los oprimidos. Esto sería todavía un modo de mantener la superioridad. Jesús les invita a realizar con Él una revolución total que consiste en proclamar a los pobres como la luz del mundo y actuar en consecuencia. La luz ya no vendrá solamente de ellos, su saber ya no será el único que tenga validez, deberán volver a aprender a gestionar los asuntos. El liderato se les escapará, estarán obligados a hacerse alumnos y servidores de la justicia.

A lo largo de todos los siglos, los hombres han arreglado a su modo el Evangelio. Nosotros mismos hemos aprendido a darle un carácter cada vez más abstracto y relativo a preceptos concretos y precisos. Los pobres no pueden hacerlo y pienso que tampoco quieran. Nuestras componendas les favorecen raramente. Además, Jesús es de los suyos y ellos sienten nuestros arreglos como injusticias hacia la persona de Cristo. Los más pobres se duelen de nuestras más pequeñas infidelidades, como lo hace Cristo. Nuestros retorcimientos y nuestras tibias medidas no permanecen mucho tiempo ocultos a sus ojos. Ellos son catalizadores y reveladores de la verdad. ¿No es por eso por lo que los expedientes de las familias del Cuarto Mundo circulan tan a menudo como una patata caliente de despacho en despacho sin desembocar nunca en nada? Nadie puede responder afirmativamente a sus peticiones ni tampoco nadie se atreve a negárselas confesando el fracaso. Cuando un funcionario las rechaza, lo hace con vehemencia: "No tiene que reclamar nada, no tiene ningún derecho..." Obligar incesantemente a los más pobres a probar sus derechos es la manera más perniciosa de impedirles hacer estallar la verdad acerca de nuestra sociedad, nuestros sistemas, nuestras organizaciones y movimientos. Todos estos son presentados como un marco de referencia al que los más pobres deben acomodarse. Nosotros podemos actuar así gracias a una adaptación nefasta del Evangelio, que admite un Cristo pobre, pero no miserable. Ello nos permite reconocer el servicio a los pobres como algo obligado, mientras que el servicio de los miserables se deja como algo facultativo, como una vocación especial o incluso marginal. Cristo y los más pobres nos reclaman renunciar a tales componendas.

Debemos saber que ninguna medida tibia con relación a los excluidos resistirá mucho. En presencia de ellos, nosotros no podemos durante mucho tiempo pretender que somos esclavos de los más pobres, como lo fue Cristo, si no nos enlazamos en cuerpo y alma. No podremos hacerles creer en nuestro apego a Cristo ni tampoco podremos declararlos bienaventurados en su nombre si nosotros no lo creemos hasta el punto de reorganizar nuestra vida en consecuencia. Y es ésta precisamente la llamada de Cristo: id a decídselo a los pobres antes que nada, decidles que son bienaventurados; dejad todo para ir a revelárselo.

Es también la llamada de tantas madres diciéndome a lo largo de los años: "Mi pecado, Padre, es el de haber traído al mundo a niños desgraciados..." "Yo lo que he hecho de mal es tener hijos viviendo en la miseria". Ellas esperaban que les dijera: "Nada de eso. Vosotras habéis amado. Vuestros hijos no son solamente carne de vuestra carne; son además vuestra ternura cotidiana y ésta os cuesta tan cara..." Ellas necesitaban tanto escuchar que lo importante eran las penas y los riesgos que soportaban por sus hijos y no el que éstos no fueran del mismo padre. "Vuestros hijos no tienen todo lo que es necesario, pero cuentan con una madre que se las ingenia para que no pasen hambre y que recorre la teca y la meca para sacar algo con que vestirlos y mandarlos a la escuela". Yo debía afirmarles a menudo que ellas no eran culpables ni indignas de amar a Dios, que ellas podían rezar sin temor.

En toda mi vida de sacerdote, las familias del Cuarto Mundo han esperado de mí que les dijera que no debían torturarse de tal manera, pues Dios los amaba. Cuando era joven esto me sorprendía. Las familias me pedían que probara que Dios los amaba. Estaba obligado a recordarles los signos de que el Señor estaba allí y que no los abandonaba. Estos signos eran el niño que no entraba llorando, sino riendo y arrojándose al cuello de sus padres, la vecina que compartía las legumbres compradas a buen precio en el mercado, el cartero trayendo un subsidio familiar retrasado o el marido que ha encontrado un trabajo temporal. Signos de amor, siempre imprevisibles y que hay que cazar al vuelo. Pero signos al fin y al cabo. Unos signos que se multiplicaban constantemente. ¡Tan grande era la necesidad de transmitir a los demás la felicidad recibida! "He recibido el pago de un subsidio atrasado. Voy a decírselo a la vecina..." "Mi marido ha encontrado un trabajo. Descarga cajas en el mercado. Gino estará contento, podremos comprarle el *anorak*". De esta manera Dios no era un Dios para uno mismo, sino el Padre de todos. Era esencial revelar a este Dios en las chabolas y los barrios pobres. Lo sigue siendo, y cada vez más, en estos tiempos de paro crónico.

Cuántas veces he debido repetir a hombres que ya no pueden contener su irritación: "Comprenda las razones por las que el vecino bebe y se mete con usted. Sea misericordioso y olvide las injurias. Esté de su parte y protéjale si quiere pelearse, pues ya sabe usted que está completamente abatido". Hay que repetirlo sin descanso: "Estad del lado del hombre que sufre, pues entonces Cristo está con vosotros". Pero para que pueda dar testimonio de Dios me es preciso ser testigo de la vida de estos hombres miserables, saber leer en su vida. Para animarles a que se superen, debo vivir con ellos esta superación. Para ayudarles a desarrollar sus experiencias y sus juicios intuitivos, debo elaborar con ellos un pensamiento más coherente acerca de Dios y la vida, sobre el hombre y el amor. Jesucristo lo hizo y me pide que lo haga.

Los pobres tienen cosas esenciales que aportar al mundo. Jesús les pide a los ricos que vayan a decírselo a los pobres y a los excluidos. Estos no son bienaventurados porque asistan invitados al banquete, sino porque tienen una contribución indispensable que ofrecer como anfitriones. Los ricos deben aprender a reconocer esta contribución y para ello han de estar presentes en el banquete. ¿Cómo podrían saber si están ausentes de lo que es ser un hombre que llega al límite de su condición, un hombre que es solamente hombre y no tal o cual función social, puesto que no puede rodearse de otra cosa que de su misma humanidad? Los pobres viven la verdad más desnuda del hombre. Tienen por ello el sentido de la realidad. Para los pobres la vida no está hecha de palabras, de construcciones ideológicas o de grandes proyectos políticos. Ellos no tienen estos recursos. Sólo cuentan con la vida de cada día, el amor de sus hijos, la obligación de mantener el hogar contra viento y marea y la dignidad de tener una ocupación útil. Gestos pequeños ponen a salvo estos recursos: una madre que se priva varios días de comer para que pueda llevar al cine a sus hijos, un hombre que lleva a casa una sartén vieja, pero todavía utilizable, que ha encontrado en las basuras... Respecto a Cristo, los pobres tienen suerte porque poseen una verdadera inteligencia de todas esas cosas. Los pobres hacen fructificar esta inteligencia, no para sobrevivir, sino para vivir. Los pobres buscan algo más que sobrevivir y no cesan para ello de realizar actuaciones precisas creando realidades en el corazón de la vida diaria. Hacen frente de este modo a la adversidad, a la enfermedad, al desprecio... Y no lo hacen por medio de ideas o de frases, sino mediante actos. Estos actos encierran esperanzas para ellos mismos y para toda la humanidad. Nosotros debemos aprender a leerlos y a medir de esta forma las distancias que hemos tomado respecto a la realidad.

Estas distancias son incalculables, pero sólo los pobres se dan cuenta de ello. Ellos, ya lo he dicho, no se equivocan respecto a los hombres que tienen delante. Nosotros mismos nos dejamos engañar más fácilmente. Nos hemos organizado como funcionarios de la vida, por medio de ideas preestablecidas, de reglamentos, normas y ordenanzas. Estas nos protegen de los hombres que no nos convienen porque viven, piensan y sufren de otro modo. Nuestros cotos cerrados de funcionarios de la existencia nos hacen olvidar los sufrimientos de los excluidos. A estos sufrimientos se añade como apéndice un cierto desprecio: el desprecio del valor que se requiere para resistir a la pobreza. Los pobres no son personas que se dejan caer en la desidia sin luchar. Ni siquiera los más pobres. Incluso el paralítico de la piscina de Betzata seguía luchando por vivir después de treinta y ocho años de esperanzas decepcionadas. ¿Hace falta que el abismo que nos separa de los más pobres haya llegado a ser tan profundo para que nos los imaginemos apáticos, parásitos

voluntarios y con malas tendencias a las que debemos opo-
nernos? ¿No es ésta una manera terrible de tener siempre razón? Razón en nuestros combates, en nuestras capacidades,
en nuestra eficacia e, incluso, hasta en nuestra fe.

Hasta tal punto pensamos tener razón que ni siquiera
imaginamos la posibilidad de tener que confrontar nuestras
ideas con las realidades vividas por las familias del Cuarto
Mundo. De hecho, éstas no nos piden ideas ni sueños. Las
familias no esperan reflexionar con nosotros acerca de los
grandes proyectos económicos. Ellas quieren comprender
por qué sus recursos no son como los de los demás y qué
deben hacer para poder comprarles a sus hijos pantalones y
cuadernos. Quieren saber cómo resolver su situación de desempleados de larga duración y cómo la escuela va a darles la
instrucción a sus hijos. "¿Cómo haremos para que se respete
a nuestra familia y los niños puedan integrarse bien en la
escuela? ¿Cómo van a terminar la escolaridad y aprender
un oficio? ¿Cómo va a encontrar mi marido trabajo? ¿Cómo
obtendremos una vivienda?" Las familias pobres nos conducen incesantemente a estas realidades y no debido a una es-
trechez de miras. Saben por experiencia que las ideas valen
para los demás, pero que todas las teorías fracasan ante su
extrema pobreza. Los más pobres son el talón de Aquiles de
nuestras teorías. Ellos son bienaventurados y los artesanos
de un mundo nuevo porque plantean de forma constante las
cuestiones esenciales: ¿qué valen y hasta dónde llega vuestra justicia y vuestra democracia, vuestro respeto por la vida
y la familia, vuestro amor por Dios? Ellos son bienaventurados a nada que nos dejemos interrogar por ellos y aceptemos las molestias, la incertidumbre y la pérdida de prestigio
consecuente. Deberíamos dejar de atrincherarnos dentro de
nuestras sólidas concepciones.

Esta es la condición esencial. Si nosotros no nos deshacemos de nuestra preponderancia, los pobres no podrán contar con nosotros para su liberación. También les impediríamos a hombres menos instruidos y más humildes acercarse a los pobres. La lamentación de Cristo acerca de los fariseos que impiden a los pobres entrar en el Reino nos concierne plenamente. Al hacer valer nuestras razones, ocasionamos también que las personas sencillas y de buena voluntad se contengan y no tiendan la mano. Estas personas no piden más que ir al encuentro de otros hombres hermanos suyos, y no para dar limosna o hacer obras caritativas, sino simplemente para caminar un trecho juntos y aprender nuevas cosas con reciprocidad. Son personas sin pretensiones y no se creen eficaces. Aunque no nieguen la importancia de la organización, piensan, sin embargo, que lo esencial es ir al encuentro de los hombres y respetarlos. Los que hacen ostentación de su inteligencia y de sus razones, los desaniman y los humillan, reprochan su ingenuidad y les hacen pasar por ignorantes en los grandes combates de la humanidad. Los juzgan y con ello los paralizan. Estos son, quizás, entre los ricos, los más peligrosos para los pobres y para todos los hombres de buena voluntad. Ellos contradicen lo que los pobres conocen a fondo por medio de su experiencia, a saber, que los hombres no están hechos para esa clase de juicios y rupturas. Sólo Dios separará en el Juicio Final el grano de la paja. ¿Quién puede en la tierra pretender reconocer a los bendecidos por el Padre si no son los pobres y los excluidos? ¿Y quiénes serán los bendecidos si no son aquellos que intentan liberar a los pobres poniéndose a su servicio en vez de querer darles una lección? Pero, para aprender a servir, hay que estar junto a los más rechazados.

Si alguno viene a mí y no aborrece a su padre,
a su madre, a su mujer, a sus hijos, a sus hermanos,
a sus hermanas y aun a su propia vida,
no puede ser mi discípulo (...)
Así pues, cualquiera de vosotros que no renuncie
a todos sus bienes,
no puede ser mi discípulo.

(San Lucas 14, 26-28; 33-34)

Si Cristo le pide a los pobres que permanezcan despojados, próximos a los excluidos y capaces de ayudarles a sacudir el yugo, por otro lado invita a los ricos a que se hagan valedores de tal proyecto y participen en él. Para ello, éstos se harán como los pobres e, incluso, más insignificantes todavía, auténticos pobres de corazón, vertiendo verdaderas lágrimas para que la vida de los más fatigados los haga realmente sufrir.

Esta llamada no es en absoluto misérrima y Jesús no nos propone tampoco que nos castiguemos a nosotros mismos o que aceptemos la pobreza y el desarraigo como penitencia. Cristo es realista como los mismos pobres. Él conoce su necesidad y declara su derecho a encontrar a su lado a personas que prueben que es posible ser fiel a los excluidos. "Si yo puedo, tú puedes también y con más motivo...". Si no fuera así, el decirles a los pobres que son bienaventurados sería otra manera de abandonar a los pobres en tareas imposibles que los ricos no están preparados para cumplir. ¿Qué significaría, en efecto, el proclamar a los habitantes de un barrio pobre como capaces de liberar a las familias de una barriada subproletaria vecina, si nosotros mismos no honrásemos al

223

subproletariado permaneciendo a su lado? Nos burlaríamos de los pobres y de los miserables al mismo tiempo.

El Evangelio tiene para mí una increíble lógica y un realismo total. En él no sólo se reconoce a los hombres, sino que se les conoce verdaderamente. Y se les conoce de un modo difícil de soportar, despiadado incluso, si no estuviera presente el recuerdo constante del amor de Dios por todos los hombres. *"Cuando hagas una comida o una cena, no llames a tus amigos, ni a tus hermanos (...) llama a los pobres, a los tullidos, a los cojos y a los ciegos (...) recibirás la recompensa en la resurrección de los justos" (San Lucas 14, 12-13).*

Los banquetes para los inválidos no tienen nada de abstracto en el pensamiento de Cristo. Tampoco tienen nada que ver con nuestros sistemas de ayudas o de transferencias sociales a los pobres. Sin duda, estos sistemas no son malos ni deben desaparecer, pero la preocupación del cristiano se encuentra en otra parte. El banquete no es una mera ayuda, sino una manera de compartir los honores. Es también una extravagancia: vosotros, los inválidos, sois bienaventurados; yo os lavo los pies y os sirvo en la mesa.

También es como la extravagancia de Zaqueo, rico recaudador de impuestos, el cual no titubea en trepar a una higuera para ver pasar a Jesús. Ni siquiera intenta hablarle. Sólo quiere verlo. Conmovido y alegre por ver al Salvador pidiéndole hospitalidad, da a los pobres la mitad de sus bienes y la otra mitad la dedica a devolver el cuádruplo del dinero confiscado a sus hermanos por medio de injustos tributos. Es algo exagerado en opinión de los asistentes. Cristo tendrá que explicar: *"Hoy ha venido la salud a tu casa" (San Lucas 19, 9).* Zaqueo será el único rico al que Jesús declara personalmente salvado. Al despojarse de sus riquezas,

Zaqueo le da la vuelta al orden que excluye a los más pobres mediante la explotación y las astucias económicas. Será criticado por ello. No hay nada de abstracto tampoco en la advertencia de Cristo: *"os perseguirán (...) Seréis entregados aun por los padres (...) seréis aborrecidos de todos a causa de mi nombre" (San Lucas 21, 12-19).* Los ricos que sigan el ejemplo de Zaqueo, molestarán profundamente al mundo social, económico y religioso. Nadie les agradecerá el que dejen de obstaculizar la entrada de los pobres en el Reino. Al proponerles un camino tan difícil y, al mismo tiempo, tan necesario, Cristo honra a los ricos.

Los pobres no necesitan que les estén recordando su función. Necesitan también que les den los medios precisos para asumirla. En esto consiste el servicio de los ricos, en descubrir los medios y aportarlos. Hará falta en primer lugar aprender de los más pobres la naturaleza y la forma de los bienes necesarios. ¿Cuáles son las prioridades y cómo realizarlas una detrás de otra? Nosotros no sabemos nada en absoluto. Nos limitamos desde siempre a dictarles nuestras ideas y a arrogarnos el derecho de determinar sus necesidades.

Ante las familias del Cuarto Mundo en nuestros países y en otros continentes, tenemos que ponernos al final de la línea. Quienes están más cerca de las familias pobres comprenden mejor que nosotros lo que representa la escuela, la formación profesional, el trabajo, el sindicato, la vivienda y los medios de vida cultural susceptibles de arrastrar a los hombres y mujeres del Cuarto Mundo. En lo que respecta a Europa, nosotros no sabemos nada. No conocemos tampoco los medios de desarrollo para los hambrientos de África. No sabemos ni siquiera cómo hacer para alimentarlos y mantenerlos con vida. Es probable que nuestro cálculo de los quintales que les distribuimos represente alguna estimación válida, y aún así... Conocemos mal el estado del cuerpo y del espíritu de los más pobres en el mundo. Vivimos con aproximaciones y estereotipos a veces muy dudosos. De no ser esos misioneros tan poco escuchados, o esos sacerdotes ignorados u olvidados por casi todo el mundo, la mayor parte de la gente desconoce la búsqueda del alma de los más pobres. Tal vez debiéramos olvidar la justicia, el Reino, la democracia y los derechos humanos, tal y como los hemos aprendido, para tener que redescubrirlos de otro modo a una nueva luz. Ya no tenemos que echar reprimendas a otros ciudadanos ni tampoco a los gobiernos, especialmente en lo referente a los derechos humanos. Nosotros mismos no sabemos ni siquiera qué asesoría jurídica podemos ofrecerles a las familias del Cuarto Mundo en nuestras propias ciudades.

El papel de líder y persona que da lecciones a los demás difícilmente es compatible con el papel de hombre prudente que debe descubrir a los humildes lo que le ha sido revelado. El líder puede continuar buscando el bienestar y prosiguiendo su afán por acumular seguridades y distinciones. Podrá incluso decir que las acumula para poder distribuirlas. Si pasa de ser dueño a convertirse en servidor, entonces no tendrá otra preocupación que crear riquezas para su dueño. Una situación excluye la otra. Nosotros no concebimos que pueda aportarse la Buena Nueva a los pobres en los ratos libres, y al mismo tiempo llevar por otro lado una vida en la que éstos estén ausentes. Nosotros no les consagraremos uno o dos años de nuestra vida apresurándonos a continuación a recuperar el tiempo para "hacer carrera" individualmente. Los pobres y los excluidos no rechazan todo esto, pero no les convence. No es, en efecto, con cristianos poco convincentes con los que los más pobres se atreverán a emprender el combate de su liberación. *"Yo he venido a echar fuego en la tierra, ¿y qué he de querer sino que se encienda?" (San Lucas 12, 49).* No es con nuestra solidaridad calculada, con nuestra tibieza y nuestra fría superioridad como encenderemos el fuego o mantendremos la llama alumbrada por el Salvador. Jesús miserable es una pasión para compartir, y no pueden compartirse las pasiones propias como se reparten los bienes materiales. "Donde está vuestro tesoro, allí estará vuestro corazón". Decidid dónde colocáis vuestro tesoro. Allí estará también vuestra pasión. No pretendamos ser astutos y poder realizar compromisos sirviendo un poco a los pobres y otro poco a Mammon, predicando la no violencia por aquí y sosteniendo la violencia por allá. Esto es lo que haremos de todas maneras, pues es muy difícil despojarse de las cosas sin intentar nunca recuperarlas. Pienso horrorizado en algunas poblaciones extenuadas por la miseria y en los militantes que se habían propuesto liberarlas. Consideradas como ignorantes y zarandeadas en nombre de sus mismos intereses, estas poblaciones son tratadas siempre como meros objetos. Unos las tratan así en nombre del orden; otros en nombre de la liberación. Todo ello es y seguirá siendo contrario al Evangelio, a las Bienaventuranzas y al Juicio Final.

La proposición realizada por Jesús a los ricos era radical en la época, pues ¿qué quería decir el hecho de visitar las prisiones yendo a tales infiernos, a esos lugares de infamia en los que estaban encerrados los condenados y sus guardianes? ¿Qué significaba el visitar a los leprosos y alimentar a los hambrientos impuros y malditos? Esta era una manera segura de renunciar a la condición de hijo de familia pura, de rechazar un árbol genealógico que pruebe sus derechos a recibir los honores y ejercer un oficio respetable.

Ya no se podría ejercer este oficio. Hoy en día me parece que la proposición de Cristo sigue siendo radical. ¿Cómo guardar la seguridad, el prestigio, el trabajo y una situación digna, cuando uno se convierte en miembro de una barriada subproletaria, entre un canal y una autopista? Quien propaga la idea o sostiene tal acción pierde el prestigio. Ya no encontrará más de su lado ni al orden establecido ni a la revolución. Pensando pertenecer al mundo, ya no lo es.

Me acuerdo de los ataques despiadados a un sacerdote que se instaló con un equipo de ATD Cuarto Mundo en unas chabolas en la periferia de París. En las parroquias obreras vecinas, muchos le criticaban y lo desanimaban. Su modo de luchar por los pobres no era bueno; era incluso nocivo, decían, pues dividía el combate obrero. El sacerdote se habituaba a vivir con las ratas y con las cucarachas en su chabola. Soportaba también las desgracias cotidianas que compartía con las familias en la miseria. Pero él sufría amargamente por ser incomprendido y escuchar cómo su amor era despreciado en las reuniones parroquiales. Yo no sé si alguna vez se repuso de todo ello.

Saliéndose de su propio medio social y abandonado por éste, el rico que deja a los suyos no tendrá ni siquiera el consuelo de hallar, repentinamente, a su lado a los más pobres. Será entre ellos como un expatriado. Ya no verá los rostros y los objetos familiares ni caminará por las mismas calles. Y allí donde vaya, no conocerá ni la lengua ni la mentalidad. Era necesaria una convicción extraordinaria para seguir a Cristo, en su época, hasta el final. También es precisa una convicción semejante en nuestros días. Deberíamos anhelar armarnos y organizarnos para sostenernos en la Iglesia mucho más de lo que lo hacemos. Depende de ello la suerte de los más pobres y la del Reino. A veces parecemos tan poco inquietos... Nos organizamos tan mal para formarnos y actuar juntos en nombre de la Iglesia y del Pueblo de Dios. Si queremos tener la oportunidad de estar entre los bendecidos por el Padre y, sobre todo, ofrecérsela a los demás, tendremos necesariamente que sostenernos unos a otros. Nadie puede pretender avanzar en solitario. Ello sería también contrario al Evangelio. La verdad es algo común y vivido en común alrededor de Cristo. Y la verdad es que si los ricos no comparten sus bienes, sus corazones, su inteligencia y sus vidas, ofreciendo a los pobres y a los miserables sus manos llenas hasta rebosar, entonces los pudientes y los excluidos no podrán encontrarse nunca para construir juntos un mundo justo y fraternal. Cada uno seguirá su propio camino. Los pobres serán liberados por accidente según la voluntad de los ricos, mientras que los más pobres nunca serán liberados.

Soy consciente de las oposiciones que se suscitan con la sola idea de que los ricos y los pobres puedan unirse. Las vacilaciones son legítimas. ¿No pagarán acaso los pobres una vez más esta alianza por medio de la sumisión? El peligro acecha y hay que conocerlo. ¿Pero podríamos ignorar el peligro contrario? Si no se produce la unidad, incluso los hombres de buena voluntad terminan levantándose unos contra otros. Los hombres viven a menudo con una desconfianza mutua que puede llevarles al odio. Sin embargo, todos parecen querer en principio la misma liberación. De este modo, también los hombres de buena voluntad hacen fracasar el Reino. Una carta recibida en estos días, procedente de un sindicato familiar, me recuerda esta cuestión. La carta me reprocha amargamente el haber fundado con las familias subproletarias una organización en la que otras familias puedan unirse a ellas. Contiene sólo acusaciones y esto nos hace imposible que podamos caminar juntos.

¿No estaremos acaso empujando a los ricos a encerrarse en su campo intelectual, financiero o religioso, a fuerza de rechazar la unidad de los hombres o de querer imponerla por la violencia? De este modo, los ricos y su visión de las cosas se harán cada vez más el centro de gravedad del mundo. Así nacen numerosos movimientos en los que los pobres no llevan la delantera y también luchas por la paz y la libertad en las que ellos no tienen el control. Dios puede cambiar el corazón de los ricos. Dios puede cambiarlo todo, dice Cristo. ¿No deberíamos dejar actuar al Señor, no habríamos de ayudar a la Iglesia? La Iglesia no tiene que hacer obras de justicia, ella misma es obra de justicia y, por consiguiente, de unidad. En nombre de quién podríamos negárselo, en nombre de quién podríamos dejar a los ricos aparte, cegados por sus riquezas y obligando a los pobres a librar a solas un combate imposible. Con qué derecho algunos se figuran más dignos que otros de amar a sus hermanos.

La Acción Católica nos había enseñado, ciertamente, la salvación de los hombres a través de su propio medio social. Era un enorme paso adelante, un momento importante en la marcha del Pueblo de Dios. Nosotros le debemos a la Acción Católica el habernos ayudado a superar nuestras ideas de una salvación personal obtenida individualmente en una especie de "sálvese quien pueda". Ahora hemos de ir más lejos. La Acción Católica dividida entre ricos y pobres y la separación forzosa entre obreros y dirigentes o intelectuales, no pueden ya satisfacernos. Son demasiado contrarias a la sed de unidad inscrita en el corazón de los hombres. Son también ajenas al espíritu mismo del Evangelio, como también lo es esa "autosuficiencia" impuesta hoy, demasiado tarde, a los países más pobres. Estamos en el tiempo de la responsabilidad compartida. Los más pobres y su lectura del Evangelio nos lo recuerdan. Existen funciones complementarias que deben asumirse. ¿Hoy todavía pueden admitir los cristianos en conciencia, que exista una ruptura entre hombres asociados en un mismo proyecto por Dios? Ellos admitirían entonces que el Reino está cerrado a los ricos. Pero ¿qué Reino les quedaría a los pobres con el camino hacia la unidad humana obstruido de tal modo? Al prohibírselo a unos se lo cerramos a otros. ¿No ha llegado el momento de vivir con plenitud la responsabilidad compartida? Solos y por medio de su condición, los ricos no pueden ir al Cielo. Ellos entrarán en el Reino con los pobres, cediéndoles el paso. Y los pobres entrarán arrastrando con ellos a todos los hombres. Este es su honor y la voluntad de Dios.

Para permanecer fieles a esta voluntad, deberíamos tal vez vivir el Evangelio desde su interior. Tenemos que ver a Jesús caminando, sentándose en medio de la muchedumbre, sentir su aliento y oírle hablar a los excluidos y a todos los demás hombres. Cristo ha elegido a los hombres y mujeres a los que se les retira sus hijos para ser educados por otros, ha elegido a las familias que no tienen un refugio y también a los que recorren una tras otra las agencias para el empleo. Ha optado por esos hombres que se detienen en los bares para olvidar, por aquellos que se pelean con el vecino para liberar todo su odio y poder seguir amando todavía. Cristo es el fuego que Él mismo quería encender, un Cristo apasionado por su Padre y suscitando la pasión a su alrededor. Hay que rezarle constantemente, rezarle en familia, en la Iglesia, aceptar que nuestros sacerdotes estén siempre con Él, hablándonos de Él, desde lo más profundo de sus oraciones. Sólo Él puede mantener el fuego en nosotros y en la Iglesia, con tal que nosotros nos pongamos juntos en su camino, aguantando su mirada y también la del leproso, la del ciego curado, la de María Magdalena y la del insensato Zaqueo.

Los ricos deben saber que se trata de una mirada de amistad, de ternura y no de odio. "Me han hecho tanto daño, me han quitado a mis hijos; pero les perdono". He oído a decenas y decenas de hombres y mujeres subproletarios hablar de tal modo. Ellos dicen también, como Jesucristo en la Cruz: "No es su culpa; no saben, no pueden saber lo que hacen". Sin embargo, ellos no son héroes. Sencillamente no pueden hacer de otro modo, deben perdonar para sobrevivir. Ellos esperan, no obstante, que los creyentes les digan: "Tu perdón es el perdón de Dios. Toda la humanidad necesita tu perdón, pues éste funda el Reino".

Todos los ricos y creyentes no se dirigirán hacia las zonas de miseria a llevar la buena nueva compartiendo su vida con los pobres; pero quedan por abrir todas las puertas del mundo circundante, el preparar las instituciones para acoger a los excluidos y el cambiar las estructuras. Queda también el transformar los corazones para que todo esto suceda. Los más pobres son unos maestros exigentes que nos revelan todas nuestras responsabilidades. Estas son numerosas y difíciles: cambiar la escuela, el hospital y la vida democrática... preparar nuestras parroquias, nuestras comunidades y nuestros servicios diocesanos para formar una Iglesia presente en el Cuarto Mundo por medio de sus enviados y de sus religiosas y, al mismo tiempo, una Iglesia que espere a sus huéspedes en el banquete. Si estos cristianos no son como el Cristo en la miseria, ¿quién lo será entonces? Si los cristianos no aportan a las familias pobres la pasión del Reino que añoran, ¿quién lo hará? ¿Quién irá a los barrios y arrabales olvidados, a las aldeas perdidas en la maleza en donde los cuerpos y los espíritus se marchitan? Y, por otro lado, ¿quién pondrá la mesa, esperará a los invitados y prolongará la fiesta si no son los cristianos? No es porque sean mejor que los demás, sino porque Cristo les encarga tal misión.

¡Qué agitación se produciría entonces en nuestras instituciones! ¡Qué cambio en el modo de ver a los pobres y qué vuelta hacia nosotros mismos! Los pobres cesarían de ser asistidos y dependientes de nuestros servicios, fichados y contabilizados a la entrada. Una transformación radical se originaría en nuestras relaciones si los excluidos se convierten en nuestros interlocutores, en nuestros formadores, si nosotros mismos mendigamos su confianza y su palabra. ¡Qué alegría y también qué conmoción la de volvernos a hallar plenamente en la Iglesia, ya que los más pobres pueden decirnos que el primer derecho, y también la culminación de todos los derechos del hombre, es el derecho a la espiritualidad! Permitir a los más pobres ir hasta el final de sus aspiraciones y sueños para extraer de Dios toda su fuerza es algo posible si nuestros corazones, y también nuestras organizaciones, se hacen valedores y acompañan ese movimiento de los pobres hacia el fondo de su ideal. El soñar que la utopía de un mundo nuevo ya es una realidad en la Iglesia puede cambiar muchas cosas en nuestra Acción Católica, en nuestra enseñanza libre, nuestras universidades católicas, nuestras comunidades de base y carismáticas y nuestra búsqueda de nuevas formas de vida consagrada. Los más pobres, como nosotros mismos; sus penas, nuestras penas y sus esperanzas, sus alegrías y dichas, las nuestras. ¡Qué cambio para nosotros y para el mundo!

Como un recién nacido que cambia todo entre los esposos y en la familia, de igual modo los más pobres transforman todo al acudir a las iglesias en las que no se atrevían a entrar.

Ya nada será como antes, y no porque haya una nueva liturgia, sino porque el corazón de los hombres, ricos y pobres, habrá cambiado al reconocer a Jesucristo y amarlo en la persona del más miserable de los hombres.

Tengo un amigo que es general jubilado. Un día conoció el Movimiento ATD Cuarto Mundo y quiso servir a las familias en la extrema pobreza. Aceptó realizar tareas administrativas, redactó expedientes, los defendió en los ministerios... Llegó el momento en que se encargó de las relaciones con la Asamblea Nacional. Mi amigo se prodigó para obtener la creación de un grupo interparlamentario de la Cámara. Este grupo se llama "Cuarto Mundo" y, gracias a él, este nombre se pronunció por primera vez en el hemiciclo, en 1978. Entonces, extendió sus esfuerzos al Senado y, más tarde, su iniciativa fue retomada por el Parlamento Europeo. Mi amigo no era hombre que hablara en voz alta en las reuniones ni tampoco escribía libros. No tenía en la cabeza teorías de ninguna clase sobre la pobreza. Acostumbrado a mandar, se convirtió en servidor y, despojado de cualquier ambición personal, llegó a ser el artesano silencioso, ignorado por muchos, de un verdadero estreno en la vida democrática europea. Los representantes políticos se comprometían con los más pobres.

Philippe Gourat, que así se llama mi amigo, no dejó su apartamento en París. Yo no sé lo que ha cambiado en su vida personal, pues él no es un hombre que haga fácilmente confidencias. Pero sí sé que, por haber sido a menudo testigo de ello, lo que el comprometerse con las familias del Cuarto

Mundo le ha costado en lo referente a sus relaciones sociales y familiares. Al establecer nuevas prioridades en su vida sin que pudiera ocultarlas de su entorno, él tuvo –me imagino– que sentirse a veces como extranjero en su propio círculo social. Una forma de expatriación sin bombo ni platillos. Muchos de mis amigos viven también esta clase de expatriación al aceptar la pérdida de crédito, el fruncir de cejas y las humillaciones cuando en las reuniones familiares o en las cenas oficiales sacan a relucir la cuestión del Cuarto Mundo. Mi amigo Gourat no se creyó nunca bendecido por el Padre, hasta el día, quizás, que una voluntaria de ATD se lo dijo: "¿No lo comprende? Usted está bendecido por Dios". Él quedó sorprendido. Amaba a Dios y a los pobres, pero no tenía la mirada puesta en sí mismo. Muchos amigos que tengo entre los ricos me parece que tienen esto en común. Ellos no se preguntan: ¿Cuál es mi sitio, acaso tengo uno? Están demasiado ocupados en llevar a cabo su acción, en realizar su servicio. Se inquietan por conocer si las familias pobres se benefician. Ellos llegarán al Juicio Final completamente sorprendidos al enterarse de que al convertirse en personas nuevas, vulnerables, comprometidas y también comprometedoras, se transforman en los hombres justos y en los compañeros que Jesucristo esperaba.

Yo creo que la situación de los hombres y mujeres que permanecen en su medio social puede llegar a ser difícil e, incluso, insostenible, pues están obligados a mostrar a su entorno su propio rostro, lo cual no será un motivo de agrado. No debió ser fácil para Nicodemo el "venir a la luz" y manifestar las obras de Dios en un medio que hacía todo lo posible por apartar las verdades molestas. Para algunos de mis amigos, el abandonar su posición hubiera sido más sencillo, si su condición de padres no se los hubiera impedido.

Al observar el difícil camino seguido por ellos con fidelidad, me pregunto cómo podemos imaginarnos a Jesucristo amando a los pobres contra los ricos. El amó a los pobres "para" los ricos y amó a Zaqueo "para" los pobres y los explotados. Amó igualmente a Nicodemo que tenía todavía mucho camino por recorrer. Cristo amó a los ricos hasta el punto de quererl, a toda costa, que los bendijera su Padre.

Capítulo XII

San José, el creyente de todas las épocas

La salvación de los más pobres, el compromiso de los pobres en el Reino, la bendición de los ricos que renuncian a sus privilegios... ¿Por dónde comenzó esta increíble historia? ¿Cómo entró en la historia del mundo transformándola de pies a cabeza? José y María fueron la puerta por la cual Jesucristo se introdujo en el mundo. ¿Qué sabemos nosotros de ellos, qué sabemos de José y de María, los primeros pobres que nos descubre el Evangelio? Ellos fundaron la Sagrada Familia, acogieron a Jesús, lo criaron y educaron. Ellos son el modelo ideal para todas las familias hasta el fin de los tiempos. ¿Pero cómo nos los encontramos en el Evangelio? Quisiera detenerme en la vida y las personas de José y María para concluir este libro. ¿Por qué hacerlo al final, y no al inicio de esta peregrinación por las páginas del Evangelio? Tengo una razón personal para actuar así. Yo no creo haber sido capaz de representarme a estos inmensos personajes antes de seguir y meditar durante mucho tiempo sobre el Mesías que ofrecieron al mundo. La vida adulta de Jesús me enseña sobre José y María. Yo me acerco a ellos de otro modo después de haber visto a Jesucristo en medio de la muchedumbre, tocando los párpados de un ciego, multi-plicando los panes o hablando en la sinagoga. La madre de Dios y la Sagrada Familia seguirán siendo siempre un misterio, aunque he vivido, no obstante, una buena parte de mi existencia en una época en la que no era la costumbre maravillarse ante el misterio que una y otra nos ofrecen. Al no estar la familia en general en el centro de las preocupaciones, la Sagrada Familia, en particular, quedaba en el espíritu de la gente como algo al margen. En cuanto a José, lo que se retenía de él era su condición de trabajador. Todo ello era quizás algo escaso para dar plena cuenta del regalo ofrecido por el pueblo judío a toda la humanidad e insuficiente para comprender a los personajes nacidos en el seno de dicho pueblo y elegidos por Dios para recibir a su Hijo. Las familias más pobres, al ser capaces de no perder el sentido de la familia —su último recurso contra la crueldad del mundo—, me condujeron necesariamente ante la Sagrada Familia. Lo mismo hizo Cristo, miserable y salvador de un pueblo pobre. Los oprimidos de ayer y hoy me hicieron contemplar el mayor misterio de todos y también el más exaltante. Y esto mientras que los personajes, a través de la vida adulta de Cristo, adquirieron rasgos más acusados, un rostro nuevo y una densidad cada vez más impresionante. Jesús y los que lo rodeaban —y a los que Él amó, tanto ayer como hoy— me han iluminado el camino y ahora vuelvo a contemplar a José y a María comprendiendo mejor el porqué de su presencia como entrada de Cristo en la historia de los hombres. Me tranquiliza saber que están instalados para siempre en el corazón del mundo.

Hablaré primero de José, tal vez porque los evangelios nos lo presentan en pocas palabras, lo cual nos permite prestarle más o menos atención según las épocas. Los Evangelios parecen, al menos, dejarnos una cierta libertad de interpretación. Nosotros aprovechamos esta libertad para enriquecer o empobrecer a nuestra conveniencia la imagen de José. Los creyentes parecen llegar en ocasiones hasta manipularla, utilizarla y explotarla según sus caprichos. San José comparte en esto la suerte de los más pobres. Aún más que otras personas en la vida de Cristo, José aparece como el testigo de la evolución de los corazones y de los espíritus a lo largo de los siglos. No es por azar que hoy nos hacemos de él una imagen embellecida y lo presentamos como un símbolo, en lugar de verlo como un hombre al que debemos encontrar a nivel personal. Cuando adquiere forma humana lo hace como trabajador manual o, incluso, como artesano. Esta representación deja en la penumbra toda la historia de este hijo de la familia de David, sus dimensiones esenciales y su papel crucial. ¿No es ésta acaso una pérdida considerable?

La personalidad de José se encuentra, por culpa de nuestras manipulaciones imprudentes, borrosa, falseada y paralizada. Ya no nos puede conducir, entusiasmar ni sorprender. Me pregunto cómo podemos amarlo. La Iglesia nos lo enseña sin animarnos demasiado a caminar a su lado y a dejarnos maravillar y conmover por él. Temo que, para algunos, José se haya convertido en un silueta vaga e inconsistente, una pincelada obligada para terminar el cuadro, en vez de ser un personaje que figure en primer plano. La existencia de José, símbolo del hombre obediente y buen carpintero que acepta sin murmurar la intervención de un tercero en su vida conyugal, ¿estaba realmente difuminada hasta tal punto para que se cumpliera la obra de Dios? Ello me parece totalmente inverosímil. La muchedumbre del Evangelio, los pobres que me rodean y el mismo Cristo, me conducen hacia un hombre totalmente diferente.

"José, su esposo, siendo justo, no quiso denunciarla y resolvió repudiarla en secreto". La T.O.B[1] se muestra desconcertada. ¿Cuál es este repudio secreto, desconocido en el Antiguo Testamento? Pero ¿hay algo que realmente deba sorprendernos? San Mateo acaba de decirnos que José, hijo de David, era un hombre justo y, por consiguiente, un hombre impregnado de las Escrituras y de la tradición davídica y que tenía sus ideas acerca de la justicia, tanto la divina como la de la Ley desarrollada por los doctores y los escribas. Un carpintero instruido en la palabra de Dios no vive su condición y la del pueblo judío de Galilea, oprimido por los romanos y por sus propios ricos, sin tener sus ideas sobre la justicia. Él compara la palabra y la conducta de los fariseos con los designios de Dios que ha aprendido en los libros santos. Él mismo experimenta las deformaciones e incompatibilidades. ¿Figura, quizás, entre estas deformaciones el repudio público de una mujer joven embarazada fuera del matrimonio? ¿Cómo no iba a reflexionar sobre la justicia de Dios y de los hombres un hijo de David, respetado de labios para afuera como hijo de familia pura, aunque en la realidad estuviera abandonado en el hundimiento de una cultura? ¿Cómo no podía interrogarse sobre la justicia un carpintero, ejerciendo un oficio respetable, y que ve, sin embargo, que se queda sin clientela? No es muy probable que José fuera un hombre sin ideas personales. Esto es totalmente inverosímil para los pobres. Si fuera verdad, José sería un hombre sin carácter ni personalidad. ¿Podemos acaso pensar esto del hombre elegido por Dios como padre y educador de Jesús? Estoy convencido, al igual que las familias del Cuarto

---

[1] Traducción ecuménica de la Biblia, en el original francés.

Mundo, de que hay que tomar al pie de la letra la visión de José como hombre justo, debido a que cree profundamente en Dios y al mismo tiempo está marcado por las opresiones de los hombres. "Él debía tener algo en la cabeza sobre todo eso", nos dice, durante una velada navideña, un hombre pobre que vive con su familia en una barraca a las afueras de Breda.

Esta es la primer manera que aprendí de encontrar a José de los hombres y mujeres del Cuarto Mundo, es decir, ver al padre de Jesús como un hombre de convicciones, con ideas propias y comparando la distancia insoportable entre las realidades de su tiempo y las Escrituras. En esto José seguía los pasos de sus antecesores en la familia de David. Si Jesús se comportaba con tanta familiaridad con los fariseos, aunque no se contara entre ellos, y si, por otro lado, era tan perspicaz con respecto a sus hipocresías y errores, esto se debía sin duda al hecho de que su divinidad hacía caer ante Él todos los velos. Sin embargo, yo no puedo evitar el encontrar también en Jesús al hombre educado por José en un hogar en el que seguramente debió escuchar desde muy joven las lamentaciones de su padre sobre los fariseos. Tal vez ya decía José que los fariseos obstruían a los pobres el camino hacia Dios. No lo sé. En cualquier caso, estoy convencido de que éste sería un tema de conversación en el hogar de José y María; un tema, además, de actualidad, candente. Me parece oír a José discutiendo con vehemencia sobre la cuestión. No tengo razones para imaginármelo taciturno. Jesús no pudo adquirir sus primeros intereses ni tampoco aprender las primeras oraciones de la boca de un hombre apocado, silencioso y pusilánime.

José se sitúa entre los justos en compañía de María, así como también de Simeón, Ana y Zacarías. Todos ellos se

241

conocen y yo no veo la razón de presentar a José nada más como el marido de su mujer. Ello me parece no sólo una manera de restar valor a la intervención de Dios en el mundo, sino también de quitar importancia a su misteriosa eterna alianza con el pueblo judío.

Yo insisto a menudo en la falta de respeto hacia Dios al representarlo como un director de teatro creando situaciones apropiadas a una buena causa. Él no rebaja la liberación de los pobres reduciéndola a un acto oportuno sostenido mediante intervenciones "*ad hoc*" paralelas a la historia. Dios "es" la liberación de los pobres y Él mismo entra en su historia temporal, la cual representa y aclara la historia de todos los hombres. Una teología de la liberación que desconozca esto no tiene razón de ser. No es teología en el sentido de la Iglesia. Si Dios hiciera entrar en escena a simples comparsas, no sería entonces Dios. Se limitaría a intervenir desde fuera de la historia de los hombres, en vez de formar parte de esta historia como sucede en la realidad. Dios no necesita crear decorados artificiales y José no forma parte de uno de ellos. Dios toma como decorado la historia de la humanidad y José era un hombre de su tiempo, un hombre justo, tal y como la historia los había moldeado.

¿No corremos el riesgo de olvidar la alianza de Dios con el pueblo judío al pasar por alto todo esto? A través de esta alianza eterna, Dios camina con el pueblo judío y, por medio de ellos, caminará con todos los hombres. José, descendiente de David, podía acoger al Salvador porque, al igual que Ana, Simeón, Zacarías y tantos otros, esperaba la venida del Mesías. Dios le habla solamente en un estado absorto, el estado propio de un hombre que reza impregnado de la realidad divina. Dios no habla así a los soñadores, sino a los hombres que lo interrogan de continuo para actuar conforme a su voluntad. Por otro lado, las respuestas de José son inmediatas, sin vacilar jamás. José espera lo que Dios le dice.

Pienso que José, al igual que María, los celotes y muchos otros, esperaba con entusiasmo un Mesías que anunciara el tiempo en el que los poderosos cedieran su trono y cesara la dominación a los humildes. Seguramente, y como era normal en su época, José esperaría que este Mesías trajera un reino interior en el que todos los hombres encontraran su plena identidad como hijos de Dios. Pensemos en lo que él vería todos los días: el empobrecimiento sistemático de su pueblo, la expoliación de las tierras comunales y, a través de esto, la quiebra de la comunidad y de su sistema de ayuda recíproca. Los latifundios en lugar de los campos de sus padres, los usureros explotando a los campesinos incapaces de pagar los intereses, la protección a las mujeres, a las viudas, a los huérfanos y a los pobres en trance de desaparecer... ¿Cómo podría admitir José, un hombre justo, todas esas injusticias? ¿Cómo podría admitir de igual forma esa otra clase de injusticia que era el orgullo y la soberbia de quienes regían el Templo de Jerusalén frente a un número cada vez mayor de hogares incapaces de pagar el diezmo y cumplir con los ritos? Creo que José anhelaba un Salvador que liberara a su pueblo de los romanos y que también los emancipara del pecado y la infidelidad a Dios. José no rechazaba, sin duda, una existencia sobria, pero seguramente debía esperar un reino de justicia, de fraternidad y de verdad.

Por otra parte, imagino que siendo de la familia de David, José tuvo que oír hablar desde la infancia de un Mesías esperado. ¿No era acaso una costumbre inmemorial en las familias descendientes de patriarcas el recordar de generación en generación la vocación mesiánica? José se me presenta plenamente integrado a una de estas familias. Su padre le debió decir cosas con un tipo de lenguaje aprendido de los ancestros. Él mismo transmitirá a Jesús todo ello. José también debía llevar en su interior el "Magnificat" de María y este lenguaje y esta visión se convertirían en algo familiar a Jesús. Más tarde, Cristo lleva consigo en su camino las palabras escuchadas durante toda su vida: que el Señor ciega a los poderosos y les oculta lo que revela a los más pequeños y que los derriba de su trono para ensalzar a los humildes. La aplicación que hará Cristo de todas estas ideas sobrepasa y pone incluso cabeza abajo todo lo que José haya podido imaginar. Sin embargo, la advertencia viene del fondo de su memoria y de la memoria de su pueblo, y él mismo la transmite a Jesús. Cristo, al cumplir los designios de Dios, no fue un castigo enviado al pueblo judío, sino la recompensa a su fidelidad durante la espera. Jesús no fue un encargo confiado a José, sino la recompensa al hombre justo que supo esperar con confianza.

De este modo, la filiación davídica de Jesús no tuvo nada de una mera formalidad o de un simple disimulo. José no está presente sólo para asegurar el registro del nacimiento de Cristo en correcta y debida forma. Como hombre de su tiempo y profundamente enraizado en la historia, José acoge a Jesús en su familia para asumir la plena responsabilidad de su educación. ¿Podemos pensar que no lo haya hecho con esmero y convicción? ¿Podemos imaginar que no intentara activamente formar su inteligencia y su corazón, tanto más cuanto que él mismo se hallaba arrastrado por la corriente que llevaba a su pueblo hacia la desintegración? Este carpintero, hijo de David, debía tener los motivos y el tiempo necesario para reflexionar mientras esperaba los encargos de trabajo cada vez más espaciados. Debía tener también poderosas razones para querer afianzar a su hijo en la justicia de Dios, sobre todo en un tiempo en que las tradiciones se resquebrajaban.

Nada tiene de sorprendente el extraordinario conocimiento de las Escrituras por parte de Jesús. Seguro obtenía de éstas su comprensión de Dios. Sin embargo, ¿no había sido también instruido con perseverancia por José? Sus explicaciones de los textos son evidentemente de inspiración divina, pero llevan al mismo tiempo la huella de la lectura de un hombre pobre enfrentado a las realidades esenciales de la vida cotidiana. ¿No tendría en ello nada que ver la experiencia y las palabras de José? Muchas cosas de las que dice Jesús a los sacerdotes en la sinagoga podrían haber sido dichas por José el carpintero contrastando el comportamiento y los preceptos de los eruditos y los fariseos con las enseñanzas de los profetas.

Yo he conocido en mi vida a muchos artesanos: trabajadores del cuero, herreros, carpinteros... todos ellos nacidos en un medio artesanal campesino y caídos en la miseria a medida que su comunidad desaparecía. Me acuerdo de un tal Bonnavo, el hombre más culto del campamento de barracones de Noisy le Grand. Su madre le había enseñado el Evangelio al mismo tiempo que el alfabeto, pero él no había superado nunca el grado de aprendiz con su propio padre, ayudante de un repujador de cueros. Su patrón tuvo que cerrar el negocio por falta de clientes. El señor Bonnavo no se lamentaba de su penuria material, aunque él y su familia no pudieran siempre comer hasta saciarse. Sin embargo, se quejaba de la dureza de corazón de los hombres, del desprecio hacia sus hermanos menesterosos.

Debían existir muchos hombres como el señor Bonnavo alrededor de José, allá en la Galilea de aquella época, antes del censo ordenado por César Augusto. Aunque José todavía manejara las herramientas, debía ser, sin embargo, muy pobre por el hecho mismo de tener que compartir el fruto de su trabajo con otros que tenían menos trabajo, en su familia y en su entorno. No es sorprendente, pues, que se presente en un albergue de Belén, al fin de un viaje, con un aspecto tan deplorable que lo mandan hacia una gruta. ¿Cómo se les pasó por la cabeza semejante idea a la gente del albergue? Me lo imagino llegando extenuado al albergue. No creo, ciertamente, que haya sido el único al que enviaran a protegerse en un refugio natural. ¿No se hallaba acaso toda una población miserable viviendo en el universo de las cuevas?

A través de la mirada del Cuarto Mundo, yo veo sobre todo a un hombre que vive, observa, piensa y evoluciona; un hombre que recorre los caminos de su tiempo viviendo un destino conforme a su historia y sacando constantemente lecciones de su experiencia. Veo a un hombre que no cesa de progresar y de robustecer su personalidad. El José que se promete a María no es todavía el que llega a Belén, con Jesús a punto de nacer. Ese José va a realizar todavía un largo camino partiendo al exilio como hicieron sus ancestros, a un exilio voluntario o como deportados. Durante su estancia en Egipto –en donde el fugitivo que viene del norte no halla sino trabajos forzados o la esclavitud–, José revivirá en su propio hogar, como si fuera un resumen, todo el destino de su pueblo. Y, como cualquier padre, él adquiere una consistencia en su paternidad y en su hombradía mientras su hijo crece. El Evangelio no nos habla de este tiempo de maduración. Ello no es, sin embargo, una razón para no pensar en este período e imaginárnoslo. ¿No nos conducirá al menos este silencio del Evangelio a una meditación también silenciosa? ¿No nos llevará, también, a buscar más a fondo? Yo no puedo hacer de otro modo frente al hombre que condujo los primeros pasos, los primeros pensamientos y oraciones del niño Jesús. José le proporciona al Jesús adolescente el vocabulario, le acostumbra a un cierto estilo de pensamiento, le rodea de un universo en el que ejerce su sensibilidad. Yo estoy convencido de que la vida, la persona y el corazón de José eran adecuados para introducir de tal modo a Cristo entre los hombres. ¿Cómo podríamos no tener deseos de conocerlo más a fondo?

Por mi parte, el silencio del Evangelio sobre la estancia en Egipto me llena de inquietud. ¿Qué pasó en aquellos años de vida errante, de soledad quizás, y de una humillación tal vez peor que la sufrida en Galilea y Judea? ¿Pasaron hambre? ¿Estuvieron acompañados por otras familias en desgracia? ¿José en qué trabajó? Sin forma de saberlo, nos limitamos a imaginar su desesperada situación y a permanecer en silencio, confusos, ante esta Sagrada Familia en fuga.

Partido que hubieron,
el ángel del Señor se apareció en sueños a
José y le dijo:
"Levántate, toma al niño y a su madre y huye a Egipto,
y estate allí hasta que yo te avise,
porque Herodes va a buscar al niño para matarlo".
Levantándose de noche, tomó al niño y a la madre
y se retiró hacia Egipto,
permaneciendo allí hasta la muerte de Herodes,
a fin de que se cumpliera lo que había anunciado
el Señor por su profeta, diciendo:
"De Egipto llamé a mi hijo".

(San Mateo 2, 13-15)

247

San Mateo o dice muchas cosas o no dice las suficientes. Todo esto no sucede en un ambiente tranquilo y sereno. "Herodes va a buscar al niño para matarlo". ¡Qué espanto! ¡Vaya angustia para recoger lo esencial, salir al camino y dirigirse hacia el desierto adonde los soldados no se aventurarán a seguirlos! Después de esto ya no tenemos ninguna imagen. ¿En qué ambiente abrió Jesús los ojos durante su tierna infancia? ¿Cuáles fueron las angustias y esperanzas de José y María? ¿Estuvieron aislados? ¿Cuál fue su valor ante las circunstancias? Ante nuestra ignorancia, qué podemos hacer si no es meditar, indagar y redoblar nuestras oraciones.

Al regresar a su país, José debió hacerlo más maduro, sus convicciones debían de haberse afianzado y su esperanza seguramente sería más ardiente. El fuego que Jesucristo quiso alumbrar en el mundo, ¿no lo presentiría ya de adolescente en el corazón de su padre? ¿No viviría José ante Él ese amor por Dios, el fuego encendido en el corazón de los hombres? Le será necesario mucho amor a José para reanudar la vida en Nazaret. Es indudable que le será difícil continuar como carpintero, pues los clientes que le quedaban se habrán dirigido hacia otros artesanos. Volverá a encontrar las mentiras, las sospechas, las acusaciones y la dominación que ha expoliado a las comunidades de Galilea dañando a los pobres y, en especial, a los más pobres. Será preciso amar mucho a Dios y amar mucho a este pueblo que se desfigura a sí mismo desfigurando a los pobres, para poder reanudar las viejas costumbres y viajar a Jerusalén cada año por la fiesta de Pascua. Ello significa mucho más que volver a moldearse en las costumbres de antaño. José ha de abrazar otra vez a su pueblo y a su historia para poder integrar en ella a Jesús. Esto es lo que me parece al menos entender en el relato de San Lucas sobre las primeras palabras de Jesús en el Templo. Cualesquiera que fueran sus decepciones y su desánimo, José no olvidaba a Dios ni la misión que le confió de aceptar por hijo al hombre que salvaría a su pueblo de sus pecados.

Jesús, ciertamente, va demasiado deprisa, en opinión de su padre. ¿A qué viene eso de sentarse en medio de los doctores escuchándolos e interrogándolos en el Templo? Jesús es muy joven para eso y no es así como José imagina la conducta del Salvador. Es por esto que no comprende el comportamiento de Jesús: *"Hijo, ¿por qué has obrado así con nosotros? Mira que tu padre y yo, apenados, andábamos buscándote" (San Lucas 2, 48).* Por otra parte, la angustia causada por el Mesías y las incomprensiones sobre el proyecto asignado por Dios al Salvador, no les han faltado seguramente hasta entonces: la terrible amenaza de Herodes, la matanza de los inocentes, el penoso exilio en Egipto, el regreso a una Nazaret en la que las relaciones entre los hombres están tejidas de injusticia y de desprecio... ¿No le habría interrogado a menudo José a Dios acerca de este modo de proteger y de preparar al Salvador? Dios ya no le habla más a partir de su regreso a una Galilea en la que los mandamientos se debilitan. ¿Se habrá equivocado? ¿No sería más que una pura ilusión lo que él creía vivir al servicio del Señor? *"¿No sabíais que es preciso que me ocupe en las cosas de mi Padre? Ellos no entendieron lo que les decía" (San Lucas 2, 49-50).* Al contemplar a José en Nazaret, me parece estar en presencia de un hombre justo y fuerte, un hombre que ha asumido con firmeza todas sus responsabilidades y que lucha con Dios. "Yo hago lo que Tú me has pedido, Señor, pero ¿qué haces Tú para realizar la salvación?"

¿Habría Dios zanjado pronto este combate llamando ante sí a José? A menudo me he preguntado por qué razón suponemos que José ha muerto cuando Cristo comienza su vida pública. Nosotros no tenemos ninguna certidumbre de ello y, al abreviar así su vida, interrumpimos la meditación sobre un hombre que tendría tal vez muchas cosas todavía que decirnos e inspirarnos. ¿Era acaso necesario ver a María como viuda joven para garantizar su virginidad? No lo sé. En la duda, arriesgarse a declarar a José muerto prematuramente me parece una imprudencia. Si Jesús hubiera sido huérfano a los treinta años, por qué iban a decir de Él en Nazaret: *"¿No es ese el hijo del carpintero?" (San Mateo 13, 55).* Si el carpintero estuviera muerto, los habitantes de Nazaret habrían dicho: "¿No es ese el hijo de José, de la casa de David?" Al hacerlo morir antes de tiempo, ¿no estaremos dejando de lado una fase esencial de su vida, una lección o inspiración de la que tengamos necesidad?

Por mi parte, yo me pregunto a menudo qué habría sido de José si hubiera visto partir a Jesús para dejarse engullir por la muchedumbre: *"...les estaba sujeto (...) Jesús crecía en sabiduría y edad y gracia ante Dios y ante los hombres" (San Lucas 2, 51-52).* José tuvo en Jesús a un buen hijo y lo vio en el buen camino para convertirse en un servidor escuchado por Dios y por los hombres. Y resulta que, en vez de encaminarse hacia el Templo para tomar asiento frente a los que detentan el poder, Él marcha en dirección de los pobres, de los inválidos, de la gente de mala vida. ¿Qué puede esperar de esa gente? ¿Qué clase de liberación es esa? Seguramente va a perderse...

¡Qué forma de comprometerse, en efecto, con hombres y mujeres en la miseria, con sus cuerpos y rostros deformados y la falta de instrucción inscrita en sus comportamientos! José conocía bien a los pobres y a los miserables, y los conocía muy bien, pues él los amaba por ser las víctimas inocentes de la dominación de los poseedores. Compartió con ellos lo que tenía hasta el punto de privarse él mismo. Seguramente Jesús debió carecer de lo necesario, privarse de comer en ocasiones, aprendiendo de ese modo la miseria a causa de la generosidad de sus padres. Hay que imaginar lo que significaba ser un hombre justo en Nazaret en plena crisis económica. Yo he conocido a hombres justos en todas las zonas de miseria en el mundo. Nunca están tranquilos, siempre andan remediando una injusticia cometida contra el vecino. Mientras tanto, sus mujeres vacían la despensa y comparten hasta el último litro de leche o el último trozo de pan para dar de comer a alguna madre que llama a la puerta. La vida en una zona de miseria de un hombre considerado como justo por su entorno es una vida agitada. Los pobres le asedian en la puerta para mendigar alguna cosa de comer, los miserables se hacen los encontradizos en las esquinas... Su mujer y sus propios hijos tienen que decidir entre rehusar privarse en provecho de los más pobres o bien unirse al combate del cabeza de familia. María y Jesús no se rebelan, no rechazan el privarse. El mismo José le enseñó a Jesús su amor, cada vez mayor, por los pobres que le acosan. Y ahora él le ve partir para convertir a la muchedumbre, en vez de partir en primer lugar para hostigar a los pudientes, a los infieles a Dios. ¿No podía esperar eso para más tarde? No es así como hicieron los profetas que le precedieron. Él perderá todo su prestigio, siendo que hubiera podido convertirse en doctor de la Ley. "Mi hijo es tan inteligente, tan honesto y tan capaz que podría rivalizar con cualquier escriba, fariseo o doctor. Tenía un brillante porvenir delante suyo ¡y ahora va y lo echa todo a perder...!".

Yo conozco a bastantes padres, angustiados y decepcionados por la decisión de sus hijos. Pienso en el padre de Gabrielle, una voluntaria de ATD Cuarto Mundo. Su padre le había enseñado todo: su fe, su honradez, su respeto por los pobres... Ella tenía una brillante carrera en perspectiva. Un día, Gabrielle partió para el campamento de barracones en Noisy le Grand. No fue allí para realizar una actividad profesional, sino para compartir las penas y las esperanzas de las familias miserables hundidas en el barro y en la basura. Si Gabrielle se hubiera comprometido con otras personas de su medio para socorrer a los pobres en Cáritas o en la Cruz roja, no habría tenido ningún problema. ¡No es lo mismo! Si se hubiera hecho religiosa, su padre habría estado muy contento y agradecido a Dios. Pero ella iba a perderse en una población miserable en plena descomposición y cortando amarras precisamente con todas las instituciones reconocidas. Ella rompía así todos los modos de actuar, todas las relaciones habituales entre los pobres y los pudientes. Ella invertía el orden establecido de prioridades. Para el padre de Gabrielle esto era impensable. Él no sabía, no podía comprender, que así era como se producía el cambio radical de los corazones y de las costumbres deseado por Dios. Él mismo le enseñó a su hija ese Dios que quiere la justicia en el mundo. Seguro esperaba que su hija siguiera no sólo sus huellas como hombre justo, sino que además hiciera más y mejor que él mismo. Uno de sus hijos se hizo jesuita y estaba infinitamente orgulloso por ello. Pero Gabrielle no hizo lo que se esperaba de ella; sólo hizo otra cosa, actuó de otro modo. Y lo hizo con un puñado de compañeros y de compañeras agrupados alrededor de un sacerdote desconocido, sin prestigio ni poder o influencia. Su padre no pudo comprender esto y durante años intentó todo lo posible por arrastrarla a volver sobre sus pasos, a casarse o a volver a su trabajo como profesora. Más tarde se resignó, pero sin aceptarlo jamás delante de ella. Su hija había renunciado a toda clase de estatuto y seguridad, no sólo material sino también moral, intelectual o religiosa. No podía alegrarse de ello ni permanecer tranquilo, aunque lo tuviera que aceptar con resignación. Pero después de su muerte, se encontró un papel escrito de su propia mano en el que decía que estaba contento por haber dado a la Iglesia a dos de sus hijos: Richard, el jesuita, y su hija Gabrielle. ¡Misterios del corazón de un padre, misterios de la misericordia divina! Los padres de los voluntarios me hacen dirigir mi mirada hacia José. Los voluntarios no son Cristo. ¿No habría vivido José el desgarro interno de estos padres de hoy multiplicado por cien, por mil? Su hijo Jesús no se dirige hacia las sinagogas, hacia los fariseos, los esenios o, incluso, los celotes (tenía, sin embargo, una amplia gama para elegir entre tantos grupos ya reconocidos). Por el contrario, parte solo y pobre, como Job, hacia la muchedumbre. Su hijo, el Mesías, sin una piedra en la que reposar su cabeza y ganándose la enemistad de todos los grupos reconocidos. Al menos se pudo haber servido de alguno de éstos, así como Gabrielle unirse a Cáritas o entrar en una congregación religiosa. Por el contrario, Jesús se rodea de algunos pecadores que le siguen también con las manos vacías. Más tarde ¡horror! se les une un recaudador de impuestos. ¡Va a terminar por atraerse el rechazo de unos y otros!

Al ser él mismo defensor de los débiles y deseando toda su vida el ver a todos los hombres encontrar entre ellos las relaciones de amor e igualdad dignas de los hijos de Dios, nada permitía a José, sin embargo, el prever la voluntad de Cristo. Él mismo será una pieza esencial en esta voluntad: el hombre justo, aunque debilitado y moldeado por la pobreza, la miseria y la exclusión; el hombre llamado a introducir a Jesús en la vida humana desde abajo. José formaba parte así de la historia de Dios en el mundo, sin tener los medios de comprenderla, sin embargo. Él no imaginaba el Reino llegando desde abajo. Su cultura le afirmaba que las grandes restauraciones se realizaban desde arriba. Según la tradición, las familias susceptibles de dar a luz un Mesías eran las familias situadas en una buena posición social. La vuelta hacia Dios debería efectuarse solamente por medio de la intervención de hombres de saber, prestigio y conducta irreprochables. Cristo toma el camino inverso. Es precisamente en esto en lo que consiste su revolución religiosa y cultural, no su revolución social. Jesús se impregnó profundamente de las enseñanzas de José, formó su corazón y su espíritu por medio del contacto con los pobres y miserables que su padre atraía alrededor suyo. Pero Él no lo hizo para imitar a José.

Jesús no se hizo hombre verdadero para seguir una visión desarrollada por los hombres, sino para transformar desde el interior, y de pies a cabeza, la condición humana (comprendida la de su padre, José, con toda la mentalidad ligada a esta condición). ¿Cómo podía comprender José? Él creía haber cumplido todos sus deberes respecto al Mesías y luego resulta que sus propios puntos de vista y sus convicciones son puestos en tela de juicio por el Salvador. Él participaba con diligencia en la salvación y resulta que se le invita a convertirse con todos los pobres que tiene a su alrededor. ¿Es acaso una burla? O Jesús se equivoca o él no ha comprendido nada de nada. ¿Tener que convertirse él? ¿Y además a un Jesús que hace todo del revés? Él es totalmente fiel a las Escrituras, es verdad; pero, sin embargo, es muy distinto a los modelos y estereotipos que los judíos se han formado en nombre de la fe y con buena fe también. Además toma un camino que no desemboca en nada. José conocía demasiado bien su mundo como para no saberlo. Ahora bien, fracasar para triunfar, triunfar por medio del fracaso, es algo tan extraño a su cultura como el querer rehacer el mundo comenzando por abajo. Entonces, él, que ha puesto tanto de su parte para que llegue la salvación de los hombres, ¿no la verá acaso realizada? "Quien ama a su padre o a su madre más que a mí, no es digno de mí". Abandonar a su propio padre, tener que elegir entre su padre y Dios, ¿qué padre hubiera sufrido más que José con estas palabras?

Cristo le da la vuelta al mundo, incluso al mundo de José, el cual, aunque reducido a la pobreza absoluta, seguía siendo a pesar de todo un hijo de David, instruido en los asuntos religiosos. Su instrucción obstaculizará la comprensión de la Salvación obrada por el Mesías. Él no escapará a la advertencia de Jesús en el sentido de que los sabios no comprenderán lo que les será revelado de una sola vez a los humildes. ¿No habría radicado aquí la verdadera conmoción en la vida de José? Él, el hombre justo, experimentado y sabio, debe olvidarlo todo y volver a aprender todo sobre la salvación y la justicia de Dios. Yo no creo mucho que la revolución en la vida de José fuera la petición del Señor de acoger al Mesías. Esta proposición era de tal naturaleza que podía colmar la esperanza de un hombre de la familia de David. Permanezco mudo, no obstante, ante ese José, ya de edad madura y con su tarea cumplida, a quien Dios pide que se convierta.

Yo no sé a ciencia cierta si José vivía todavía, pero ésta es mi creencia. ¿Cómo no iría Dios a conducirlo hasta el final de su papel, hasta el límite de su desgarro? ¿Existen razones para pensar que Dios no le hubiera invitado a terminar su vida antes para poder hallar la conversión al final de su existencia? ¿No habría tenido la oportunidad, como el padre de la voluntaria Gabrielle, de convertirse a ese Jesús tan fielmente amado, protegido y educado y que se mostraba, en definitiva, tan incomprensible? Permanezco en silencio ante un José tal vez decepcionado, desorientado y abatido. ¿Cómo terminó su corazón por aceptarlo? Me parece que José, sometido a prueba hasta el final, va por delante de nosotros y de toda la Iglesia. ¿Puede resultarle sencillo a los creyentes que a través de todas las generaciones se imaginan salvados el descubrir que ni siquiera están convertidos? ¿No es esto así con José? En realidad, ¿quién de nosotros está verdaderamente convertido a Jesucristo miserable muriendo en la Cruz entre el buen ladrón y el mal ladrón? San José nos precede porque al acabar su misión –¿cómo dudar de ello?– acepta volver a empezarlo todo.

Capítulo XIII

¡Magnificat!

Dijo María:
Mi alma engrandece al Señor
y exulta de júbilo mi espíritu
en Dios, mi Salvador,
porque ha mirado la humildad de su sierva;
por eso todas las generaciones me llamarán
bienaventurada,
porque ha hecho en mí maravillas el Poderoso,
cuyo nombre es Santo.
Su misericordia se derrama de generación en
generación
sobre los que le temen.
Desplegó el poder de su brazo y dispersó a los
que se engríen
con los pensamientos de su corazón.
Derribó a los potentados de sus tronos
y ensalzó a los humildes.
A los hambrientos los llenó de bienes
y a los ricos los despidió vacíos.
Acogió a Israel, su siervo,
acordándose de su misericordia.
Según lo que había prometido
a nuestros padres,
Abraham y a su descendencia
para siempre.

(San Lucas 1, 46-55)

Dios intervino, dispersó a los engreídos y ensalzó a los humildes. Así fue. El Magnificat es el más bello cántico de victoria. Tal exultación no sale de la boca de una joven tímida, piadosa e ignorante del mundo. María se nos aparece resplandeciente en su confianza en Dios y en su compromiso con los hombres. Prometida a José, forma parte de esas familias que a menudo dan a luz en su seno a hombres justos. Familias puras, pero sin fortuna, transmitiéndose de padre a hijo las Escrituras y estando cercanas a los pobres, como lo estuvieron los patriarcas. Estas familias, nutridas de profetas, eran una de las cunas de hombres íntegros, así como también sólidos y enérgicos, pues llevaban una vida muy austera. Considerando a María como hija de una de estas familias, su Magnificat, de no ser sólo un ejercicio estilístico o el fruto de la inspiración divina, expresa una voluntad extraordinaria de participar en los designios de Dios.

María manifestó de entrada esta voluntad, al igual que José, respondiendo al Ángel: "He aquí la sierva del Señor. Hágase en mí según tu palabra". Sierva, pero no aún a la manera de Cristo, sino según la tradición, es decir, como mujer sirviendo con rectitud a Dios y como mujer activa cumpliendo la obra del Señor. Ella es la mujer perfecta de la Biblia, tal y como la pintan los Proverbios:

La mujer fuerte, ¿quién la hallará?
Todavía de noche se levanta
y distribuye a su familia la pitanza
y da órdenes a sus criadas.
Cavila sobre un campo y lo compra
y con el fruto de sus manos planta una viña (...)
Experimenta que es buena su ganancia
y ni de noche apaga su lámpara (...)

Tiende sus palmas al desvalido
y alarga la mano al menesteroso (...)
Conocido es en las puertas su marido
cuando se sienta entre los ancianos del país.

(Proverbios 31, 10-23)

Esta mujer perfecta de la Biblia trabajaba muy duro en las faenas de la casa con relación a las mujeres de nuestra era electrónica. Sin embargo, tenía una función social y económica mucho más importante que las mujeres contemporáneas, incluso en el caso de las que trabajan fuera del hogar. Aunque no tuviera sirvientes, ella regulaba el consumo, controlaba la calidad de los productos, podía ganarse un ingreso independiente del de su marido, expresar su parecer en los asuntos familiares y comunitarios y podía actuar directamente en la justicia, pues era ella la que decidía lo que el hogar compartía con los miserables y los pobres.

Dios eligió en María a la mujer perfecta, orgullosa, dispuesta a asumir la plena responsabilidad de su misión. Ante ella, yo pienso sin cesar en el desconcertante clima social que la rodeaba y que la moldeó. El clima social de una Galilea a la deriva, sin rumbo, con el pueblo aferrándose a tradiciones que no respondían ya a las exigencias de la vida cotidiana. Un pueblo con el que el Templo no puede ya contar y el cual no puede tampoco contar con nadie. Frente a dicho pueblo, en primer plano, los que gobiernan la religión y la Ley se empeñan en mantener la costumbre, a menudo sin misericordia, y reglamentan la vida con tanto más ahínco cuanto que ésta se les escapa. Detrás de ellos, y tan injustos como ellos, Herodes y los romanos. María se formó y se moldeó en aquella situación. Ella es una mujer conocedora de los asuntos de su pueblo, una mujer que viaja, aunque sea tan sólo a Jerusalén, cada año, con motivo de la Pascua.

Mujer perfecta, activa, mujer pobre, María forma parte de la historia vivida en Galilea tanto como José, o incluso más. Los hombres llevan la limosna ritual a la sinagoga; las mujeres se encargan del verdadero reparto, dando comida y mantas en el umbral de su puerta, en el patio de la casa. Ellas "abren su mano", como dicen los Proverbios. Ellas encuentran cara a cara, hablan, tocan, curan, están personalmente implicadas. Siempre ha sido así a través del mundo y este papel personal directo permanece todavía en muchos lugares. Sólo las mujeres de los países ricos no encuentran ya a los miserables y a los pobres. En otras partes, los pobres conocen a las mujeres mucho más que a los hombres, y éstas también los conocen a ellos. Veo a María aún más comprometida con los pobres que José, tocando de cerca la miseria creciente a su alrededor. Al frecuentar a los inválidos y hambrientos, María debía sentir en sus carnes que, sin justicia, el amor es imposible y que, sin amor, la justicia es inicua para los pobres.

Mucho valor le hacía falta a María para poder asumir esta situación de lucha cotidiana. Siendo una joven de una población judía rural y pobre, ella sabía lo que le esperaba si traía al mundo a un hijo no reconocido. Aunque tuviera confianza en José, convertirse en madre dadas las condiciones no sería fácil. Y, mucho más importante, ella se convertía además en madre del Hijo de Dios, destinada a ocupar el trono de David. María conoce la historia de su pueblo. Los judíos no tenían la costumbre de recibir bien a sus profetas. Los justos que esperaban al Salvador no podían creer que su venida tuviera lugar en plena calma. Los poderosos deberían abandonar sus tronos y María los conocía. Ella encontraba a hombres cuyas doctrinas no eran más que *"preceptos humanos" (San Mateo 15, 1-9)*. *"Hipócritas"* que *"traspasáis el precepto de Dios por vuestras tradiciones"*. Ellos no están dispuestos a rendirse. ¿Qué le sucedería, entonces, a su hijo? María se adelantaba conscientemente a los sufrimientos y a las grandes dificultades. Estaría indefensa si Dios no la protegía. Ella tenía que ponerse en sus manos para la realización de su plan, pero también para la seguridad cotidiana de la familia que fundaba. Ya no podía confiar nada más en sus propias capacidades como hacía antes. Si María aceptó, exaltando en su alma a Dios, es porque ella ponía su confianza y todas sus fuerzas en Él.

Ella tenía también, creo yo, esa obstinación de los pobres inherente a su condición, pues la pobreza, que es una injusticia, engendra la obstinación. Yo he vivido toda mi vida entre familias obstinadas. Estas familias se parapetaban detrás de su rechazo de la indignidad y de la injusticia hasta el punto de encerrarse en sus posturas, de "no hacer más que su santa voluntad", como dicen en la Administración. María tiene el coraje de no encerrarse y, por ello, la veo aún más obstinada y con una voluntad más firme. Para asumir su misión, ella debía ser la Reina del valor. De no ser así, la vida misma la hubiera llevado a abandonar.

María se parece, así, a las familias que tienen la experiencia de la miseria. Mi madre también la veía de este modo. Ella medía el valor de la Virgen de acuerdo con la voluntad que ella misma tenía que desplegar para evitar que le internaran a sus hijos, para poder alimentarlos y educarlos en el temor de Dios. Esto ya era bastante difícil. También mi madre era testaruda y ella se dirigía a la Virgen con confianza. Esta podía comprenderle bien, pues María había sufrido, se había atrevido y había hecho mucho más. Mi madre se apiadaba de la Virgen imaginando sus sufrimientos, sus humillaciones y sus decepciones. Mi madre no pensaba tener que contarle a la Santa Virgen su dura vida en la calle Saint-Jacques. María la conocía por propia experiencia. La piedad popular no tiene siempre en cuenta la existencia de los muy pobres. Estos ven en María a la mujer que toma a su cargo lo que ellos sueñan cumplir. A menudo presentamos la imagen de una Virgen inocente, piadosa, distante de las bajas realidades del mundo y de las angustias de la miseria. Esta Virgen cumple su destino en una soledad distinguida, lejos de los pobres. María debía ser, sin embargo, muy concreta, activa, tenía que participar plenamente en la ruda existencia de su comunidad. No sé de dónde nacen las imágenes detrás de las cuales desaparece la mujer viva que debemos encontrar. Algunas reacciones de mujeres del Cuarto Mundo me hacen plantearme la cuestión sobre ese asunto.

Estas mujeres dicen: "¿Pero qué ha hecho la Virgen de extraordinario? No tuvo más que un solo hijo y su marido tenía un oficio. Nosotras tenemos seis hijos que aguantar, educar, alimentar y, además, siempre nos amenazan con retirárnoslos. Mi marido ni siquiera tiene trabajo... ¡Tenía suerte la Santa Virgen!".

Algunas muchachas del Cuarto Mundo parecen tenerle ojeriza a la Virgen. "Se le atribuyen todas las virtudes, todas las gracias, se la considera como la más bella y extraordinaria de las mujeres. ¿Qué ha hecho ella para merecerlo? A qué tantos cuentos sobre ella... ¿Qué no tenía pecado? ¡Y qué! No es difícil ser como hay que ser cuando no se está en la miseria". En definitiva, puesto que la Virgen era intocable, invulnerable ¿dónde está entonces el mérito? Según sea nuestra posición social, nosotros no vemos las representaciones de María del mismo modo. Las imágenes nacidas del amor y de la fe en otros medios sociales pueden crear rupturas entre María y las mujeres sumergidas en la miseria. Y si la Santa Virgen no es reconocible por los más pobres, ¿es entonces la Santa Virgen?

La Virgen que el Cuarto Mundo reconoce es la mujer en carne y hueso y con los pies en tierra en las realidades de su época. Con los pies en tierra, es decir, enraizada en la pobreza, sin estar suspendida allá en lo alto, en una posición protegida y cómoda. No es una Virgen reinterpretada según las tendencias de cada época. Sale directamente del Evangelio. Las familias en la miseria no la han imaginado según sus conveniencias, todo lo contrario. La María del Evangelio nos constriñe más que todas las interpretaciones. Esta María es irrefutable, bien instalada en su mundo y golpeada de lleno por las desgracias. Es exigente porque las afronta hasta el final. Ella extiende, sin duda, su corazón a todos los hombres. Ella no es vengadora, sino militante. Está llena de ternura por todo el mundo, pero no de esa ternura amanerada y ñoña con la que a menudo se pretende revestir a los cristianos. María tiene la ternura recia y fuerte de las mujeres que afrontan con decisión los problemas. Ella es la primera entre los pobres bienaventurados.

¿Se equivocan las familias en la miseria al imaginársela así, trepidante, entusiasta, emprendedora? En ese caso, María sería entonces una mujer exaltando a Dios de boca, pero no en sus actos y en toda su persona. Sometida y pasiva, ¿cuál sería su puesto entre los bienaventurados, constructores del Reino? Es verdad que nuestro amor por la Virgen, nuestro deseo de verla como madre de todos los hombres, nos ha llevado a proclamar su papel de "Nuestra señora de los pobres". No habría que ver en esto, sin embargo, un atributo más: los pobres también... ¿Hubiera podido convertirse María en reina de todos los hombres si no fuera, en primer lugar y esencialmente, la reina de los pobres? Cristo podía salvar la humanidad al abrazar la miseria del modo más tangible. ¿Podía la Virgen contentarse con una pobreza simbólica al no saber por dónde agarrar la miseria?

Las mujeres pobres que me rodean me han obligado a precisar estas cuestiones. No son preguntas capciosas, pues los pobres no ponen trampas. Son cuestiones que nacen de la realidad vivida. La pobreza y la miseria son situaciones tan concretas que es preciso ser obstinado y tener el sentido de la oportunidad para dominarlas. Hace falta mucha energía y mucha fuerza de carácter si se quiere, además, participar en un combate por el bien del prójimo. Si no se resiste, uno se hunde. Y, si se quiere crear la justicia alrededor de uno, entonces no basta sólo con resistir, hay que superarse. La cuestión es el saber si nosotros vemos a María moldeada por estas realidades o si ella se sitúa en otra parte, fuera, beneficiándose de una situación extrahistórica y protegida especialmente por Dios.

Una vez más, yo no tengo respuestas; pero soy testigo de la manera en que las familias del Cuarto Mundo vacían la historia de María de algunas interpretaciones acumuladas a lo largo de la historia. Los pobres viajan por el Evangelio sin dinero ni equipaje. Ellos parecen confirmar en su camino que los humildes captan lo que se les oculta a los sabios. Era una promesa de Jesús y esto es, por tanto, natural. Así pues, durante toda mi vida de sacerdote he visto a las familias pobres hacer del Evangelio algo luminoso, majestuoso y, al mismo tiempo, completamente accesible. ¿Cómo se puede no estar confuso de admiración y, al mismo tiempo, henchido de amor ante esta María de los pobres? ¡Ella es tan auténtica y tan inmensa en su radiante humanidad!

Es imposible captar el poder de la madre de Dios para llevar a los pobres hacia el Señor y sostener su valor empujándolos a superarse en el camino. Y, sobre todo, el valor de las mujeres. Ellas necesitan este coraje con intensidad, como lo necesitó María en el encuentro con el Ángel. La manera con la que Dios refuerza su fe me parece una lección esencial. Él le dice: "Ve a ver a Isabel". Son palabras adecuadas a los oídos de una mujer pobre, moldeada por una historia y no por unas ideas. Ella tiene por costumbre fundarse en hechos tangibles y no sobre pruebas, como hacen los intelectuales. Hechos tangibles y situados en una historia. Dios, que conoce a los pobres, actúa con ella en consecuencia: "Ve a ver a Isabel y sabrás que soy yo quien te habló". María no pierde el tiempo y se apresura a ir a la tierra donde viven Isabel y Zacarías. Entonces, al hallar a Isabel embarazada, estalla de júbilo. Pase lo que pase, Dios es su Salvador y Él mantendrá su promesa. Siempre me he sentido deudor de esta lección. Por ello no he cesado nunca de hablar de María en las barriadas subproletarias: "Id a ver a María, ella puede deciros que Dios está con vosotros. Id a ver también a la vecina, ella se esfuerza todos los días. María está con ella y con vosotros".

La Virgen María tendrá sin duda una gran necesidad de volver a menudo a los instantes pasados con el ángel. Otra vez deberá decidirse y de forma repetida: "Dios me ha hablado, todo me sucede por su voluntad y Él mantendrá su promesa". Su fe será sometida a duras pruebas, la angustia la invadirá desde el anuncio de la celosa persecución de Herodes. Los pastores que cantan la gloria de Dios, los reyes magos que se inclinan ante Jesús, los más humildes y los poderosos reunidos con júbilo, serán por mucho tiempo el último signo de la ternura de Dios. Un signo convincente, ciertamente. El hecho de que los pastores dejen el rebaño en plena noche cantando al Señor es ya un milagro, una obra de ángeles. Un pastor guarda las ovejas por la noche, cuando acechan los lobos y también los bandidos. ¡Vaya riesgo que corren los pastores! Si el dueño de las ovejas descubre alguna pérdida, pueden perder su trabajo. Es el último de los empleos posibles, está considerado entre los más impuros. Es difícil que se pueda caer más bajo, a no ser que se conviertan ellos mismos en bandidos. Tratándose de un empleo rudo y en el cual deben afrontarse las brutalidades de los ladrones y estando tachados además de impiedad, los pastores no son muy dados a cantar alabanzas. Así pues, el hecho de que acudan con gozo a la gruta no puede ser sino una obra divina. Prueba que su corazón era puro y que eran rechazados injustamente. Dios libera a los humildes. ¡Qué dicha para María!

Los pastores, maravillados, correrán de un lado a otro extendiendo la noticia entre las personas y familias pobres de los alrededores. Es evidente que a María y al niño Jesús no les faltó nada en aquellos días en la gruta, y es indudable que los pastores regresarían cantando alabanzas cada vez más bellas, pues ellos habían hecho lo necesario para que aquella familia no careciera de lo indispensable. María retendrá en su corazón esta visita nocturna de los pastores. Ella la llevará consigo durante su vida y meditará sobre ella. Luego vienen los reyes magos, trayendo inconscientemente la desdicha. Pero eso, María no lo sabrá hasta más tarde. Por el instante, los ricos y los sabios siguen, así pues, a los pobres hacia el Mesías. Dios ha mantenido su promesa.

¿Fue borrado este gusto anticipado del Reino con la noticia de la matanza de los inocentes? ¿Cómo podemos imaginar tal horror? ¿Debían pasar los caminos del Señor por dicha matanza? María, tan comprometida con los suyos en la liberación de su pueblo, ¿qué pudo decirle al Señor? Ella debía sentir en carne propia la desesperación de Raquel, llorando por sus hijos despreciados, indeseables, tenidos por funestos y asesinados sin piedad. Naciendo su hijo en un baño de sangre, ¿podía saber la Virgen que ella misma se convertía en la madre de todos los niños pobres en el mundo, niños perseguidos, sospechosos de ser nefastos, niños controlados, maltratados, abandonados sin compasión a morirse de hambre o decididamente eliminados antes de nacer? Los niños de la miseria, los niños de las poblaciones con escaso interés económico, los hijos de los pobres que son una carga para la sociedad, todos ellos seguirán siendo de igual forma una amenaza para los propietarios de todos los tiempos, incluido el nuestro. Herodes no tenía nuestros modos de perseguirlos. Su crueldad se presenta con la cara descubierta, sin hacer referencias al desarrollo o a la salud de las mujeres ni a conjeturas sobre la demografía mundial. Más tarde, las cosas van a desarrollarse de otro modo. Los pudientes se convierten en tiranos por medio de acciones más sutiles, provocando el hambre, abortando, esterilizando y guardando para sí los medios de crear experimentalmente los niños que eligen. Pero los lloros y lamentaciones anunciadas por Jeremías siguen resonando: *"es Raquel, que llora a sus hijos y rehúsa ser consolada, porque no existen" (San Mateo 2, 18)*.

María, Nuestra Señora de los niños pobres, debió presentir mejor en ese momento su inmensa responsabilidad. ¡Pero qué dolor conocer su papel de tal modo, a través de sus apenadas hermanas, las madres judías en situación de pobreza en esa humilde cabeza de partido que era Belén, en donde

267

la mayor parte de las madres vivían en una gran penuria! Estas mujeres son sus vecinas, sus primas. Así comienza esa penosa y nueva conversión cotidiana, ese descubrimiento progresivo y angustioso de lo que la predicción de Simeón significaba concretamente: *"Puesto está para caída y levantamiento de muchos en Israel y para signo de contradicción; y una espada atravesará tu alma para que se descubran los pensamientos de muchos corazones" (San Lucas 2, 34-35).* Jesús está presente para levantar a todas las madres pobres, humilladas y hundidas a causa de sus hijos. Pero María no podía imaginar de antemano todo el atroz dolor de su alma para que viviera el Salvador. Ella debía repetirse con frecuencia: "He aquí la sierva del Señor".

No sabemos de qué modo conoció María la noticia, como tampoco sabemos nada de su estancia en Egipto. Los niños del Cuarto Mundo se asombran de nuestra ignorancia. ¿No hemos intentado conocer con más precisión la vida de Jesús, tratándose del Hijo de Dios? "¿Cómo vivía la Sagrada familia en Egipto? ¿Cómo vivían en ese país los trabajadores emigrantes? ¿Tenían ellos una vivienda, un trabajo? ¿No fue internado el niño por la asistencia pública?" Estas preguntas me hacían los niños en el catecismo. Tenía que decirles que lo ignoraba todo o casi todo. Yo estaba desamparado por tal razón. Los niños me obligaban a preguntarme si conocer la antigüedad egipcia era en realidad una cuestión tan sólo para eruditos. ¿Qué hacían las universidades católicas para devolver la historia de Cristo a los niños más pobres?

Por lo menos yo podía reflexionar junto con esos niños ávidos de saber sobre esta misteriosa María en Egipto, contarles su valor al soportar el exilio para salvar a su hijo. Ellos reconocían así algo que les era familiar sin conocer siempre su nombre: la resistencia, el coraje de sus propias madres.

Ciertamente, ninguna madre puede parecerse a la madre de Dios, pero existe un parentesco muy grande en lo referente a las condiciones y a los gestos. ¡Cuántos niños ocultos detrás de las paredes o en el tejado de la casa, cuántas familias que se apresuran a huir de una chabola durante la noche para evitar que las autoridades públicas les retiren a sus hijos para internarlos en una institución! Además, una vez pasado el peligro, hay que poder vivir. Todas las madres del Cuarto Mundo, como María en Egipto, deben hacer frente contra viento y marea a las necesidades esenciales de la vida. Cuando no se tiene nada hay que ingeniárselas a diario para vivir. ¿Con qué vestir al niño? ¿Cómo darle de comer? ¿De dónde se pueden sacar algunas legumbres para la sopa? "¿Cómo va a lavarse mi marido y cómo le lavaré yo la ropa? Con la birria de zapatos que lleva da vergüenza verlo". Esas son las preocupaciones para vivir una vida decente, entre la salida y la puesta del sol, sirviendo la noche para rumiar los quebraderos de cabeza del día siguiente. Y mantener una vida decente quiere decir sobre todo esto: continuar viviendo por los suyos, ser una madre que sabe consolar y animar cuando no hay nada que esperar. Eso es, en concreto, ser una madre muy pobre: permanecer en los peores momentos, ante una carencia absoluta, como la persona que sabe hallar las palabras y los gestos precisos para sostener al marido y a los hijos. Es el papel que le queda en pie cuando todo el resto se hunde. Es eso o nada, no le queda ya alternativa. "Sin eso, más vale pegarse un tiro", me decía una joven madre emigrada de Bretaña a París con sus cuatro hijos. Su marido llevaba en brazos al recién nacido y ella tenía en la mano, como único equipaje, una pequeña maleta de cartón conteniendo vestidos de bebé. Ellos se instalaron en una barraca y la señora Meulan, que así se llamaba, creó un ambiente familiar y una vida hogareña sirviéndose de cartón, trapos, periódicos viejos y, para comer, pasta. La asistente social se lamentaba, pero los niños no eran desgraciados. Un día, sin embargo, la señora Meulan se vino abajo y comenzó a beber. El humilde hogar se fue a pique. Entonces se hizo evidente que, hasta ese instante, ella había hecho milagros. Sin ella todo se hundía. Los niños eran díscolos, el marido se iba de casa buscando otras mujeres... Durante años, la madre había logrado con su tenacidad lo que parecía imposible: mantener en pie a su familia.

En el Cuarto Mundo, todas las madres realizan lo que parece imposible, como lo hizo sin duda María en el exilio. Nadie puede tener su resistencia y algunas se hunden y permanecen abatidas durante mucho tiempo. Este fue el caso de la señora Meulan, la cual vio cómo eran conducidos sus hijos al "Depósito" de la Ayuda social para la infancia. La mayor parte de las mujeres pobres resisten y, las que flaquean, recobran poco a poco el aliento para continuar sus esfuerzos. Por falta de medios, sus esfuerzos son tan humildes que nos pasan desapercibidos escapando a nuestra mirada. ¿Quién se da cuenta, en efecto, de que, para acostar a los niños, un viejo colchón medio roto sustituye a los cojines y trapos? Pero estos gestos no les pasan desapercibidos a la familia cuyos hijos vuelven de pronto a ir al colegio, mientras que el padre se pone de nueva cuenta a buscar trabajo. La diferencia no está en el colchón, sino en la madre que ha recobrado fuerzas para seguir luchando. Los vecinos tampoco son ciegos. Es fácil notar si una mujer se abandona o se cuida. Toda la dinámica social, en los suburbios de miseria que rodean nuestras ciudades occidentales, está mantenida por las mujeres. Así pues, cuando la vecina se levanta temprano y enciende el fuego, es más fácil recobrar las fuerzas para seguir su ejemplo.

Estas madres valerosas, que llevan sobre sus frágiles hombros a todo un pueblo valeroso, me parecen hechas para encontrar a María. Ellas han vivido tantas inseguridades y abandonos que presienten la angustia de la Virgen. Ellas han rehusado tanto la indignidad y la injusticia, que reconocen súbitamente los gestos y los signos de este rechazo en la vida de las demás mujeres. Me conmueve siempre asistir a encuentros y concentraciones de familias pobres de diferentes países. Hombres y mujeres separados por la barrera de la lengua se miran unos a otros y consiguen comunicarse. Las mujeres, sobre todo, se muestran orgullosas y felices, colocándose decididas alrededor de una mesa y hablando sin reticencias de sus problemas y aspiraciones. "Hemos fraternizado enseguida con esas familias de Londres", dice una mujer valona.

– "¿Fraternizado? ¿Han hablado, pues, con ellas?"

– "¡Ah, no! Para saber lo que querían decir nos han traducido después; pero sólo con verlas se sabe que esas mujeres son buena gente".

Entre los más pobres, las mujeres, en particular, tienen un lenguaje misterioso para comunicarse entre ellas, un lenguaje hecho de señas: un modo de estar, una manera de vestirse cuando no se tiene otra cosa para ponerse que los viejos vestidos del ropero, siempre demasiado anchos o muy estrechos. Hay maneras casi imperceptibles de llevar tales vestidos con dignidad. También está el modo de mirar al otro sin asombro, el ademán de acercar una silla: "venga, siéntese aquí..." Hay gestos y miradas que muy rara ve se encuentran en otros medios sociales. Incluso en la iglesia, con ocasión de un bautizo o de una comunión, los fieles miran con asombro y se mantienen a distancia.

Cuando las familias pobres se encuentran, los rostros y cuerpos son los de la miseria, pero la manera de vestirse y los gestos son una forma de rechazo de la injusticia. Un rechazo obstinado, pero no siempre eficaz. Los resultados no son siempre concluyentes y las personas extrañas a este medio social desconocen la pasión de justicia que se encierra en las mujeres que viven en la miseria. Estas personas no se dan cuenta de que las mujeres pobres siguen, sin saberlo, a María. Las encuentran algo "irritables" y, si son médicos, les recetan tranquilizantes. En todas las barriadas subproletarias de Francia y Europa se halla, así pues, adormecida la voluntad de estas mujeres de luchar y repudiar su situación miserable. Ellas se comprenden, sin embargo, entre sí y también comprenden muy bien a María. Las mujeres pobres adivinan en la Virgen la intensidad sin igual de su pasión, del angustioso destino que comparte con su pueblo. Ella se hizo, más que otros, la sierva de Dios, siempre en una tarea elegida con libertad. Ella fue fiel, más que otros, al Dios de la Biblia y lo pagó caro. Entonces, "es normal que Dios la haya amado más que a otros", me dice una joven madre holandesa.

Así pues, para estas mujeres desamparadas, la majestad de la Virgen toma sus raíces en la realidad de la existencia. No fue arbitraria la elección de Dios, se basó en una "historia verdadera". María lleva en sí, y de forma activa, toda la esperanza del pueblo judío y de sus justos. Como mujer justa, es cierto que estuvo al lado de los pobres, pero, fundamentalmente, al lado de los justos. Ella reunió en sí la pobreza, la fe, la sabiduría y la historia de los antepasados. La Virgen colocó en su vida a los pobres en el centro de su fe y los situó también en el centro de la historia de todo el pueblo. Su liberación debería ser el signo de que todo el pueblo habría encontrado de nuevo la bondad del Todopoderoso. Para las familias del Cuarto Mundo, María no sólo intercede entre Dios y los hombres, sino que también crea la justicia y, por tanto, la concordia entre los hombres. Era evidentemente la voluntad divina, pero las mujeres del Cuarto Mundo son dichosas al descubrir esta voluntad en la Virgen que las coloca a ellas en el centro de toda la humanidad. Ella no las puso aparte ni las hizo alzarse contra otras mujeres. María les aportó aquello de lo que estaban sedientas: el honor y la paz. "La Virgen nos honra", dicen las mujeres de la miseria. Nosotros no acabamos nunca la misa sin rezar "Nuestra Señora de los que no tienen nada, Nuestra Señora de los que nada pueden, Nuestra Señora de todo el mundo, Nuestra Gloriosa Señora". "Si ella perdonó, todo el mundo puede perdonar", me decía una de esas mujeres.

La vida de María es una constante mediación: es así como la vemos desarrollarse en el Evangelio. Ella continúa viajando a Jerusalén, en la Pascua. Junto con José, María sigue formado parte de una existencia en la que pobres, miserables y ricos, justos y menos justos, poseedores del saber y poseedores del poder se mezclan entre sí. Zaqueo subido a la higuera, Nicodemo, los sacerdotes hostiles y los mendigos ciegos, todos juntos sin distinciones. Abandonar a uno sería como abandonar a los demás. La Santa Familia no puede echarse al monte y ocultarse, ha de estar en medio de los hombres y fundida con ellos. Le será difícil a María en la misma medida vivir su pasión por los humildes y compartirla cada vez más con Jesús y José. En Nazaret, en el camino hacia Jerusalén, ella lleva en sí el Magnificat. ¿Pero dónde está la victoria? Ella contempla con sus ojos a hombres hambrientos, al borde del camino que lleva hacia las viñas, desesperados al ver acercarse el mediodía sin que nadie los reclame para trabajar en los campos. Cada año hay más y están más agotados. En el Templo, la Virgen aporta su inalterable respeto por el sacerdocio. Para ella, el sacerdocio es asunto divino. Ella no confunde, como hacemos nosotros, el sacerdocio instituido por Dios y las flaquezas de los hombres llamados a asumirlo. Esquivarlo y desacreditarlo sería como tocar a Cristo o anular su venida al mundo. Sin embargo, María tiene delante de sí a sacerdotes que no asumen su misión de liberar a los pobres. ¿Se sitúa tal vez María entre las mujeres que sacrifican lo mínimo – dos tórtolas– dando testimonio del poco caso que se les hace? Así, María no puede aceptar ya más el Dios falso de Jerusalén, como tampoco puede separarse del Templo y unirse a los celotes. ¿Cómo hizo para enseñarle a Jesús que no cuenta el brillo de la ceremonia ni el número de corderos degollados, sino la oración en el corazón de los hombres? Imagino que sería María la que le enseñaría tales cosas a Jesús, pues María no podría rezarle a su Señor, el Salvador de los humildes, salvo en lo más profundo y oculto de su corazón.

¿Flaqueó alguna vez María? Ello es inimaginable. No podía hacerlo a causa de Dios y de su Hijo. María no podía flaquear porque tenía un niño que educar y un marido. ¡Qué fe debía de poseer! Las madres subproletarias llegan a intuirla. Ellas no consiguen alejar de sí la desesperación y las amarguras. La Virgen da ejemplo y en los barrios y zonas subproletarias se muestra aún más admirable que en otras partes. Es un misterio insondable de su alianza con Dios que esta fe y esta esperanza nunca se desvanecieran. ¿Cómo hizo para no flaquear al ir descubriendo la cruel realidad que había de asumir Cristo y, por tanto, también ella misma? Dios puso en su camino todas las señales para que no se equivocara de dirección: la mala acogida de Belén, la huida a Egipto, el llanto de Raquel... De este modo, ella aprende paso a paso, con el fin de enseñar a Jesús, la profecía sobre ese hombre de dolor del que habla Isaías. Profecía grabada por toda la eternidad en el corazón de la Iglesia porque María acepta convertirse en madre de Cristo y estar condenada a vivir la profecía junto con su hijo.

> *¿Quién creerá lo que hemos oído?*
> *¿A quién fue revelado el brazo de Yavé?*
> *Sube ante él como un retoño*
> *como raíz de tierra árida.*
> *No hay en él parecer, no hay hermosura para que*
> *la miremos*
> *ni apariencia para que en él nos complazcamos.*
> *Despreciado y abandonado de los hombres,*
> *varón de dolores y familiarizado con el sufrimiento,*
> *y como uno ante el cual se oculta el rostro,*
> *menospreciado sin que le tengamos en cuenta.*
> *Pero fue él ciertamente quien soportó nuestros*
> *sufrimientos*
> *y cargó con nuestros dolores,*
> *mientras que nosotros le tuvimos por castigado,*
> *herido por Dios y abatido.*
> *Fue traspasado por nuestras iniquidades*
> *y molido por nuestros pecados.*
> *El castigo de nuestra paz fue sobre él,*
> *y en sus llagas hemos sido curados.*
> *Todos nosotros andábamos errantes como ovejas*
> *siguiendo cada uno su camino,*

y Yavé cargó sobre él
la iniquidad de todos nosotros.
Maltratado, mas él se sometió,
no abrió la boca,
como cordero llevado al matadero,
como oveja muda ante los trasquiladores.
Fue arrebatado por un juicio inicuo,
sin que nadie defendiera su causa,
pues fue arrancado de la tierra de los vivientes
y herido de muerte por el crimen de su pueblo.
Dispuesta estaba entre los impíos su sepultura,
y fue en la muerte igualado a los malhechores
a pesar de no haber cometido maldad
ni haber mentira en su boca.
Quiso Yavé quebrantarle con padecimientos.
Ofreciendo su vida en sacrificio por el pecado,
verá descendencia que prolongará sus días,
y el deseo de Yavé prosperará en sus manos.
Por la fatiga de su alma verá
y se saciará de su conocimiento.
El Justo, mi siervo, justificará a muchos
y cargará con las iniquidades de ellos.
Por eso yo le daré por parte suya muchedumbres,
y dividirá la presa con los poderosos
por haberse entregado a la muerte
y haber sido contado entre los pecadores,
llevando sobre sí los pecados de muchos
e intercediendo por los pecadores.

(Isaías 53)

"Maltratado, mas él se sometió (...) Quiso Yavé quebrantarle con padecimientos". Una cosa son las palabras, otra cosa es vivirlo siendo su madre. María pasó su vida robusteciéndose y animando a Jesús, presintiendo las amenazas sin saber cuándo ni cómo iban a convertirse en una terrible e insospechada realidad. Cuando la vida parecía en ocasiones hacerse más llevadera y cuando veía a Jesús "ganar en favor ante Dios y ante los hombres", María seguramente se sentiría arrebatada por una loca esperanza. ¿Se desarrollarían, tal vez, las cosas de un modo menos atroz que hasta entonces, ya que Dios y los hombres son buenos? ¡Qué maravilla ver a Jesús entre la muchedumbre curando a los desdichados y declarándolos salvados! He aquí a Cristo viviendo con plenitud el amor por los humildes que ella misma le inculcó. Pero, a partir de entonces, Dios no cesará ya de enviarle signos: prepárate, el desenlace fatal es inevitable.

Dios mismo prepara a María haciéndola vivir todo el lento desarrollo: la alegría de los pobres, seguida siempre de los celos y de la venganza de los poderosos. Del rechazo a la acusación y de la acusación a la condenación, los poderosos conspiran para lograr su caída. Descubrimiento descorazonador: ni siquiera los justos lo defienden. Él no es el que ellos esperaban para liberar a su pueblo. Sus maneras son realmente desconcertantes. Desde la angustia creciente hasta la certidumbre, María no cesa de convertirse a la voluntad de Dios. Incluso José no puede ya ayudarla y llega el abrumador día en que ella escucha estas palabras del único apoyo que le queda entre los hombres: "¿Quién es mi madre?" Incluso Jesús no le pertenece ya; ella está sola y, como Raquel, no puede ser consolada.

La entrada triunfal de Jesús en Jerusalén no podía ya ilusionar a su madre. Para ella esta entrada no debió de ser más que un breve momento de respiro. "Bendito sea el que viene en nombre del Señor". También sería la última garantía dada por Dios: "No temas nada, él es rey y yo mantendré mi palabra". Pero María conoce ya entonces que la profecía de Isaías se cumplirá por completo en lo que a ella y a su hijo concierne. Ella misma ha de vivir el calvario hasta el final, sus pasos la llevarán también hacia el Gólgota. "Yo soy todavía tu sierva, Señor. ¿Por qué me has abandonado?" Eran las mismas palabras de su hijo en la Cruz. ¿Cuáles podían ser las suyas subiendo al Gólgota? La madre de Cristo se asomó también a la muerte en el pie de la Cruz. María comprendió junto con su hijo que el sufrimiento absoluto era también el rechazo absoluto de la injusticia. Cristo anticipó este sufrimiento como única arma contra el pecado, la opresión y la miseria. La misma Virgen le enseñó a Cristo, sin saber todavía las últimas consecuencias, que el sufrimiento por ser ignorado, menospreciado y rechazado, no había empañado la reputación del pueblo de Israel. Por el contrario, dicho sufrimiento le había dado su fuerza contra los opresores. Asimismo, María no cesó durante toda su vida de ser esa mujer fuerte del linaje de David que saca fuerzas de flaqueza ante la adversidad. De este modo ella pudo aportar al pie de la Cruz todo el peso de las adversidades de su pueblo y del mundo: el hambre, la enfermedad, la miseria, el odio. Ella no era sólo el signo de toda la humanidad sufriente, sino también la realidad. Ella le ofreció a Dios para toda esta humanidad su propio sufrimiento total, la copa de dolor bebida hasta la última gota. María no tenía ya para ofrecerle más que su propia vida, llevada hasta el límite del sufrimiento.

Por ello, Cristo pudo decirle: "Mujer, he aquí a tu hijo", y, a continuación, decirle a Juan: "He aquí a tu madre". En la Cruz, y gracias a María, Cristo fundó la Iglesia. Juan y María, a los pies de Jesús, eran –cómo dudarlo– la Iglesia. Él mismo, clavado en la Cruz entre los dos ladrones testigos de su condición –esclavo e Hijo de Dios–, era igualmente la Iglesia. Por encima de su cabeza un letrero en el que está escrito: "Rey de los judíos". A sus pies, María ofreciendo su vida de dolor y Juan, el discípulo que le ama. ¿No se levantó la Iglesia, humillada y dolorida, sobre el Gólgota? Así se alzará la Iglesia en el centro del mundo por los siglos de los siglos.

María participó por completo y en primera fila en la muerte del Salvador, en la Eucaristía, en el rechazo absoluto de la ausencia de amor, de la opresión y de la miseria. Cristo, al dar su cuerpo como alimento, no pone otra condición que la de creer que, en cada ocasión, Él se compromete a través de los siglos a lograr que los hombres compartan; que compartan su propia comida, sus banquetes, sus alegrías, que compartan un mismo e idéntico amor que ponga bocabajo el orden del mundo, ya que los más pobres estarán saciados. María creyó hasta el punto de ofrecer ella misma también su vida. Habiendo cumplido su misión, permanece por los siglos de los siglos como la Madre de Dios, la reina de los cielos, así como también la Madre de la Iglesia en la tierra. Una Madre de la Iglesia perseguida desde ese mismo instante por glorificar al Cristo miserable resucitado. Madre de los más pobres desde el inicio y por toda la eternidad.